public preposition

2009–2015

Mischa Kuball

DISTANZ

Inhalt / Contents

Vorwort

Vanessa Joan Müller

Im Begriff der Veröffentlichung steckt bereits semantisch die Vorstellung, dass sich ein Text an eine Öffentlichkeit wendet und ihr zur Verfügung gestellt wird. Auch dem Begriff des Publizierens ist das „publik machen“ implizit. Da Öffentlichkeit ein soziales Medium ist, spielt das Zur-Verfügung-Stellen von Information und Kommunikation für ihre Etablierung eine wichtige Rolle, denn sonst bliebe eine Information einer stark begrenzten Gruppe von Menschen vorbehalten. Der klassische, für demokratietheoretische Konzepte elementare Öffentlichkeitsbegriff umfasst deshalb Vorgänge von allgemeinem Interesse ebenso wie eine an einen unlimitierten Adressatenkreis gerichtete Kommunikation und die Zugangsoffenheit von Räumen und Plätzen.

Mischa Kuballs „public preposition“ ist zunächst einmal eine durchaus heterogene Gruppe von Werken, Interventionen, Projekten und Performances, die über einen Zeitraum von mehreren Jahrzehnten realisiert worden sind oder aber aus verschiedenen Gründen noch auf ihre endgültige Realisierung warten. Ihnen allen gemeinsam ist jedoch, dass sie sich an eine Öffentlichkeit wenden und damit implizit hinterfragen, was an welchem Ort unter welchen Bedingungen unter Öffentlichkeit zu verstehen ist, wie sich diese konstituiert und was letztlich Partizipation bedeuten kann, ohne diese auf ein unspezifisches Angebot zum „Mitmachen“ zu reduzieren oder die Betrachter lediglich performativ in eine de facto bereits feststehende Konstellation einzubinden.

Viele dieser Interventionen und Projekte entstanden auf Einladung von Kunstinstitutionen oder Festivals, waren zeitlich begrenzt und sind nur noch über ihre fotografische Dokumentation präsent. Andere waren bewusst ephemer angelegt und hatten selbst in ihrem lokalen In-Erscheinung-Treten eine limitierte Sichtbarkeit. Damit verweist „public preposition“ auf einen grundsätzlichen Widerspruch des Öffentlichen: einerseits versteht sich dieses als uneingeschränkt, andererseits ist die Öffentlichkeit einer Intervention, eines Ereignisses und der Zuschauer und Teilnehmer daran faktisch begrenzt. „public preposition“ in einer eigenen Publikation vorzustellen, zu diskutieren und zu dokumentieren versteht sich deshalb selbst als Beitrag, Öffentlichkeit herzustellen und einzelne Projekte in einen größeren Zusammenhang einzubinden und gewissermaßen die „Familienähnlichkeit“ der verschiedenen Arbeiten herausarbeiten – ähnlich den Eigenschaften von Begriffen, die mit einer taxonomischen Klassifikation nicht hinreichend erfasst werden können, weil sie verschwommene, unscharfe Grenzen haben, und die doch eine einheitliche Gruppe bilden.

„public preposition“ ist ein offenes Konzept, das sich weiterentwickelt und auf spezifische Situationen reagiert, räumliche wie soziale, historische wie politische. Je nach Situation verändert sich auch die Herangehensweise. Licht als akzentuierendes, selbst aber immaterielles Medium, das Sichtbarkeit schafft, liefert dabei häufig einen Zugang zur Erschließung neuer sozialer und kommunikativer Erfahrungs- und Handlungsräume. Wenn Kuball Licht einsetzt, dann allerdings nicht, um etwas auszuleuchten und bislang Verborgenes in den Fokus zu rücken, sondern um auf bereits Vorhandenes aufmerksam zu machen und seine unentdeckten oder in Vergessenheit geratenen Potenziale auszuloten. Licht steht im Rahmen von „public preposition“ damit für Reflexion im doppelten Sinne: als Widerspiegelung des Bestehenden und Analyse desselben.

„Solidarity Grid" in Christchurch ist nicht nur eines der umfangreichsten und dauerhaft angelegten Werke aus „public preposition", sondern auch das mit der komplexesten Entstehungsgeschichte. Vor dem Hintergrund zweier schwerwiegender Erdbeben in Neuseeland, die die Auseinandersetzung mit einem zerstörten und sich buchstäblich neu erfindenden Ort nötig machten, entstand ein wegweisendes Projekt, das sich unter Einbindung der lokalen Community entwickelt hatte. Blair French, der in seiner Funktion als Kurator der SCAPE Biennale Mischa Kuball eingeladen hat, eine Arbeit für die Biennale zu entwickeln, schildert die verschiedenen Stationen, die „Solidarity Grid" durchlaufen hat und wie es sich aus der Analyse der Situation vor Ort und der Zusammenarbeit mit verschiedenen Akteuren entwickelt hatte. Barbara Steiner wiederum reflektiert in ihrem Beitrag veränderte gesellschaftliche Paradigmen, die tradierte Konzepte von Öffentlichkeit infrage stellen. „public preposition" erscheint in diesem Kontext als Versuchsreihe, den gegenwärtigen wie vergangenen Status von Öffentlichkeit beobachtbar machen zu können, ohne selbst einen Anspruch auf die Etablierung derselben zu proklamieren. Zoran Erić fokussiert vor allem den performativen Aspekt von „public preposition", der Fragen von Urbanität neu denkt und dysfunktionale Orte wie veränderte Funktionalitäten von Orten insgesamt als Potenzial künstlerischer Interventionen entdeckt. In diesem Zusammenhang erhält auch der Begriff der Ortsspezifik eine andere, auf die Stadt als solche ausgreifende Bedeutung, die in Zeiten der Globalisierung historische Spezifika urbaner Strukturen jenseits des aktuell Sichtbaren herausarbeitet. Mein eigener Text geht der Frage nach dem Verhältnis von öffentlich und privat sowie den Zwischenzonen dieser seit langem unscharf gewordenen Begriffen nach. Dass Kuball bewusst mit Konzepten wie der Agora und dem öffentlichen Raum spielt, um Modalitäten für deren Erzeugung oder Reaktiverung zu testen, spricht dafür, diese nicht vorschnell in ihre Historisierung zu entlassen. Ein Interview mit Mischa Kuball schließlich verbindet Fragen nach dem Entstehungskontext verschiedener Werke mit deren Einordnung in das breitere Œuvre des Künstlers. Auch die das ganze Buch dominierende Frage nach dem Status des Öffentlichen sowie der Relation von Publikum und Werk wird hier diskutiert.

„public preposition" ist eine vielschichtige Werkgruppe mit einer Vielzahl von Auftraggebern, Kuratoren, Beteiligten und Ermöglichern. Realisiert oder konzipiert und noch auf Verwirklichung wartend, handelt es sich um Interventionen, Performances und Installationen, die kommentierend auf Öffentlichkeit(en) bezogen sind, ohne sich unter dem Begriff der Kunst im öffentlichen Raum subsummieren zu lassen. Ich danke den Autoren, die in ihren Beiträgen die unterschiedlichen Aspekte von „public preposition" diskutieren und auch kritisch kommentieren. Auch allen anderen an der Entstehung dieses Buches Beteiligten sei herzlich gedankt. Vor allem aber gilt unser Dank den zahlreichen Personen, ohne deren engagierte Mitarbeit die hier dokumentierten Werke nicht entstanden wären.

Foreword

On a semantic level, the term "publication" implies the idea that a text addresses a public and is made available to it, and "making public" is implicit in publishing as a concept. As the public is a social medium, the "making available" of information and communication plays a fundamental role in its establishment, as otherwise this information would stay reserved for a strictly limited group of people. The classic notion of the public sphere that is fundamental to democratic theory thus includes processes of general interest as well as communication directed towards an unlimited audience and the public accessibility of spaces and places.

Mischa Kuball's "public preposition" is, at first glance, a thoroughly heterogeneous group of works, interventions, projects, and performances that have been realized over the course of several decades or, for various reasons, still await their final realization. What they have in common, however, is that they appeal to a public and thus implicitly question what in which site, and under which conditions is understood by "public," how this is constituted and what participation can signify, without being reduced to a vague offer to "join in" or merely performatively integrate the viewer into a de facto established constellation.

Many of these interventions and projects have come into being by the invitation of art institutions or festivals, existing for a limited time, and are now only present via their photographic documentation. Others were consciously created to be ephemeral and had a limited visibility in their in-situ manifestation. Thus, "public preposition" refers to a fundamental contradiction of the term public: on the one hand understood as unrestricted, on the other, the public of an intervention is effectively limited to an event and its viewers and participants. To present, discuss, and document "public preposition" through its own print publication is in itself a contribution to producing a public and integrating individual projects into a larger context. Thus, results the "family resemblance" of the different works—quasi like the characteristics of concepts which form a unified group even though they cannot be adequately captured in a taxonomic classification because of their ambiguous, blurred boundaries.

"public preposition" is an open concept that develops and reacts to specific situations, spatial as well as social, historical and political. Depending on the situation, the approach also changes. Light as an accentuating medium that creates visibility, yet is itself immaterial, often yields entry to the development of new social and communicative spaces of experience and action. When Kuball utilizes light it is not just to illuminate and throw focus on what has up until now been hidden, but rather it is to draw attention to that which has been present and to fathom its undiscovered or forgotten potential. In the scope of "public preposition" light stands for reflection in two senses: as a mirror of that which exists and as the analysis of the same.

"Solidarity Grid" in Christchurch is not just one of the most extensive and permanent works from "public preposition," it also has had the most complex genesis. Against the backdrop of two severe earthquakes in New Zealand, which necessitated this engagement with a devastated and newly reinvented place, a seminal project developed through the involvement of the local community. Blair French, who in his function as curator of SCAPE Biennale invited Mischa Kuball to

Vanessa Joan Müller

create a work for the Biennale, describes the various stages "Solidarity Grid" had to go through and how it developed out of the analysis of the situation on site and the collaboration with various players. Barbara Steiner, in her contribution reflects on the altered societal paradigms which question the traditional concepts of public. "public preposition" appears in this context as a test series to enable the observation of the current and past status of public, without proclaiming a right to the same establishment. Zoran Erić focuses mainly on "public preposition's" performative aspects, which rethink questions of urbanity and discover the potential of dysfunctional sites as well as the altered functionalities of places as locations for artistic intervention. In this context, the term "site-specific" also receives another, further reaching significance, of the city as such, in which globalization identifies historic particularities of urban structures beyond those currently visible. My own text pursues the question of the relationship of public and private, which have long ago become imprecise terms, as well as the zone between them. To say that Kuball consciously plays with concepts like the agora and public space to test modalities for their production or reactivation suggests that it would be hasty to dismiss these in their historicization. Finally, an interview with Mischa Kuball links questions about the context in which various works were created with their classification within the broader oeuvre of the artist. The question of the status of the public, which dominates the entire book, and the relationship of audience and work will also be discussed.

"public preposition" is a multilayered group of works with a multitude of clients, curators, vested interests, and facilitators. Realized or conceptualized and still waiting for fruition, these are interventions, performances, and installations, which comment on the relation to public(s), without being subsumed under the term "art in public space." I extend my gratitude to the authors who discuss and also critically comment on the different aspects of "public preposition" in their contributions. Above all our thanks go to the numerous people without whose engaged cooperation the works documented here could not have been possible.

Präpositionen

Barbara Steiner

Im Herbst 2014 konnte man an verschiedenen Gebäuden in Leipzig, Düsseldorf, Köln, Hannover, München und Berlin den Satz „Kritisches Denken braucht Zeit und Raum – hier & überall“ lesen.[1] Dabei handelte es sich um die Nachbildung eines Banners, das 1989 am Nikolaikirchhof in Leipzig zu sehen war – unweit der Nikolaikirche,[2] von der aus die Friedliche Revolution ihren Ausgang nahm. Gegen die Staatsmacht protestierende Bürgerinnen und Bürger begannen sukzessive den öffentlichen Raum zu erobern, der zum politischen Artikulationsraum wurde. Mischa Kuball nahm das historische Banner zum Ausgangspunkt, veränderte allerdings sein Erscheinungsbild: Grund- und Schriftfarbe wurden invertiert, d. h. die weiße Fläche ins Schwarze und die mit schwarzer Farbe per Hand auf ein Laken gepinselte Schrift ins Weiße verkehrt.[3] Darüber hinaus reproduzierte Kuball das Banner und ließ es an Gebäuden von Kunstinstitutionen, Ausbildungsstätten und einer Tageszeitung anbringen.

2009 begann der Künstler unter dem Titel „public preposition“ temporäre Interventionen im öffentlichen Raum durchzuführen. Doch gibt es Vorläufer, die in unregelmäßigen zeitlichen Abständen bereits seit 1977 umgesetzt wurden. Seit 2009 liegt der Fokus stärker auf den Verschiebungen in den Konzeptionen von Öffentlichkeit, öffentlichem Raum und den Möglichkeiten künstlerischer Interventionen in diesen Raum. Denn Vorstellungen von Kunst, Öffentlichkeit und öffentlichen Räumen sowie Erwartungen an Kunst im öffentlichen Raum haben sich seit den 1970er Jahren stark verändert, ausdifferenziert und auch multipliziert. Mit „puplic preposition“ wählte Kuball daher bewusst ein Format der Annäherung an unterschiedliche, durchaus auch rivalisierende Raum- und Öffentlichkeitsbegriffe. Was öffentlicher Raum und politische Öffentlichkeit sein könnten, welches Verhältnis Kunstwerke zu diesem Raum einnehmen, wird in dieser Serie immer wieder von neuem ausgelotet. Der Rückgriff auf vergangene Konzepte, durchaus auch auf gesellschaftspolitische Utopien, ist Teil dieser Annäherungen.

Für „Kritisches Denken braucht Zeit und Raum – hier & überall“ aktualisierte und übersetzte Kuball einen Satz, der zur Zeit der Friedlichen Revolution in Leipzig für relativ kurze Zeit zu sehen war. Wie 1989 wandte sich das Banner auch 2014 an eine nicht näher definierte Öffentlichkeit, d. h. grundsätzlich an alle, die den Satz lesen wollten. An den von Kuball 2014 gewählten Orten – Kunstinstitutionen, Ausbildungsstätten und Tageszeitung – kann man, oder vielleicht sollte man besser sagen: könnte man grundsätzlich kritisches Denken erwarten. Doch Modulisierung der

1) Beteiligt waren die Tageszeitung taz in Berlin, das Museum der bildenden Künste und das sozio-kulturelle Zentrum Der Anker, beide in Leipzig, die Akademie der bildenden Künste in München, das Sprengel Museum Hannover, das Römisch-Germanische Museum in Köln, die Kunsthalle Düsseldorf und das Freie Christliche Gymnasium ebendort.

2) Von dieser Aktion ist lediglich ein Foto geblieben, ohne Angaben der/des Urheber/s.

3) Zusätzlich modifizierte der Künstler die Schrifttype des Buchstaben D, um die Lesbarkeit/Signalwirkung zu verbessern.

Ausbildung, ökonomische Zwänge und Alltagsroutinen lassen die Räume und Zeiten für kritisches Denken zunehmend schrumpfen. Das Banner schien also an der richtigen Stelle angebracht zu sein und wirkte doch ein Stück weit deplatziert, die Botschaft war aktuell und mutete nichtsdestotrotz wie ein Echo aus einer fernen Vergangenheit an. Letztlich erzeugte Kuballs Intervention eine Diskrepanz, die sowohl einen Spalt zwischen Ideal und Realität als auch zwischen Vergangenheit und Gegenwart spürbar machte; das Banner war dementsprechend Mahnung und Ansporn.

Im Rahmen des Leipziger Lichtfests realisierte Kuball „white space". Am Rande des Wilhelm-Leuschner-Platzes, der bis vor kurzem als Aufstellungsort für das sogenannte Freiheits- und Einheitsdenkmal vorgesehen war,[4] entstand – als Übersetzung des Banner-Textes gedacht – ein nicht begehbarer „white space, ein 70.000 Watt starkes LED Lichtfeld",[5] dessen gleißende Wirkung durch künstlich erzeugten Nebel verstärkt wurde. Aus Anlass des Gedenkens an die Ereignisse von 1989 initiiert, fungierte „white space" vor allem als Platzhalter für ein Nachdenken über die heutige Nutzung öffentlicher Räume und über den Stellenwert der Friedlichen Revolution im Hier und Jetzt. Dabei rückten eine zunehmende „Eventisierung" des öffentlichen Raumes, wie sie sich auch im Lichtfest ausdrückt, und seine einstige enorme politische Bedeutung in Kollisionsnähe.[6] „Eventisierung" meint in diesem Zusammenhang die Schaffung außergewöhnlicher, emotional aufgeladener Veranstaltungen mit Ereignischarakter. Auf das Lichtfest übertragen bedeutet es, dass sich der politische Protest hin zu einem entpolitisierten individualisierten Ereignis verschiebt.[7] Der „Vergemeinschaftungsanlass" wird gewissermaßen inszeniert[8] und retortenhaft produzierte Emotionen überlagern individuelle Erinnerungen. Strittig ist, und das trifft nicht nur auf das Leipziger Beispiel zu, ob die hier beschriebene „Eventisierung" eine konsumistische Grundorientierung verstärkt und einer Entpolitisierung des öffentlichen Raums Vorschub leistet oder lediglich das vernachlässigbare Nebenprodukt einer Entwicklung hin zu souveränen Subjekten ist. In jedem Fall bedeutet dies eine Herausforderung für künstlerisches Arbeiten im öffentlichen Raum.

Auf den ersten Blick spielt Mischa Kuball mit. Es scheint, als würde er mit seinen Interventionen Tendenzen zur Individualisierung und Entgesellschaftlichung unterstützen – wenn etwa, wie in Sofia anlässlich von „public stage" (2013), der Auftritt Einzelner per Webcam ins Internet übertragen wurde,[9] oder wie bei Kuballs nicht realisiertem Projekt für die Nationalgalerie in

4) Der Wettbewerb wurde aufgrund erheblicher Differenzen abgebrochen; er wird nun mit dem Hinweis auf mehr Bürgerbeteiligung erneut ausgeschrieben.

5) http://www.mischakuball.com/works/8:works-works/323:public-preposition-leipzig.html.html, Stand: 24.8.2015.

6) Auch wenn man sich bewusst von Kommerzialisierung distanziert, folgt das Lichtfest ähnlichen Logiken, wie sie im Marketingbereich zu finden sind, mit dem Unterschied, dass es dort darum geht, Produkte, Marken oder Institutionen emotional aufzuladen, und beim Lichtfest um die zum Produkt, zur Marke und zur Institution gleichermaßen gewordene Friedliche Revolution.

7) Das Lichtfest Leipzig wird seit 2009 federführend von der Leipzig Tourismus und Marketing GmbH unter Mitwirkung der Stadt Leipzig und der Initiative Herbst '89 organisiert und soll an die Montagsdemonstration des 9. Oktober 1989 erinnern.

8) Auch über „Eventisierung" kann bei den Teilnehmenden ein starkes Gemeinschaftsgefühl erzeugt werden; dieses bleibt jedoch zumeist temporär und verschwindet in der Regel mit dem Ende des Events.

Berlin, „mies-stage“, das vorsieht, einzelne Besucherinnen und Besucher mithilfe eines per Zufallsgenerator gesteuerten Lichtkegels zu „exponieren“. In diesen Beispielen, wie auch in „public entrance“ für das ZKM in Karlsruhe (2005), steht der Einzelne im Mittelpunkt: Man kann sich wie ein Star fühlen, ist aber gleichzeitig gezwungen, aus seiner Anonymität heraus und sprichwörtlich ins Licht zu treten. In anderen Arbeiten wandte sich Kuball von vorneherein an nicht näher definierte „mehrere“ – wie etwa bei „agora / arena“ in Bochum (2013) oder „public square“ in Thessaloniki (2015). In der räumlichen Andockung an die Bochumer Jahrhunderthalle – einer auch kommerziell genutzten Veranstaltungsarena – und im Titel selbst ließ Kuball konsumistische und emanzipatorisch gedachte Konzeptionen nebeneinander treten und miteinander rivalisieren. Denn der Anspruch einer Agora als Ort der Versammlung und des Austauschs mit anderen war zunächst nicht mehr als Behauptung, die erst durch Nutzung und Beteiligung eingelöst werden musste. In Thessaloniki formierte Kuball Einzelne zu einer Gruppe, indem schwarz bzw. weiß gekleidete Menschen nach seinen Anweisungen Kasimir Malewitschs „Schwarzes Quadrat auf weißem Grund“ nachbildeten. Auch bei dieser Manifestation blieb offen, ob und in welcher Weise diese überhaupt zu einem öffentlichen Diskurs führen würde.

Bei aller absichtsvollen konzeptionellen Gespaltenheit, die „public preposition“ innewohnt, trägt sie einen emanzipatorischen Keim in sich: „public stage“ musste nicht zwangsläufig der narzisstischen Selbstdarstellung dienen, sondern konnte sich auch im Sinne der politischen Meinungsäußerung an andere richten und Kontrolle bzw. Überwachung zu einem Thema der öffentlichen Auseinandersetzung machen. Bei „agora / arena“ stand zumindest die Möglichkeit des Austauschs mit Gleichgesinnten und Andersgestimmten im Raum. Und „public square“ in Thessaloniki verwies nicht ohne Grund auf Kasimir Malewitsch, den großen Utopisten gesellschaftlicher Veränderung. Auch wenn der Zweifel an universellen menschheitsbeglückenden Konzepten seit Malewitschs Zeiten begründet gewachsen ist, hat ihr imaginatives Potenzial, nämlich Alternativen zu jeweiligen Status quo zu denken, für viele Künstlerinnen und Künstler nach wie vor Anziehungskraft und Relevanz, so auch für Kuball. In „public preposition“ blitzen gewissermaßen utopische Momente auf, die an zurückliegende und vielleicht heute anachronistisch anmutende Formen der Vergesellschaftung und politischen Öffentlichkeit erinnern.

9) Ein Vorgänger dazu ist „public stage“, die als öffentliche Bühne zur Selbstdarstellung im Jahr 2000 vor der Staatlichen Galerie Moritzburg in Halle an der Saale errichtet wurde; die Aktivitäten wurden ebenfalls über eine Webcam ins Internet übertragen.

Dies zeigt sich besonders gut an „les fleurs du mal (Blumen für Marl)“: Im Frühjahr 2014 wurden Leuchtbuchstaben an der Fassade des Rathauskomplexes in Marl angebracht, die einerseits den Titel von Charles Baudelaires berühmten Gedichtband zitieren,[10] aber andererseits auch als eine phonetische Abspielung auf Marl zu verstehen sind. Zusätzlich ließ Kuball eine Betonvase gießen, die am Fuße der Freitreppe des in Stahlbetonbauweise errichteten Gebäudes steht. In diesem Zusammenhang forderte er die Bürgerinnen und Bürger der Stadt auf, immer wieder frische Blumen in die Vase zu stellen. Zum Zeitpunkt seiner Errichtung, in den 1960er Jahren, sollte das Stadtzentrum, ein Komplex aus Einkaufszentrum, Rathaus, Stadtpark und mehreren Büro- und Wohnhochhäusern der durch Bergbau und Chemieindustrie schnell gewachsenen Stadt Identität verleihen und auch Modernität verkörpern.[11] Die Ansprüche waren hoch und das neue Rathaus spielte in dieser Konzeption eine entscheidende Rolle: Geplant als eine zentrale, offene und transparente Anlaufstelle für alle Marler, sollte es das Demokratie- und Zusammengehörigkeitsgefühl prägen sowie eine selbstbewusste städtische und bürgernahe Verwaltung repräsentieren. Mit dem direkt unterhalb des Rathaussitzungssaales untergebrachten, sich zur Stadt hin öffnenden Skulpturenmuseum Glaskasten galt es, Kunst und Öffentlichkeit, Kunst und Alltag zusammenzuführen. Kurzum, das gesamte Ensemble war der Ausdruck städtebaulicher und gesellschaftlicher Utopien der 1960er Jahre; es stand nicht nur in Deutschland, sondern auch in den Nachbarländern modellhaft für eine Gesellschaft im Aufbruch. Heute steckt das „kühnste und verwegensten Rathaus der Deutschen“,[12] wie es von Zeitgenossen genannte wurde, und mit ihm das gesamte Stadtzentrum in der Krise. Seit Jahren werden Sanierung und Abriss kontrovers diskutiert.

Mit seiner vom Skulpturenmuseum Glaskasten betreuten Arbeit markiert Kuball – wie in den anderen Interventionen von „public preposition“ – veränderte gesellschaftliche Paradigmen. Letztlich spiegelt sich der Verlust der einstigen städtebaulichen und gesellschaftlichen Utopien auch im Verfall der Bausubstanz. Der Hinweis auf Baudelaire ruft den innerlich zerrissenen Menschen auf, der sich, zwischen Ideal und Realität aufgerieben, in Unbeteiligtheit und „ennui“ flüchtet. Im Kontrast dazu steht Kuballs Appell an die Bürgerinnen und Bürger Marls, sich aktiv mit dem Stadtzentrum auseinanderzusetzen und an seiner Gestaltung teilzunehmen, doch er gibt nicht vor auf welche Weise. Die Aufforderung, Blumen in die Vase zu stecken, bildet im

10) „Les Fleurs du Mal“ (Die Blumen des Bösen) erschien zwischen 1857 und 1868 in drei verschiedenen Fassungen.

11) Das Rathaus besteht aus einem Verwaltungstrakt, dem Sitzungssaal und den beiden Dezernatstürmen. Der gesamte Gebäudekomplex, in dem sich auch das Rathaus befindet, wurde von 1960 bis 1967 nach Plänen des Büros von Johan Hendrik van den Broek und von Jacob Berend Bakema errichtet.

12) http://www.nachkriegsmoderne.org/marl_rathaus.html, Stand: 26.8.2015.

Grunde genommen den Anlass, einen solchen Prozess zu beginnen, aber auch unter- und miteinander einen öffentlichen Diskurs über die Zukunft des städtischen Zentrums zu führen. Die Beweggründe, Blumen in die Betonvase zu stecken, können höchst unterschiedlich ausfallen: Man mag vom Wunsch nach der „Verschönerung" eines unwirtlich wahrgenommenen Ortes getragen sein oder sieht in den frischen Blumen in erster Linie ein Zeichen für Hoffnung und Aufbruch. Vielleicht möchte man eine vergangene Gesellschaftsutopie würdigen oder auch zu Tode tragen. Denkbar ist auch, dass die Blumengabe Ausdruck der Begeisterung für Kuballs Projekt ist, das er der Stadt Marl geschenkt hat.

Die „public prepositions" sind für Kuball im Prinzip Werkzeuge, die den gegenwärtigen und vergangenen Status quo von Öffentlichkeit beobachtbar machen können.[13] Dieser Status quo verändert sich permanent. In allen Fällen erweist sich das „Erzeugen von öffentlichem Raum, welcher der Verhandlung gemeinsamer Angelegenheiten dient" im Sinne eines Politischen, so wie einst von Hannah Arendt verstanden,[14] als fernes Ideal, das wie ein schwaches Echo im Heute nachklingt. Doch ist es weder völlig verschwunden noch selbstverständlich; es wartet darauf, immer wieder von neuem aktiviert, übersetzt und damit interpretiert zu werden. Die Serie der „public preposition" macht deutlich, wie schwierig die Erzeugung einer öffentlichen Sphäre, im Sinne des oben beschriebenen politischen Raumes ist, und wie zäh sich das Ringen um eine Balance zwischen individuellem Anspruch und gemeinschaftlichen Agenden gestaltet. So wie Präpositionen stets spezifische Beziehungen in einem Satzgefüge herstellen, eröffnet Kuball mit „public preposition" die Möglichkeit mit seinem Umfeld, mit Gleichgesinnten und Andersgestimmten in Beziehung und Auseinandersetzung zu treten, um herauszufinden, was heute potenziell noch gemeinsame Angelegenheiten sein könnten.

13) Kuball, Mischa, siehe in diesem Buch Interview mit Vanessa Joan Müller, S. 146–154.

14) Vgl. Negt, Oskar: „Zum Verständnis des Politischen bei Hannah Arendt", in: Die Zukunft des Politischen, Ausblicke auf Hannah Arendt, hg. Peter Kemper, Frankfurt am Main 1993, S. 55–68; Arendt, Hannah, Vita activa oder vom tätigen Leben, München/ Zürich, 1985, S. 272 ff. § 39 ist u. a. dem Verlust des Gemeinsinns in der Moderne gewidmet.

Prepositions

In the fall of 2014, the sentence "Critical Thinking Needs Time and Space—Here and Everywhere" could be read on various buildings in Leipzig, Düsseldorf, Cologne, Hanover, Munich, and Berlin.[1] It was the replica of a banner seen in 1989 at the Nicholas churchyard in Leipzig—not far from the Nicholas Church,[2] where the peaceful revolution leading to the fall of the Berlin Wall got its start, and where citizens protesting against state power began to successively conquer the public space, which turned into a space of political articulation. Mischa Kuball took the historical banner as a point of departure but changed its appearance: inverting the colors of the letters and the background, he made the white surface black and the letters, which had been hand painted with black ink on a sheet, white.[3] Then, Kuball had the banner reproduced and mounted on the façades of art institutions, educational establishments, and a daily newspaper.

In 2009, under the title "public preposition," the artist began carrying out temporary interventions into public space. There were precursors, appearing at irregular intervals as early as 1977, but since 2009 his focus has been more on shifts in conceptions of the public sphere ("Öffentlichkeit"), public space, and the possibilities for artistic intervention into this space—since ideas about art, the public sphere, and public space, as well as expectations for art in public space, have changed, diversified, and multiplied dramatically since the 1970s. As such, with "public preposition" Kuball deliberately chose a format to bring together various and indeed competing terms for space and publicity. What public space and political openness might be, and what relationship artworks have to this space, are questions explored again and again in this series. The recourse to past concepts, even to societal utopias, is part of these convergences.

With "Critical Thinking Needs Time and Space—Here and Everywhere," Kuball actualized and translated a sentence that could be seen for a relatively brief period at the time of the demonstrations in Leipzig. As in 1989, in 2014 the banner addressed a loosely defined public—i.e., essentially anyone who wanted to read it. As for the institutions Kuball chose in 2014—the art institutions, educational establishments, and daily newspapers—one can, or, perhaps better said, one could expect inherently critical thinking from them. But the increasing prevalence of modular forms in educational training, economic forces, and daily routines contribute to an increasing shrinkage of space and time for critical thinking. As such, the banner seemed to be mounted in the right place, but nevertheless gave the impression of being a bit displaced; the message was timely,

1) Participants included the daily newspaper taz in Berlin; the Museum of Fine Arts and the sociocultural center Der Anker (The Anchor), both in Leipzig; the Academy of Fine Arts in Munich; the Sprengel Museum in Hanover; the Romano-Germanic Museum in Cologne; the Kunsthalle Düsseldorf; and the Free Christian High School, also in Düsseldorf.
2) Only one photograph from this action is extant, for which there is no copyright information.
3) In addition, the artist modified the font of the letter D in order to improve its readability/effect.

but also seemed like an echo out of a distant past. Ultimately, Kuball's intervention produced a discrepancy that made palpable a fissure between ideal and reality, past and present; the banner functioned as both an admonition and incentive.

In the context of the Leipzig Festival of Lights, Kuball made the piece "white space." At the edge of Wilhelm-Leuschner-Platz, which until shortly before then had been designated as the installation site for the so-called Freedom and Unity Monument,[4] he created a non-accessible "white space, a 70,000-watt LED light field"[5] whose blazing effect was reinforced by artificially produced fog, and which was intended as a kind of translation of the banner. Initiated on the occasion of remembering the events of 1989, "white space" functioned above all as a placeholder for reflections on the current use of public space and on the significance of the peaceful revolution of 1989 in the here and now. With this piece, the increasing "eventification" of the public space, as expressed by the Festival of Lights, is placed on a collision course with its once considerable political meaning.[6] In this context, "eventification" means the creation of extraordinary, emotionally charged events that have the character of spectacle. Applied to the Festival of Lights, it means that political protest shifts over to a depoliticized, individualized event.[7] The "induced community formation" is in a certain sense staged,[8] and canned emotions are superimposed on individual memories. What remains disputable—not only in the Leipzig example—is whether the "eventification" described here reinforces a consumerist basic orientation and abets a depoliticization of public space, or is simply the negligible byproduct of a development toward sovereign subjectivity. In either case, it represents a challenge to artistic work in public space.

At first glance, Mischa Kuball seems to be playing along. The interventions seem to actually support the tendency towards individualization and the dismantling of society. For example, as part of his work "public stage" in Sofia in 2013, he put webcam footage of individuals' performances on the Internet;[9] in an unrealized project for the Nationalgalerie in Berlin, "mies-stage," he had planned to "exhibit" individual visitors by aid of a cone of light operated by a random generator. In these examples, as also in "public entrance" for ZKM in Karlsruhe (2005), the focus is on the individual: one can feel like a star, but is simultaneously forced out of one's anonymity and into the proverbial light. In other works, Kuball addressed at the outset an undefined "many"—as with "agora/arena" in Bochum (2013) and "public square" in Thessaloniki (2015). The spatial linking to Bochum's

4) The competition was broken off due to considerable disagreements; it is now being advertised anew with suggestions for more citizen participation.
5) http://www.mischakuball.com/works/8:works-works/323:public-preposition-leipzig.html.html. Accessed August 24, 2015.
6) Even if there is a conscious distancing from commercialization, the Festival of Lights follows logics similar to those found in marketing. The difference is that marketing is about the emotional charge of products, brands, or institutions, whereas the Festival of Lights is about the 1989 revolution turned into a product, a brand, and an institution, in equal measure.
7) The Festival of Lights has been organized since 2009 by Leipzig Tourismus und Marketing GmbH with assistance from the City of Leipzig and the initiative Herbst '89, and is intended to serve as a remembrance of the Monday demonstration of October 9, 1989.
8) Even "eventification" can produce a powerful feeling of community among the participants, but this feeling is mostly temporary and disappears as a rule when the event ends.
9) A forerunner is "public stage," erected in 2000 as a public stage for self-presentation in front of the Moritzburg State Gallery in Halle an der Saale; the activities were also filmed with a webcam and posted on the internet.

"Jahrhunderthalle"—an arena also used for commercial events—and in the title of the piece itself, Kuball lets consumerist and emancipatory conceptions both approach and compete with each other. For the aspiration of an agora as a place of assembly and exchange was at first nothing more than a proposition; it was only realized through use and participation. In Thessaloniki, Kuball formed individuals into a group in which people clothed in either all black or all white re-created Kazimir Malevich's painting "Black Square" according to his directions. In this work, too, the question of whether and in what way the piece might lead to public discourse remained open.

For all the intentional conceptual divisiveness inherent in "public preposition," it carries an emancipatory seed within it: "public stage" didn't necessarily have to serve narcissistic self-presentation; it could also have been directed at others in the sense of the expression of political opinions, or have made control and surveillance subjects for a public debate. With "agora/arena" there was at least the possibility of exchange with others of like mind and those of differing opinions in the space. And "public square" in Thessaloniki didn't reference Kazimir Malevich—the great utopian of social change—for nothing. Even if doubt surrounding universal concepts of human happiness since Malevich's time has grown, for good reason, their imaginative potential—namely thinking alternatives to the prevailing status quos—holds an attraction and a relevance for artists, including Kuball. In "public preposition" there are utopian moments, as it were, that flare up, recalling past forms of societal formation and a political public sphere that might today seem anachronistic.

This is especially evident in "les fleurs du mal (flowers for Marl)": In the spring of 2014, Kuball had neon letters mounted on the façade of the city hall complex in Marl that both quote the title of Charles Baudelaire's famous volume of poems[10] and are to be understood as a phonetic play on the name "Marl." In addition, Kuball had a concrete vase poured and installed at the foot of the outside stairs of the reinforced concrete building, and requested that the citizens of the city constantly replenish the fresh flowers in the vase. At the time of its erection in the 1960s, the city center—a complex of shopping malls, city hall, city park, and numerous office and residential buildings—was intended to embody modernity and create an identity for this city, which had grown quickly through mining and the chemical industries.[11] The concept was ambitious, and the new city hall played an important role in it: planned as a central, open, and transparent focal point for all citizens of Marl, it was intended to instill a feeling of democracy and belonging,

10) Les Fleurs du Mal" (Flowers of Evil) was published in three different versions between 1857 and 1868.

11) The city hall complex comprises an administrative wing, the assembly hall, and both department towers. The entire building complex in which the city hall is situated was built between 1960 and 1967 according to plans by the architecture offices of Johan Hendrik van den Broek and Jacob Berend Bakema.

12) http://www.nachkriegsmoderne.org/marl_rathaus.html. Accessed August 26, 2015.

13) Kuball, Mischa, see in this volume the interview with Vanessa Joan Müller.

14) Cf. Negt, Oskar: "Understanding the Political in Hannah Arendt," in Die Zukunft des Politischen, Ausblicke auf Hannah Arendt, ed. Peter Kemper (Frankfurt am Main, 1993), pp. 55, 68; Arendt, Hannah, Vita activa oder vom tätigen Leben (Munich/Zurich, 1985), pp. 272ff. § 39 is dedicated to, among other things, the loss of public spirit in modernity.

as well as represent a self-confident urban administration accessible to its citizens. By placing the sculpture museum Glaskasten directly under the city hall's assembly room facing the city, the design effectively brought art and the public sphere, art and the everyday together. In a word, the entire ensemble was the expression of the urban-planning and societal utopias of the 1960s; it stood not only in Germany but also in neighboring countries as a model of a society on the rise. Today, the "boldest and most adventurous city hall in Germany,"[12] as it was called by its contemporaries, along with the entire city center, is mired in an ongoing crisis. For years, renovation and demolition have been hotly debated.

Along with the other interventions of "public preposition," this work, maintained by the Glaskasten Sculpture Museum, highlights changed societal paradigms. Ultimately, the loss of the erstwhile urban and societal utopias is reflected in the deterioration of the building materials. The reference to Baudelaire invokes the inwardly torn citizen, who, worn down between ideal and reality, flees into non-participation and "ennui." In contrast, Kuball appeals to the citizens of Marl to engage actively with the city center, and help shape it—but he doesn't specify how they are to do so. The request to place flowers in the vase creates the occasion to begin such a process, and also to engage in a public discourse with and among each other about the future of the city center. The people placing flowers in the cement vase could be doing so from highly varied motives: one might be moved by the wish to "beautify" a place perceived as forbidding, another might see in the fresh flowers primarily a sign of hope and awakening. Still another might want to render homage to a past social utopia, or contribute to its passing. It's also possible that a motivation for putting flowers in the vase is enthusiasm for Kuball's project, which he gifted to the city of Marl.

The "public prepositions" are for Kuball, in essence, tools that make it possible to observe both the present and past status quo of the public sphere.[13] This status quo is in a constant state of change. In any case, the "production of public space that serves the negotiations of shared concerns" in a political sense, as Hannah Arendt once understood it,[14] proves to be a distant ideal that lingers today only as a weak echo. But it has not completely disappeared, nor is it to be taken for granted; it waits to be continually activated, translated, and thus interpreted anew. The "public preposition" series makes clear how difficult the creation of a public sphere in the sense of the political space described above actually is, and how tenacious the struggle to find a balance between individual aspirations and societal agendas. Just as prepositions constantly produce specific relationships within a sentence, with "public preposition" Kuball opens up the possibility to relate with one's surroundings, like-minded and dissenting people, discuss and debate in order to find out what, today, those potential shared concerns might be.

Solidarität markieren

Blair French

1) Diesem Erdbeben ging ein erstes schweres Beben am 4. September 2010 voraus, das im Stadtzentrum erhebliche Schäden verursachte, jedoch keine Todesopfer forderte. Auf dieses folgten mehrere Nachbeben bis hin zu dem verheerenden Beben vom 22. Februar 2011, das gewaltige Schäden insbesondere im Stadtzentrum, in den östlichen und den am Hang gelegenen Vororten anrichtete und 185 Menschen tötete. Tausende darauffolgende Nachbeben, darunter viele von einer Stärke über 5,0, verschlimmerten die Zerstörungen im Laufe der Zeit.

2) Zum Zeitpunkt der Entstehung dieses Textes wurden bereits elf installiert, angefangen mit der ersten Laterne aus Düsseldorf, der Heimatstadt des Künstlers, die zur öffentlichen Präsentation des Werks während des Eröffnungswochenendes der 7. SCAPE Public Art Christchurch Biennale 2013 aufgestellt wurde, und darüber hinaus Straßenlaternen aus Adelaide, Belgrad, Graz, Kurashiki, Mexiko-Stadt, Montreal, Sendai, Songpa, Sydney und Wuhan.

Mischa Kuballs auf drei Jahre angelegtes Werk „Solidarity Grid" versteht sich als wachsender künstlerischer Eingriff in die räumliche Umgebung von Christchurch auf der Südinsel Neuseelands, einer Stadt, die nach der Verwüstung durch ein schweres Erdbeben 2011 rasante Veränderungen erfährt.[1] Als Beitrag zur urbanen Infrastruktur der Stadt entwickelt sich das Werk immer weiter, besonders für die Einwohner auf ihrem Weg in und durch die Stadt, da es die Hauptstrecke des meistgenutzten Fahrradwegs beleuchtet, der die Vorstadt mit dem Hauptgeschäftsviertel verbindet. Auch ist es eine Art Denkmal, das an die Ereignisse des 22. Februar 2011 erinnert – eine Anlaufstelle des Gedenkens.

„Solidarity Grid" setzt sich aus vielen Einzelgeschenken zusammen. In seiner endgültigen Form wird es aus 22 Straßenlaternen bestehen, die aus verschiedenen Städten rund um die Welt stammen und als Präsent an Christchurch dorthin versetzt wurden.[2] Diese Geschenke sind sowohl sehr spezifisch (und persönlich) als auch allumfassend in ihrer Großzügigkeit und stehen für die Verbindungen zwischen Gemeinden als Ansammlungen von Individuen, aber auch als offiziellere städtische Organisationen, während sie zugleich das utopische Gefühl einer vernetzten Weltgemeinschaft heraufbeschwören. Das Geschenk des Lichts ist praktisch und stark symbolisch zugleich. Es zeichnet diese Beziehungen zwischen Städten und Menschen nach, bekräftigt sie – oder baut sie manchmal auch erst auf; es manifestiert sich physisch an einem Ort und ist zugleich so schwer zu fassen und immateriell, wie es Beziehungen zwischen Menschen nun einmal sind.

Bei aller Komplexität hinsichtlich Initiierung und Durchführung der Arbeit ist „Solidarity Grid" in seiner physischen Gestalt täuschend einfach: Eine vielfältige Sammlung funktionierender Straßenlaternen wird entlang eines Weges am Flussufer aufgestellt, der die Innenstadt von Hagley Park abgrenzt, einem breiten Streifen Parklandschaft, der der Erholung dient. Die Verschiedenheit der Straßenlampen ist ein erster Hinweis darauf, dass das Werk die allgemeine Homogenität der städtischen Infrastruktureinrichtungen und deren Identifikation im Sinne von effizienter Funktionalität durchbricht. Die unterschiedlichen Designs zeugen von den gestalterischen Konzepten der jeweiligen Städte und ihrer weiter gefassten Kulturgeschichte, einige weisen auf das Verständnis für eine dynamische Gegenwart oder eine technologisch intelligente Zukunft einer bestimmten Stadt hin. An jeder Laterne sind kleine Tafeln angebracht, die kontextuelle Informationen zu ihrer Herkunft liefern sowie den Anlass für ihre Gabe festhalten.[3]

3) Frühe künstlerische Entwürfe für dieses Projekt beinhalteten den Vorschlag, eine Website zu erstellen, auf der die Schenkungsakte vollständig dokumentiert werden, inklusive der sie umgebenden Diskussionen und feierlichen Momente der Enthüllung im Beisein städtischer Vertreter sowie einer Live-Verfolgung der Reise der Straßenlaternen um die Welt per GPS, doch stellte sich schließlich heraus, dass dies den finanziellen und logistischen Rahmen von SCAPE Public Art und ihren Projektpartnern sprengte.

Der augenscheinlich einfache Aufbau des Werks an seinem Standort, angepasst sowohl an die natürliche ökologische Form seiner direkten Umgebung (der Avon River / Otakaro) als auch an deren von Menschen geformte Eigenschaften (öffentliche Parklandschaft und Bepflanzung, Weg, Straße und Straßenverlauf), täuscht ebenfalls über die komplexen Fragen und Prozesse hinweg, die zur Umsetzung nötig waren. Die Form, auf die sich Kuballs ursprüngliches Konzept stützt, wird durch das Wort „grid" („Gitter" / „Raster") im Titel angedeutet. Die Arbeit, die zunächst einen Teil des Straßenrasters des Hauptgeschäftsbezirks abstecken sollte, mit der stark zerstörten Durchgangsstraße Colombo Street als Mittelachse, ist stattdessen fließender, linearer geworden, eine Reihe von Punkten oder Staffeln entlang eines Flussuferwegs. Dieser Umstand zeugt von dem Geflecht aus Beziehungen, Interessen und Rahmenbedingungen, das die Entstehung eines dauerhaften öffentlichen Kunstwerks für eine Stadt befördert. Eine permanente Einmischung – eine „Präposition" – in den öffentlichen Raum stellt immer eine Herausforderung dar, nicht nur logistisch und finanziell, sondern auch in Bezug auf das Verhandeln der Wünsche und Hindernisse in Stadt und Gemeinde. Der extrem angespannte Kontext einer Stadt, die sich gerade von einer Katastrophe erholt, verkompliziert diese Aufgabe noch zusätzlich. Das kann – und hat in diesem Fall – die plötzliche Umgestaltung eines ursprünglichen Konzepts durch den Dialog mit und in Reaktion auf die lokale Bevölkerung beinhalten, während die Kernidee und der dem Werk zugrundeliegende Impetus im Blick behalten und bei der Realisierung vor Ort die dieser Idee quasi innewohnende Wahrheit gewahrt werden muss. In gewisser Weise erkennt ein solches Werk sowohl in seinem Entstehungsprozess als auch in seiner Ausführung implizit die Ansprüche auf eine Art von Eigentum – oder zumindest Aufseherschaft – an, die eine Gemeinde mit ihren geteilten Sorgen und ihren leidenschaftlich zum Ausdruck gebrachten Streitpunkten ihm gegenüber stellt.

Die europäische Besiedlung der Canterbury Plains begann in den 1840er Jahren und gewann in den frühen 1850ern mit der Ankunft der englischen Siedler unter der Schirmherrschaft der „Canterbury Association" an Fahrt. 1848 wurde die Stadt Christchurch gitterförmig angelegt, über einen sich dahinschlängelnden Fluss, der sie in zwei Teile schnitt, und auf Land, das von der lokalen Ngai-Tahu-Bevölkerung erworben wurde. 1856 offiziell gegründet, entwickelte sich die Stadt zu einem kulturellen, politischen und wirtschaftlichen Zentrum mit imposanten öffentlichen Gebäuden, die das späte 19. und frühe 20. Jahrhundert hindurch aus Stein und in einer Vielfalt an Stilen errichtet wurden, darunter am Eindrücklichsten die „Christchurch Gothic Revival"-Architektur, für die die Anglican Cathedral im Stadtzentrum beispielhaft ist. Doch zum Zeitpunkt der Erdbeben war ein Teil der architektonischen Struktur der Innenstadt bereits verfallen, ebenso waren Gewerbe und allgemeines Stadtleben aus dem Hauptgeschäftsviertel abgewandert. Städtische Behörden, Gewerbe- und Gemeindegruppierungen waren an Planungs- und Reinvestitionsprozessen zur Revitalisierung des Stadtzentrums beteiligt, eines von vier großen Straßen begrenzten Gebiets.[4)] Dieser „Niedergang" hatte natürlich Freiräume und Möglichkeiten für Künstler, Musiker und andere unabhängige kreative Einzelpersonen und Gemeinschaften eröffnet, billige und zweckmäßige Räume in der Innenstadt zu beziehen. Dieses Gefühl von urbaner Kreativität sowie Christchurchs noch immer offenkundige Verbundenheit mit seiner Innenstadt, seiner Architektur und seinen benachbarten Parklandschaften, verschärfte die Auswirkungen auf die Gemeinde, die die schweren Verwüstungen durch die Erdbeben, die Schließung des Hauptgeschäftsbezirks für die Bevölkerung und selbst dessen anschließender Neuaufbau hatten, welcher sich noch über vier Jahre nach dem Erdbeben von 2011 im Anfangsstadium befindet.

Die Doppelbedeutung des Gitters als sowohl tatsächliches wie auch symbolisches Herz von Christchurch diente Mischa Kuball als Ausgangspunkt. Dies verdeutlichten bereits die ersten Zeichnungen und Notizen, die er mir in den Wochen und Monaten nach dem Beben von 2011 sandte und die er als limitierter Druck, den er neben „Solidarity Grid" anfertigte, in eine bleibende Form überführte. Im Mittelpunkt dieser Grafik befindet sich ein kleines Raster, erstellt als Kreuzschraffur aus weißen Linien auf schwarzem Grund, mit dem Wort „Christchurch" in der Mitte. Eine weitere weiße Linie umkreist dieses Zentrum und wächst dann darüber hinaus, mit den Namen verschiedener Städte rund um den Globus an bestimmten Punkten dieser sich ausbreitenden Spirale. Diese Namen werden ebenfalls durch angedeutete Linien verbunden, die sich auf das Zentrum des Werks zu- und von ihm fortbewegen, als repräsentierten sie Kommunikationswege in die Stadt. Daneben zeigen auch kräftigere weiße Linien in Richtung Zentrum, während rote Pfeile nach außen weisen, um die Verdichtung und Freisetzung von Energie zu vermitteln. Als Schaubild oder Landkarte spürt die Zeichnung Energie-, Verbindungs- und Beziehungslinien nach. Christchurch sitzt im Mittelpunkt als Epizentrum der Krise: Eine Stadt, die ein solches Trauma durchgemacht hat, rückt notwendigerweise (und für kurze Zeit) ins Zentrum der weltweiten Aufmerksamkeit, während sie zugleich ihre eigene Energie nach innen auf die Aufgabe der Wiederbelebung richten muss. Christchurch ist hier das Zentrum von Kuballs Denken und Aufmerksamkeit, während Städte aus der ganzen Welt nicht nach ihrer geografischen Lage, sondern nach den in seinem sich entwickelnden Plan für „Solidarity Grid" bestehenden sowie angestrebten Beziehungen und Verbindungen angeordnet sind. Es handelt sich bei der Zeichnung um einen Plan für eine öffentliche Arbeit wie auch um eine schematische Ausarbeitung von Spannung und Kraft in Bezug auf die Erdbeben – eine Art seismische Kartierung. Außerdem kartografiert sie umfassendere psychologische und emotionale Rhythmen.

4) Dieses innerstädtische Revitalisierungsprojekt bildete den Schwerpunkt der 6. SCAPE Public Art Christchurch Biennale, die durch die Erdbeben 2010 und 2011 zweimal verschoben wurde, schließlich jedoch an unterschiedlichen Orten stattfand. Siehe Blair French (Hg.), 6th SCAPE Christchurch Biennial of Art in Public Space, Vol. 1 (Guide & Reader) und Vol. 2 (Artist Projects), Christchurch, Art and Industry Biennial Trust, 2010 und 2012.

Ich weise aus zwei Gründen so detailliert auf diese Zeichnung hin. Zum einen erschließt diese grafische Arbeit, wie angemerkt, den Denkprozess des Künstlers auf eine hocheffiziente Weise, da frühe Versionen der Zeichnung direkt nach dem Erdbeben von 2011 entstanden sind und die damals stattfindenden Gespräche sichtbar werden lassen, die zu „Solidarity Grid" führten. Zum anderen verdichtet und transportiert sie als schematische Darstellung die gewaltigen zerstörerischen Kräften des Erdbebens auf eine ähnliche Weise, wie es die außergewöhnliche, online abrufbare Christchurch Earthquake Map vermag, die die Tausenden in der Region seit 2010 zu spürenden Erschütterungen grafisch erfasst. Diese Karte mit ihren schaubildhaften Explosionen ist in mancher Hinsicht bewegender als die wenigen existierenden Schnipsel von Live-Videoaufnahmen des großen Bebens selbst, die beinahe unwirklich erscheinen oder sich zwangsläufig auf einen Bildausschnitt in unmittelbarer Nähe konzentrieren – auf ein heftig erschüttertes einzelnes Gebäude oder einen Innenraum. Die Karte steckt einen größeren Rahmen ab und vermittelt durch unerbittliches, fortdauerndes Aufbrechen zirkulärer Formen, die präzise den Ort, die Tiefe, das Ausmaß und die Intensität jeder Erschütterung wiedergeben, das Gefühl, dass hier eine Macht am Werk ist, die sich der menschlichen Kontrolle und selbst dem menschlichen Verständnis entzieht. Kuballs Grafik greift auf ähnliche Weise auf die affektive Kraft der schematischen, doch fluiden Form zurück. Angesichts der zutiefst bürokratischen und planungsgetriebenen Prozesse bei der Auftragsvergabe für Kunst im öffentlichen Raum legt sie ein wertvolles Zeugnis von der Denkweise des Künstlers im Akt des Zeichnens ab.

Innerhalb von Stunden nach dem Erdbeben von 2011 wurde das Stadtzentrum Christchurchs abgesperrt und der Zutritt eingeschränkt. Beaufsichtigt durch Regierungsbehörden und die Armee, wurde diese Absperrung rasch offiziell und markierte fortan eine geschlossene „No-go-Area" – den roten Bereich des Stadtzentrums, den nur Rettungs-, dann Begutachtungs- und schließlich Abrissteams betreten durften. Das Herz der Stadt wurde stillgelegt und geräumt. Auch wenn sich die Absperrung im Laufe der folgenden Monate und Jahre nach innen zusammenzog und das Sperrgebiet immer weiter schrumpfte, waren Bewohner wie auch Besucher praktisch aus dem urbanen Kern der Stadt ausgeschlossen. Christchurch wurde zu einer Stadt ohne Zentrum – zu einer „Donut-Stadt". Die Bewohner gestalteten neue Muster und Lebensadern, neue Wege, urbanen Raum abseits der Innenstadt zu denken, zu verhandeln und zu leben. Währenddessen führten Abrissteams im Zentrum das polternde Werk der Beben fort und entfernten zerstörte Gebäude aus der Innenstadt.[5)] So blieb es für zwei Jahre und drei Monate. Am 30. Juni 2013 wurde die Absperrung des Gefahrenbereichs schließlich aufgehoben und die Innenstadt wieder für die allgemeine Öffentlichkeit freigegeben, weniger als drei Monate vor der Einweihung von „Solidarity Grid".

Künstlerische Erkundungen fanden noch während der Schließung des Hauptgeschäftsbezirks statt. Künstler, die eingeladen waren, Werke für die SCAPE Public Art Christchurch Biennale zu entwickeln, besuchten die Stadt – darunter auch Mischa Kuball (der vor den Erdbeben schon einmal in Christchurch gewesen war) – und wurden als Teil ihrer Vor-Ort-Recherche durch die Gefahrenzone der Innenstadt geführt. Hier wurden sie Zeugen sowohl der verheerenden Zerstörung durch die Erdbeben als auch des weiteren Abrissprozesses, der sich vor ihren Augen abspielte. Gebäude wurden Abschnitt für Abschnitt auseinandergenommen, aufgehäufte Trümmer und offensichtlich sortierte und kategorisierte Baumaterialien übersäten die Straße. An Stelle der verlassenen leeren Hülle eines Hotels oder Einkaufszentrums, die bei einem Besuch besichtigt wurde, befand sich beim nächsten nur noch eine Freifläche. Künstler konnten die Beseitigung einer Stadt mitverfolgen, ein Vorgang, der auch den kuratorischen Auftrag prägte, in welchem ich die Künstler bat, insbesondere die Prozesse und Auswirkungen dieses rasanten Wandels zu berücksichtigen, bis dahingehend, dass die in Auftrag gegebenen Arbeiten beweglich sein mussten, um sie gegebenenfalls noch zu einem späten Zeitpunkt in ihrer Planungsphase kurzfristig von einem Ort an einen anderen zu verlegen, sollten die Umstände des sich wandelnden städtischen Umfelds es erfordern. In manchen Fällen taten sie dies tatsächlich, nicht nur aus praktischen Gründen die im wiedereröffneten Stadtzentrum fortdauernd stattfindenden Abriss- und Aufbauarbeiten betreffend, sondern auch im Hinblick auf die räumlichen, visuellen und konzeptuellen Beziehungen zu sich rasch wandelnden physischen Umgebungen. Zum Zeitpunkt der Standortbesichtigungen der Künstler innerhalb der damals geschlossenen Gefahrenzone gab es noch viele Anzeichen der Verwüstung, von Geschäften, deren Waren hinter zerstörten Fassaden verstreut lagen und von Staub und Schimmel bedeckt wurden, kleine Erinnerungen an jenen Augenblick, an dem alles gewaltsam auf den Kopf gestellt wurde, bis hin zu einer beinahe erhabenen architektonischen Zerstörung, die Gegenstände und Schauplätze lieferte, auf die Verlust, ja, Trauer projiziert werden konnte.

Als die Absperrung des Gefahrenbereichs dann aufgehoben und später SCAPE installiert wurde, wirkten ganze Abschnitte der Innenstadt wie leergefegt, verschwunden und durch unerwartete Sichtachsen ersetzt, die sich durch den Verlust einer großen Anzahl an wichtigen Gebäuden geöffnet hatten. Dieser schockierende Verlust und die Zerstörung, sichtbare Zeichen des Wandels und des Schmerzes, brach einer grundsätzlichen Abwesenheit Bahn, eine andere Form schmerzhaften Verlusts, die weder Gegenstand noch Ereignis oder Augenblick bietet und damit keine Projektionsflächen. Doch während Teile des Stadtrasters noch aus leeren Häuserblocks und eingezäunten Gebäudeskeletten bestanden, die ihres Schicksals harrten, hatte sich das Sperrgebiet in den vergangenen zwei Jahren immer weiter zusammengezogen und damit gewerb-

5) Über tausend Gebäude, etwa ein Drittel aller Gebäude im Innenstadtbereich, wurden nach den Erdbeben abgerissen. Während der Entstehung dieses Texts warten weitere immer noch abgesperrt auf ihren Abriss oder auf eine Entscheidung über ihre Zukunft.

lichen, kreativen und gemeinschaftlichen Aktivitäten ermöglicht, Schritt für Schritt dem Zentrum der Stadt näher zu rücken. Schon vor dem 30. Juni 2013 konnte jeder Abriss, jede Beseitigung in gewisser Weise aufgewogen werden durch ein neues, oftmals unerwartetes Lebenszeichen, irgendeine soziale oder ökonomische Geste oder Präsenz. Im Wandel der genesenden Stadt war eine positive Energie zu spüren, eine Energie, aus der auch „Solidarity Grid" entsprang und die es zugleich zu generieren half.[6)]

Die Probleme, mit denen Künstler hinsichtlich der sich wandelnden Bedingungen vor Ort zu kämpfen hatten, wogen bei Mischa Kuball schwerer, da er mit „Solidarity Grid" auf ein bleibendes Werk hinarbeitete. Nicht nur fehlte ein endgültiger Plan für den Wiederaufbau des Innenstadtbereichs, den Kuball ursprünglich als Standort seiner Arbeit vorgesehen hatte, auch der Zeitplan für die Bauarbeiten blieb ungewiss und vage.[7)] Selbst die am Wiederaufbau der Stadt beteiligten Stadtplaner konnten keine klaren Aussagen über den räumlichen Kontext treffen, auf den das Werk im Straßenraster der Innenstadt treffen würde; etwa welche architektonischen Formen es unterbrechen würde. Auch wenn die Baugenehmigung für das Kunstwerk erteilt würde, wäre es gut möglich, dass einige oder gar alle Straßenlampen während späterer Bauphasen in der Stadt nachträglich entfernt werden müssten, oder dass sie einfach direkt durch die schweren Maschinen zukünftiger Baustellen zerstört würden. Entscheidend war auch, dass selbst nach der Aufhebung des Sperrgebiets der nächtliche Fußgängerverkehr im Hauptgeschäftsviertel während der frühen Wiederaufbauphasen eindeutig minimal sein würde, während das Kunstwerk doch notwendig und nützlich für die Bevölkerung sein musste, um seinen Zweck zu erfüllen.

Pläne für die zukünftige Stadt wurden intensiv entwickelt und auf offizieller Ebene von der einflussreichen Regierungsbehörde Canterbury Earthquake Recovery Authority (CERA) geleitet. Diese Pläne jedoch, bis heute unverwirklicht, bilden den Gegenstand großer öffentlicher Bedenken, Debatten und Differenzen. Zwangsläufig kam es zu Spannungen zwischen den Erfordernissen einer hierarchischen Regierungsplanung in einem zunehmend regulierten Umfeld, einer Fülle von Erwartungen und Wünschen aus der Gemeinde, dem unmittelbaren wirtschaftlichen Gebot der Projektentwicklung und Finanzrendite von isolierten architektonischen Knotenpunkten und Immobilieninseln, dem Versicherungswesen und den vielschichtigen Aktivitäten alltäglicher Gemeinschaftsbildung und Ortsgestaltung auf Straßenebene durch kulturelle und soziale Ent-

6) Diese Energie fand international in verschiedenen Foren Beachtung, was sich beispielsweise darin niederschlug, dass Lonely Planet Christchurch als eine der zehn „Must visit"-Städte weltweit aufführte.

7) Mit Bauarbeiten sind an dieser Stelle nicht nur Gebäude gemeint, sondern auch potenzielle neue Straßen, Gehwege und Leistungen wie Wasser, Strom und Kanalisation.

8) Beispiele hierfür sind die Arbeiten von neuen Kollektiven und Agenturen wie Gap Filler, Greening the Rubble und dem Festival of Transitional Architecture, aber auch neue Modelle von „Off-site"-Projekten der Kunstorganisationen, die aus ihren früheren Räumlichkeiten vertrieben wurden, vom Raum für Gegenwartskunst Physics Room bis hin zur Christchurch Art Gallery Te Puna o Waiwhetu, einer wesentlichen öffentlichen Einrichtung der Stadt.

9) Entworfen vom japanischen Architekten Shigeru Ban. Siehe http://www.shigerubanarchitects.com/works/2013_cardboard-cathedral/. Stand: September 2015.

wicklung, etwa lokaler kleiner Geschäfte und kultureller Aktivitäten – die organische Energie einer Stadt, die auf Begehren und direktes Handeln aufbaut. Auf bürokratischer Ebene entwickelte CERA nach einem Aufruf zur Einreichung eigener Ideen den Christchurch Central Recovery Plan. Das darin vorgeschlagene Modell zeigte das „neue" Stadtzentrum ähnlich einem durchdacht angelegten Universitäts- oder Firmencampus, zusammengesetzt aus klar unterscheidbaren Bezirken (Einzelhandel, Kongresszentrum, Gesundheit, Justiz, Innovation), die wortwörtlich begrenzt würden durch einen „Stadtrahmen" aus Grünflächen. Bei aller wohlüberlegten Analyse und Einbeziehung von gemeinschaftlichen „Bedürfnissen" in einem Stadtzentrum, beinhaltet ein solches Planungsmodell auch eine gewogene, homogene Ausarbeitung der Innenräume und des Innenlebens einer Stadt. Kuball erkannte die Gefahren dieser Homogenität schon ganz zu Beginn der Planung seines eigenen Kunstwerks. Er zielte darauf ab, möglichst viele verschiedene Kennzeichen von Gemeinden in das materielle Umfeld der Stadt zu bringen, um zu zeigen, wie sich selbst kleinere Städte auf der ganzen Welt in einem dynamischen Zusammenspiel nicht nur mit den Bedingungen ihres unmittelbaren Umfelds (kulturell, ökonomisch, sozial, räumlich), sondern mit anderen Orten, mit dem Außen formen. Von Anfang an richtete sich „Solidarity Grid" gegen jedes Abgleiten in Isolationismus und Insularität, das eine Katastrophe nach sich ziehen kann. Während das Werk eine dauerhafte und in vielerlei Hinsicht höchst konventionelle Form annahm, zeigte es in seiner Planung denselben Impuls, Förmlichkeit und Homogenität zu erschüttern, wie andere unerwartete Eingriffe in die bebaute Umwelt, von temporären Pop-up-Einkaufszentren, Cafés und Gemeindezentren in Containern über eine Reihe außergewöhnlicher temporärer Kunstaktivitäten und Projekte[8] bis hin zu einer temporären Karton-Kathedrale.[9]

Entscheidend dabei ist, dass „Solidarity Grid" sowohl in seinem Entstehungsprozess als auch in seiner endgültigen Form offen für Kontext und Ort ist. Nach ausführlicher Rücksprache mit lokalen Beteiligten und Gesprächspartnern, insbesondere Stadtplanern, stimmte Kuball zu, das Werk von seiner vorgeschlagenen Position mitten im Straßenraster des Hauptgeschäftsviertels an seinen endgültigen Standort entlang des Hagley Parks zu versetzen. Dieses Einverständnis war nicht nur eine Reaktion auf die eingangs genannten praktischen Probleme, sondern entstand aus dem Bedürfnis heraus, das Werk dort zu positionieren, wo es den Bewohnern Christchurchs am meisten „Nutzen" brachte. Hier sorgt es für die Beleuchtung eines beliebten Weges, doch maßgeblich ist, dass es auch leicht aufgesucht und als originärer Beitrag zur Wiederbelebung der Stadt betrachtet werden kann. Die Aufmerksamkeit wird auf sein eigenes Wachsen entlang des Uferwegs über einen Zeitraum von drei Jahren gelenkt, das somit als Symbol für das neue Wachstum der Stadt selbst und deren wachsende Verbindungen zu Gemeinden auf der ganzen Welt fungiert. An dieser Stelle bietet „Solidarity Grid" Funktionalität, ist als dauerhafte Ergänzung der Stadtlandschaft erkennbar, markiert einen Bereich des Übergangs zwischen Stadt und Umgebung, folgt der Grenze des Hauptgeschäftsviertels, womit es dieses sowohl mit seiner natürlichen Umwelt verbindet als auch davon abgrenzt, und erinnert an das gemeinschaftliche Durchleben des Erdbebens von 2011.

„Solidarity Grid“ erforderte die engagierte Beteiligung diverser Personen: der Mitarbeiter und Vorstandsmitglieder des SCAPE Public Art Trusts, die das Projekt leiteten; der Mitglieder des Christchurch City Council Public Art Advisory Committee; der Mitarbeiter und gewählten Mitglieder des Stadtrats (vom Bürgermeister, der seine Amtskollegen im Ausland direkt anschrieb, um sich um Partnerschaften mit ihren Städten für dieses Projekt zu bemühen, bis zum Planungsstab und den Teams für öffentliche Bauarbeiten, die die Straßenlampen installierten); bedeutender Unternehmenspartner, die sich um den internationalen Transport und die elektrischen Leitungen kümmerten; und maßgeblich der Vertreter und Mitglieder verschiedener Gemeinden, die mit den jeweiligen Geschenken verbunden sind, darunter auch Auswanderergemeinden, die Geschenke aus einer alten Heimat in einer neuen willkommen hießen. Es stellt ein gemeinschaftliches Werk im weitesten Sinne dar, das gleichermaßen von der organisatorischen und finanziellen Unterstützung und Expertise institutioneller, gewerblicher und städtischer Strukturen wie von der Großzügigkeit und Gastfreundschaft der beteiligten Gemeinden abhängt, insbesondere der Stadt, in der es beheimatet ist. Es ist sowohl zeitlich als auch materiell, ebenso sehr relational wie skulptural. Und läuft man es in seiner ganzen Länge ab, beeindruckt am meisten, wie entschieden es dem Ort zu entstammen scheint, den es markiert.

Marking Solidarity

Unfolding over a three-year period, Mischa Kuball's "Solidarity Grid" is a growing artist intervention into the spatial environment of central Christchurch in the South Island of New Zealand, a city undergoing rapid change in the wake of destruction caused by a major earthquake in 2011.[1] It is also a developing contribution to the functioning urban amenities of the city and particularly to the passage of inhabitants into and through the city— the work lights a key section of a pathway used as a major cycleway linking suburbia to the Central Business District (CBD). And it is a memorial of sorts to the events of 22 February 2011—a focal point for the act of remembering.

"Solidarity Grid" is made up of many gifts. Its final form includes 22 street lamps from various cities around the world offered and relocated to Christchurch.[2] These gifts are both specific (even intimate) and all-encompassing in their generosity, representing connections between communities as clusters of individuals as well as more formal civic entities, whilst also conjuring a utopian sense of the interconnectivity of global community. The gift of light is at once practical and potently symbolic. The work is also the tracing, reinforcing and even on occasion forging, of these connections between cities and peoples. It is both physically manifest in place and as elusively immaterial as any set of active relationships between peoples must be.

For all the rich complexity underpinning the work's initiation and realisation, in physical form it is deceptively simple. A diverse set of functioning street-lamps are set out along a riverbank pathway demarcating the urban environment of the central city from Hagley Park, a huge swathe of recreational parkland. Differentiation between the street-lamps is the first signal of the work as an interruption to the general homogeneity of urban infrastructural services and their identification in terms of efficient functionality. Different designs signify the relationship of cities to their design and broader cultural history. Others point to that respective city's sense of a dynamic present, or technologically intelligent future. Small plates attached to each provide contextual information regarding the origin of the street-lamp as well as record the occasion of its gift.[3]

The apparently straightforward structure of the in-situ work, aligned with both the natural ecological form of its immediate environment (the Avon River/Otakaro) and its human-scaped features (public parklands and plantings, pathway, road and street layout) also belies the complex

1) This quake was preceded by an initial major quake on 4 September 2010, causing significant central city damage but resulting in no casualties. It was followed by numerous aftershocks, leading to the devastating quake of 22 February 2011 that caused massive damage in the central city, eastern suburbs and hillside suburbs in particular, and resulted in the loss of 185 lives. Thousands of subsequent aftershocks, including many measuring over 5.0 in magnitude, compounded this damage over time.

2) At the time of writing, 11 have been installed, beginning with the inaugural street-lamp from the artist's home city of Düsseldorf installed to publicly launch the work during the opening weekend of the 7th SCAPE Public Art: Christchurch Biennial in 2013, and including street-lamps from Adelaide, Belgrade, Graz, Kurashiki, Mexico City, Montreal, Sendai, Songpa, Sydney and Wuhan.

3) Early artist outlines for the project included proposals to build a website to fully document the acts of giving including their surrounding discussions and ceremonial moments of unveiling with civic representatives as well as live GPS tracking of the transit of the street-lamps across the globe, but this ultimately proved to be beyond the financial and logistical scope of SCAPE Public Art and their project partners.

issues and processes informing its realisation. The form underpinning Kuball's initial concept is alluded to by the word "grid" in its title. First conceived of as marking out a section of the CBD street grid using the severely damaged thoroughfare Colombo Street as a central axis, the work has instead taken a more fluid, linear form as a set of points or relays along a riverbank path. This speaks to the mesh of relationships, interests and determining factors at play in development of a permanent public artwork for a city. Working to create a permanent intervention—a "preposition"—within public space is always a challenging exercise not just logistically and financially, but also in terms of negotiating civic and community desires and impediments. The intensely fraught context of a city in disaster recovery mode further complicates this challenge. It can—and here did—require dynamic modification of an initial concept through dialogue with and responsiveness to local community, all the time keeping the core idea and impetus at the heart of the work in focus, and maintaining commitment to a certain truth in that idea when realised in place. In a sense, in both process and realisation such a work implicitly recognises the claims to a form of ownership—certainly custodianship—held over it by a community with its shared concerns as well as fervently expressed points of difference.

European settlement on the Canterbury Plains began in the 1840s, gaining pace in the early 1850s with the arrival of English settlers under the aegis of the "Canterbury Association." The city of Christchurch began to be laid out in a grid pattern overlaying and intersected by a meandering river in 1848 on land acquired from the local Ngai Tahu people. Formerly constituted in 1856, the city developed as a cultural, political and economic centre, with impressive public buildings constructed in stone in a variety of styles through the late 19th and early 20th centuries, most notable of which was "Christchurch Gothic Revival" architecture, exemplified by the Anglican Cathedral built in the centre of the city. However, by the time of the earthquakes, some of the architectural fabric of the inner city had deteriorated, paralleled by the drift of business and the general life of the city away from the CBD. City authorities, business and community groups were engaged in processes of planning and reinvesting in the revitalisation of the city centre, an area bordered by four avenues.[4] This "decline," of course, had created spaces and opportunities for artists, musicians and other independent creative individuals and communities to inhabit cheap and functional spaces within the inner city. Such a sense of urban creativity coupled with Christ-

4) This inner city revitalisation project was the core focus for the 6th SCAPE Public Art: Christchurch Biennial twice postponed by the 2010 then 2011 earthquakes, but ultimately realised in a dispersed form. See Blair French, ed., 6th SCAPE Christchurch Biennial of Art in Public Space, Vol. 1 (Guide & Reader) and Vol. 2 (Artist Projects), Christchurch, Art and Industry Biennial Trust, 2010 and 2012.

church's still apparent self-identification around its inner city, architecture and neighbouring parklands intensified the impact upon the community of the severe damage caused by the earthquakes, of the closure of the CBD to the public and even of its subsequent rebuilding, which even over four years on from the 2011 earthquake remains in its earliest stages.

The double-figure of the grid as both actual and symbolic heart of Christchurch underpins Kuball's project for the city. It was apparent in the very first drawings and notes he began sending me in the weeks and months following the 2011 quake that lead to the more permanent form of a limited edition print he produced alongside "Solidarity Grid." At the centre of this graphic work sits a small grid, rendered in a fluid, dynamic cross-hatching of white line on black ground with the word "Christchurch" at its core. A further white line encircles then grows out from this centre, with the names of various cities from around the globe sitting at points along the expanding spiral. These are also connected by faint lines arrowing in and out of the centre of the work as if representing lines of communication to the city. There are also bolder white lines pointing into the centre and red ones arrowing out conveying the compression and release of energy. As a diagram or map the drawing is tracing lines of energy, of connections and relationships. Christchurch sits at the centre as the epicentre of crisis: a city that has gone through such trauma necessarily (and briefly) becomes a centre of global attention concurrent with a need to focus its own energy inwards to the task of revival. Christchurch is the centre of Kuball's thinking and attention here, with cities of the world relationally mapped not in terms of geography, but of relationships and connections both existing and desired in his developing plan for "Solidarity Grid." It is a plan for a public work and a schematic working out of tension and force in relation to the earthquakes—a kind of seismic mapping. It is also a cartographical rendering of broader psychological and emotional rhythms.

I refer to this drawing in detail for two reasons. First, as noted, this graphic work opens up the artist's thinking process in a highly effective way, early versions of this drawing being produced in the immediate aftermath of the 2011 quake and manifesting the conversations taking place that then led to "Solidarity Grid." Second, as a schematic rendering it concentrates and conveys something of the tremendous and destructive forces of the earthquake in a manner akin to the extraordinary online Christchurch Earthquake map that graphically renders the thousands of tremors experienced in the region since 2010. This map with its diagrammatic explosions is in some ways more affecting that the few existing fragments of video footage of the major quake itself as it happened that seem almost unreal, or necessarily focussed on an immediate frame of pictorial reference—a single building or an interior shaking violently. The map represents scope, and through relentless, continuous bursts of circular forms representing with precision the location, depth, scale and intensity of each shudder it conveys some sense of force beyond human control, even comprehension, at work. Kuball's print similarly draws on the affective power of the schematic yet fluid form. Given the highly bureaucratic and planning-led processes of public art commissioning, this immediate reminder of how the artist thinks in part through the act of drawing is timely.

Within hours of the 2011 earthquake, the Christchurch city centre was cordoned off, with restricted access. Administered by government authorities and the army, this cordon was rapidly formalised marking a closed "no-go" area—the central city red zone—with access restricted to rescue, then assessment, then demolition teams. The heart of the city was shut down and emptied out. Although the cordon contracted inwards over the months then years that followed, ever shrinking the exclusion zone, residents and visitors alike were effectively excluded from the urban core of the city. Christchurch became a city without a centre—the "doughnut city." Residents created other patterns and lifelines within the city, other ways of thinking, negotiating and living urban space away from an inner city, whilst at the centre demolition crews continued the rumbling work of the quakes, removing damaged buildings from the city centre.[5] And so it was for two and a quarter years. The red zone cordon was finally removed and the inner city reopened to the general public on 30 June 2013, less than three months before the inauguration of "Solidarity Grid."

Artist research took place during the time of the CBD closure. Artists invited to develop works for the SCAPE Public Art: Christchurch Biennial made visits to the city—including Mischa Kuball (who had once visited Christchurch prior to the earthquakes)—and were taken through the central city red zone as part of their site research. Here they witnessed both the devastating ruination caused by the earthquakes and the further process of demolition taking place in front of them. Buildings were being taken apart section by section, piles of rubble and apparently sorted and categorised building materials dotting the street scape. The forlorn empty shell of a hotel or a shopping centre witnessed on one visit would be replaced by an empty city block on the next. Artists were viewing the removal of a city, a process that informed the curatorial brief for the biennial, where I asked artists to be particularly mindful of the processes and impacts of rapid change, right down to the need for commissioned works to be nimble, able to be relocated if needed late in their planning stage at short notice from site to site should the conditions of the changing city environment require it. And in some cases they did, not only for practical reasons to do with ongoing demolition and construction work taking place within the reopened city centre, but with regard to spatial, visual and conceptual relationships to rapidly mutating physical locations. At the time of the artist site visits within the then closed red zone many signs of destruction remained,

5) Over 1000 buildings, some 1/3 of the total number of buildings in the central city area, were demolished following the earthquakes. At the time of writing others still remain closed off, awaiting demolition, or simply a decision regarding their future.

from the contents of shops visible through damaged frontages lying strewn, broken and gathering dust and mould, small-scales signs of the moment when everything was violently turned over, to almost sublime architectural ruination that both triggered and provided objects and scenes to project loss and indeed grief upon.

By the time of the removal of the red zone cordon, then the installation of SCAPE, sections of the central city felt largely swept clean, disappeared, replaced with unexpected sightlines opened up by the loss of huge numbers of major buildings. Obvious signs of the shock of loss, of damage —visible signifiers of change and of pain—gave way to basic absence, another form of aching loss that doesn't offer up an object, event or moment to project upon. However, whilst sections of the city grid consisted of empty city blocks and fenced-in shells of buildings awaiting their fate, the red zone had been contracting over the two year period, enabling businesses, creative and community activities to incrementally edge closer and closer to the centre of town. Even prior to 30 June 2013, every demolition or act of removal could in some way be offset by a new, often unexpected sign of life, some social or economic gesture or presence. There was positive energy to be felt in the flux of the recovering city, an energy that "Solidarity Grid" also emanated from and assisted to generate.[6)]

Working towards a permanent work, the issues artists were dealing with in regarding to the changing condition of site were compounded for Kuball with "Solidarity Grid." Not only was there great uncertainty regarding final plans for rebuilding the central city area initially proposed by Kuball for his work, but the timetable for city construction was unknown and unfixed.[7)] Even the urban planners involved in city rebuild could not be clear about the environmental context into which the proposed work in its initial central city grid format would sit; what architectural forms it would punctuate, for example. Even if planning permission for the artwork were granted, it was entirely possible that some or all of the street-lamps may have to be subsequently removed during later rebuilding phases of the city, or would simply be directly damaged by the heavy machinery of later construction. Crucially, even after the removal of the red zone cordon, night time pedestrian use of the CBD was clearly going to remain minimal through early rebuilding phases, and it was crucial that the artwork was of need and use to the populace for it to fulfil its purpose and intent.

6) This energy was noted internationally in various forums, evidenced for example in Lonely Planet listing Christchurch as one of the 10 "must visit" international cities in 2013.

7) The reference to construction here includes not only buildings, but potential new roading, footpaths and services such as water, power and sewerage.

Plans for the future city were in full development, led at a formal level by the powerful government agency, the Canterbury Earthquake Recovery Authority (CERA). These were, and in their yet unrealised form remain subject of much public concern, debate and disagreement. Tensions necessarily existed between the imperatives of top down government planning in an increasingly regulated environment, a plethora of community aspirations and desires, the immediate commercial imperative of property development and financial return from isolated architectural nodes and pockets of property, the insurance industry, and the fine grained activity of street-level, everyday community building and place-formation through cultural and social development including local small businesses and cultural activity—the organic energy of a city building through pathways of desire and direct action. At a bureaucratic level, following a public "share an idea" program, CERA produced the Christchurch Central Recovery Plan. This proposed a model of the "new" central city as something akin to a carefully laid out university or corporate campus, made up of identifiable precincts (retail, convention centre, health, justice, innovation) literally bordered by a city "frame" of green space. For all its thoughtful analysis and integration of community "needs" of a city centre, such a planning model also presents a polite, homogenous concept of a city's inner spaces and inner life. Kuball identified the dangers of this homogeneity from the outset of his own artwork planning. His project looked to bring as many different markers of community into the material environment of the city, ciphers of the manner in which international cities of even small scale are formed in dynamic interplay not just with the conditions associated with their immediate environment (cultural, economic and social as well as spatial) but with elsewhere, with the outside. From the outset "Solidarity Grid" was pitched against any slide towards isolationism and insularity that disaster might bring in its aftermath. Whilst taking permanent, and in many ways highly conventional form, it shared an impulse to unsettle formality and homogeneity in its planning with other unexpected interventions in the built environment, from pop-up temporary shopping centres, cafes and community centres housed in shipping containers, a range of extraordinary temporary art activities and projects[8], through to a temporary cardboard cathedral.[9]

Critically, in both process and form Solidarity Grid presents an attitude of openness to context and locality. Following extensive consultation with local partners and interlocutors, in

8) Exemplified by the work of new collectives and agencies such as Gap Filler, Greening the Rubble and the Festival of Transitional Architecture, as well as evident in the new models of "off-site" projects by art organisations exiled from their former buildings, from the contemporary art space Physics Room through to the city's major public institution, Christchurch Art Gallery Te Puna o Waiwhetu.

9) Designed by Japanese architect Shigeru Ban. See http://www.shigerubanarchitects.com/works/2013_cardboard-cathedral/. Accessed September 2015.

particular city planners, Kuball agreed that the work should shift from its proposed position at the heart of the CBD street grid, to its final location alongside Hagley Park. This agreement was not simply in response to practical matters noted above, but came out of recognition of the importance of locating the work where it would be of most "use" to the people of Christchurch. Here it provides lighting for a popular pathway, but also significantly it can be easily visited and viewed as a distinct contribution to the recovery of the city. Here its own growth over the three-year period along the riverbank pathway commands attention and thus serves as a symbol of the city's own new growth and of its growing connections to communities globally. In this location "Solidarity Grid" provides functionality, is identifiable as a permanent addition to the city-scape, marks a zone of transition and out of the city, rides the border of and thus simultaneously links and delineates CBD and its natural environment, and brings to recollection community experience of the event of the 2011 earthquake.

"Solidarity Grid" required the committed involvement of a wide range of people: the staff and board members of the SCAPE Public Art Trust who led the project; members of the Christchurch City Council Public Art advisory committee; staff and elected members of the City Council (from the Mayor who wrote directly to international counterparts seeking partnerships with their cities in the project to planning staff and public works teams who installed the streetlamps); through to major corporate partners who provided international freight and electrical fittings; and crucially, representatives and members of different communities attached to the specific gifts themselves, including migrant communities who welcomed gifts from a former home to a new one. It is a communal work in the broadest sense, dependent equally on the managerial and financial support and expertise of institutional, business and civic structures and on the generosity and hospitality of communities, most particularly those of its host city. It is temporal as much as material, relational as much as sculptural. Most tellingly, walking its length, it could not feel more emphatically of the place that it marks.

Das Öffentliche publik machen

Vanessa Joan Müller

Im Jahr 1748 entwickelte der italienische Kartograf Giovanni Battista Nolli einen revolutionären Plan der Stadt Rom, der nicht nur alle bebauten Flächen und Straßen zeigte, sondern auch alle Innenräume von Kirchen, Palästen und Institutionen, die das Kriterium eines temporär zugänglichen Raumes erfüllten. Das Prinzip der Öffentlichkeit ist an das Prinzip der Offenheit im Sinne einer Zugangsoffenheit gebunden. Öffentlicher Raum beschreibt entsprechend den physischen Raum zwischen den Refugien des Privaten, weshalb halböffentliche Flächen die Orientierung innerhalb der Stadt behindern. Nollis Stadtplan unterscheidet aus diesem Grund zwischen dem rechtlich festgesetzten öffentlichen Raum und dem nur wahrgenommenen oder angenommenen und verbindet beide Ebenen zu einem Geflecht aus Straßen, Plätzen und Gebäuden. Unzugängliche Räume sind als Flächen wiedergegeben, Kirchen und öffentlich zugängliche Paläste hingegen detailliert in ihren Grundrissen. Nolli kehrt die öffentlich zugänglichen Innenräume praktisch nach außen und präsentiert sie als integralen Teil der sichtbaren Gestalt der Stadt. Unabhängig von dem einzigartigen Detailreichtum seines Plans zielte diese Strategie darauf ab, Kohärenz innerhalb eines fragmentarischen Konzepts von urbanem Raum zu schaffen. Diese Kartografie legt nicht nur ein umfangreiches stadträumliches Inventar an, sondern kategorisiert es auch in Bezug auf seine Organisationsstrukturen und Logiken von Inklusion und Exklusion. Es ist ein Plan, der die Perspektive des Benutzers einnimmt und Rom in seinem Straßen- und Wegenetz, aber auch in seinen sozial verdichteten Strukturen darstellt und das unscharfe Terrain zwischen den traditionellen Begriffsdefinitionen „privat“ und „öffentlich“ radikal neu verhandelt. Ursprünglich ein Symbol aufklärerischen Willens zur Ordnung, gilt der Nolli-Plan mittlerweile als Vorbild kontextualistischer Entwurfspraxis.

Heute lässt sich das Konzept des öffentlichen Raumes allerdings wesentlich schwieriger vermessen, da der Grad der Zugänglichkeit und damit ein entscheidendes Kriterium für die Charakterisierung eines Raumes als öffentlich sich stark ausdifferenziert hat. Private Räume, die erst auf Einladung erschlossen werden können, treffen auf private Räume mit selektivem Zugang, öffentliche, aber temporär geschlossene Räume auf öffentliche, permanent zugängliche Territorien. Mischa Kuballs unter dem Titel „public preposition“ zusammengefasste Werke und Projekte tragen den Begriff des Öffentlichen bereits in ihrem Titel und loten mit unterschiedlichen Strategien das Potenzial einer Kunst, die bewusst das Refugium der institutionellen Sphäre verlässt, in Bezug auf diese Neuvermessung des Urbanen und seines Publikums aus. Sie entstehen für unterschiedliche Kontexte und thematisieren historische, soziale und gesellschaftspolitische Konnotationen eines Ortes, indem sie ihm eine andere Form von meist temporärer Sichtbarkeit verleihen.

Betrachtet man Kunstproduktion als „Werkzeugkasten der Kommunikation und Repräsentationspolitik im Bereich des Öffentlichen"[1], so ergeben sich ganz allgemein, aber auch in Bezug auf „public preposition" eine Reihe von Fragen in Bezug auf den Begriff der Kommunikation sowie den des Öffentlichen. Schließlich hat sich die Bedeutung so genannter Kunst im öffentlichen Raum seit der Moderne deutlich verändert bis hin zu der an Giovanni Battista Nolli anknüpfenden Überlegung, dass es den einen öffentlichen Raum vielleicht gar nicht gibt, sondern verschiedene partikulare Räume mit einer jeweils eigenen, teilweise auch begrenzten Offenheit. Heutige urbane Räume sind (nach-)öffentliche Räume, an denen sich unterschiedliche Funktionen mischen. Unabhängig vom Raum besitzt die Vorstellung von Öffentlichkeit aber auch eine „performative" Komponente, da sich der Begriff auch ganz allgemein auf Ereignisse richtet, welche die Aufmerksamkeit eines Publikums erregen – was impliziert, dass eine wesentliche Voraussetzung für die Konstitution von Öffentlichkeit die Möglichkeit des potenziellen Publikums ist, an einem Ereignis tatsächlich zu partizipieren. Das wiederum bedeutet, dass der ausschlaggebende Faktor für die Charakterisierung eines Ereignisses als öffentlich weniger die Protagonisten des Ereignisses sind als vielmehr das Publikum. Es sind die Zuschauer, Zuhörer, Vermittler und Kommentatoren, die ein Ereignis – und ein Kunstwerk wäre ein solches – als öffentlich charakterisieren. „public preposition" setzt vielfach einen bestimmten, in besonderer Weise historisch oder sozial aufgeladenen Ort in ein Verhältnis zu seiner Umgebung und exponiert ihn gewissermaßen durch eine subtile, häufig sogar immaterielle Intervention, etwa in Form von Licht. Zugleich problematisieren die Werke aber auch ihren eigenen Standpunkt als Sphäre des Öffentlichen, was bereits an Titeln wie „arena/agora" oder „public space" ablesbar ist. Denn auch wenn immer noch von öffentlichen Plätzen die Rede ist, haben diese ihre ursprüngliche, vielleicht sogar stets nur imaginierte Eindeutigkeit im Sinne eines gesellschaftlichen Ideals meist verloren. Ein prägnantes Beispiel ist das 2011 im Rahmen des Performance-Festivals BONE entstandene Projekt „Metzgergässchen" in Bern, das direkt die Idee des urbanen Raumes im Sinne von Nollis römischem Stadtplan aufzugreifen scheint: Ein privater Ort verwandelt sich in eine Passage, die allen offen steht. Es fand zudem an einem historisch aufgeladenen Ort statt, dessen wechselhafte Geschichte in dem Projekt reflektiert und aktiviert wurde und darüber die Verschiebungen sowohl in der Textur des Urbanen als auch in der Funktionalität der Gebäude thematisierte. Das Berner

1) Simon Sheikh, „Anstelle der Öffentlichkeit? Oder: Die Welt in Fragmenten". Online unter http://eipcp.net/transversal./0605/sheikh/de. Stand: September 2015.

2) „[Wir haben letztlich realisiert], dass die Konzeption der Öffentlichkeit als Arena, in der man sich trifft und in die man sich einbringt, dematerialisiert und/oder erweitert ist. Wir begreifen Öffentlichkeit nicht mehr als Entität, als einen Ort und/oder eine Formation, wie das Habermas' berühmte Beschreibung der bürgerlichen Öffentlichkeit nahegelegt hat. Jürgen Habermas' soziologische und philosophische Untersuchung der Entstehung der so genannten „Öffentlichkeit", meist als normativ und idealistisch kritisiert, ist im Grunde eine Rekonstruktion der Ideale und des Selbstverständnisses der entstehenden bürgerlichen Klasse – die ein rationales Subjekt setzt, das außerhalb seiner selbst, in der Gesellschaft und von der Gesellschaft öffentlich zu sprechen imstande ist. Daher die Trennung zwischen dem Privaten (Familie und Haus: Eigentum), dem Staat (Institutionen, Gesetze) und dem Öffentlichen (dem Politischen und dem Kulturellen)." Sheikh, „Anstelle der Öffentlichkeit? Oder: Die Welt in Fragmenten". A. a. O.

Schlachthaus-Theater befindet sich dort, wo im 15. Jahrhundert das sogenannte Schinthaus lag, dessen Neubau aus dem 18. Jahrhundert den Charakter der angrenzenden Gasse noch immer stark prägt. Mischa Kuball ließ sämtliche Fenster und Türen des Theaters für 24 Stunden ausbauen, sodass das Theaterhaus das Metzgergässchen erweiterte im Sinne einer Passage, die für Passanten neue Wege erschloss. Die historische Einschreibung des Ortes wiederum dramatisierte eine Performance, bei der ein Schäfer seine 300 Schafe durch die temporär entstandene Passage trieb und damit das ehemalige Schlachthausareal als solches sichtbar machte und ihm eine quasi positive Wendung gab. In der alltäglichen Navigation im städtischen Raum fallen solche temporären Modifikationen von Zugänglichkeiten kaum auf, es sei denn, sie erhalten den Charakter einer performativen Aktion, die Aufmerksamkeit auf sich lenkt. Dann jedoch werden die Passagen zu Häusern oder Gängen ohne Außenseite, zu Zwischenräumen oder Räumen des Übergangs: „Die Straße wird Zimmer, und das Zimmer wird Straße.“[3] Das zur Passage verwandelte Theater ist dann nicht mehr nur ein Raum in der Stadt, sondern städtischer Raum.

Kunst als „Werkzeugkasten der Kommunikation“ sind die „public prepositions“ aber auch deshalb, weil sie in den meisten Fällen ein Angebot offerieren, das wenig weitere Anforderungen an das Publikum stellt. Sie etablieren, wenn auch häufig nur zeitweise, eine Situation, die einen unverbindlichen Vorschlag macht, der aber nicht angenommen werden muss. Niemand musste durch das geöffnete Metzgergässchen gehen, aber jeder war eingeladen, es zu tun. Niemand musste an der Bochumer Jahrhunderthalle im Rahmen von „agora / arena“ (2013) auf dem neu geschaffenen Areal verweilen und mit anderen kommunizieren, aber es wurde auch niemandem untersagt, dort zu sitzen, wenn er oder sie nicht zum Publikum der als Auftraggeber des Projektes firmierenden Ruhrtriennale zählte. Das nämlich ist die entscheidende Qualität der antiken Agora: die Teilnahme an der Öffentlichkeit der Polis auf der Agora im Sinne einer freien Sphäre der Öffentlichkeit. In Kuballs Interpretation einer modernen Agora verbanden sich der gläserne Vorbau der ehemaligen Industriehalle, die seit einigen Jahren als Ort für Konzerte, Theateraufführungen und Festivals dient, und ein mit einer Tribüne ausgestatteter Vorplatz zu einer beleuchteten Zone, die zum kommunikativen Austausch einlud. Der Vorbau der Halle, an sich ein klassischer Schwellenraum, wurde Teil eines in den Außenraum erweiterten Areals, das eben nicht nur dem Ankommen der Veranstaltungsgäste diente, sondern allen offen stand. Und tatsäch-

3) Walter Benjamin, Das Passagen-Werk, hg. von Rolf Tiedemann, Frankfurt am Main 1983, Band 1, S. 512.

lich auch von Jugendlichen aus der Umgebung als Treffpunkt genutzt wurde. Die für einen Veranstaltungsort typische Tribüne wiederum, ein klassischer Bestandteil jeder Arena, diente nicht dem Blick auf ein Spektakel aus Perspektive des Zuschauers, sondern verwandelte alle Anwesende in potenzielle Akteure eines Schauspiels ohne Skript. Hinzu kamen die in pulsierende Lichtkörper verwandelten Kühl- und Wassertürme auf dem Gelände, die das Areal bei Dunkelheit in seiner ehemaligen Funktion und Bedeutung thematisierten und auch seine für das Ruhrgebiet typische Transformation vom Stahlstandort zur Kulturstätte im Zuge des strukturellen Wandels der gesamten Region. Transformativ war „arena / agora" aber auch als Verwandlung eines gegebenen Raumes in einen Erfahrungsraum im Sinne der Etablierung einer potenziellen kommunikativen Plattform, die von den verschiedenen Perspektiven der Besucher und Benutzer bedingt ist und die sich mit ihnen verändert. Dabei kann das Feld zwischen Werk, Kontext und Betrachter selbst durchaus antagonistisch besetzt sein. Fast immer geht es jedoch um unterschiedliche Formen der Stadt- und Standortwahrnehmung, der detailgenauen Betrachtung aus der Nähe und der geläufigeren panoramatischen Betrachtung aus der Bewegung heraus. Diese gehen ihrerseits mit unterschiedlichen Formen des städtischen Verhaltens einher: einem interaktiven Verhalten einerseits und einer distanzierten, rein optischen Wahrnehmung der Stadt, die von einer kommerzialisierten Vorstellung von Urbanität forciert wird. Im Sinne der fortschreitenden Diskussion um „nach-öffentliche" Räume und die Transformation der Innenstädte in für kaufkräftige Benutzer aufbereitete Dienstleistungszonen regt „public preposition" in diesem Sinne dazu an, den jeweiligen Grad an „Restöffentlichkeit" auszuloten, oder aber sie stellen eine solche selbst her. Vor der Realisierung des Werks steht die Frage nach den Bedingungen, Möglichkeiten und Potenzialen des Ortes, nach dem, was diesem fehlen oder ihm zu neuer Sichtbarkeit verhelfen könnte: ein Aufspüren von Defiziten, von Leerstellen und Möglichkeiten, diese als Impulsgeber zur Diskussion zu stellen.

Betrachten wir die verschiedenen unter dem Titel „public preposition" versammelten Werke, Performances und Projekte, ergibt sich ein umfangreiches räumliches Inventar von alltäglichen Orten in verschiedenen Städten, das deren Organisationsstrukturen und Formen von Öffentlichkeit auch in ihrer jeweils historischen Genese kategorisiert. In der Annahme, dass Zugang und damit auch Partizipation wesentliche Kriterien jeder Kunstinstitution ist (die idealerweise selbst als Agora für die dort gezeigten Werke und ihre Betrachter fungiert), lotet Mischa Kuball diese unter den besonderen Bedingungen eines Kunstprojektes im nicht-institutionellen Raum aus. Handlungsorientierte Entwürfe stehen dabei neben Werken, die eine sich verändernde Gesellschaft in ihrem Selbstverständnis befragen, sowie solchen, die im Zuge zunehmender Homogenisierung unsichtbar gewordene historische Spuren an bestimmten Orten sichtbar machen. Es können angebotsorientierte Projekte sein wie die „public stage", die als reale Bühne zur Selbstdarstellung im Jahr 2000 vor der Staatlichen Galerie Moritzburg in Halle an der Saale errichtet wurde, über eine Webcam das Geschehen aber auch ins Internet übertrug, oder auf Repräsentationsorte städtischer und staatlicher Verwaltung gerichtete Interventionen wie „les fleurs du mal (Blumen für Marl)“ (2014) oder „public katharsis“ (2001) in Kopenhagen. Letztere fand statt, als Dänemark die EU-Präsidentschaft innehatte und die Europäische Union intensiv ihre sogenannte Osterweiterung diskutierte. Eine beleuchtete Rampe verband für eine kurze Zeit den Bürgersteig mit dem Eingang des königlichen Palastes und damit die Sphäre des Öffentlichen und die Repräsentation des Staates. Diese Schwelle zwischen zwei räumlich nur wenig, strukturell und symbolisch aber enorm getrennten Bereichen kann die Abgrenzung nicht aufheben, jedoch auf die Zusammenhänge von behaupteter und tatsächlicher Repräsentation verweisen, von Teilhabe an politischen Prozessen und dem zeitgenössischen Verständnis von Öffentlichkeit, nachdem diese keinen Repräsentationsanspruch für die bürgerliche Klasse mehr erhebt beziehungsweise aufgrund der in ihrer Exklusivität fragwürdig gewordenen Kategorie auch nicht mehr erheben kann. Gerade diese fragmentierten Öffentlichkeiten unserer Gegenwart jedoch haben vielfach die Potenziale des Öffentlichen als Kommunikations- und Repräsentationssphäre aus den Augen verloren. Sie wieder als Möglichkeitsraum einer auch progressiven (Selbst-)Repräsentationspolitik zu aktivieren, ist ein Leitmotiv der verschiedenen unter dem Titel „public preposition“ zusammengefassten Werke. Dass sich viele von ihnen an ein Publikum wenden, ohne dieses immer explizit auf ihren Werkcharakter hinzuweisen, macht sie zu stillen Teilhabern an einem Prozess des Publikmachens eines der wesentlichen Charakteristika modernen urbanen Lebens: Öffentlichkeit verstanden als Geflecht aus Bedürfnissen, unterschiedlichen Interessenslagen und Verhaltensweisen, die in einem gemeinschaftlichen Prozess ausgehandelt werden, sofern nicht die anonyme Beobachterposition bevorzugt wird. Es sind Einladungen und Impulsgeber an ein nicht spezifiziertes Publikum, das sich tendenziell beliebig erweitern kann, in eine bestimmte politische, urbanistische, ästhetische, gesellschaftlich relevante oder historische Debatte einzusteigen und diese durch Partizipation, Interaktion und Diskussion zu intensivieren. Es gibt kein angestrebtes Ergebnis, meist noch nicht einmal einen moderierten Prozess. Letztlich ist „public preposition“ eine Offerte, sich seiner selbst als souveränes Subjekt seiner Position in einer immer komplexer werdenden Stadtgesellschaft gewahr zu werden.

Making the Public Public

In 1748, the Italian cartographer Giovanni Battista Nolli drew up a revolutionary map of the city of Rome that not only depicted all constructed lots and streets, but also the interiors of churches, palaces, and institutions that fulfilled the criterion of a temporarily accessible space. The principle of the public is linked to the principle of openness in the sense of open access. Accordingly, public space describes the physical space between places of private refuge, which is why semi-public areas make orienting oneself difficult within a city. For this reason, Nolli's city map differentiates between legally determined public space and public space that is merely perceived or accepted as such, and combines the two levels to form a web of streets, plazas, and buildings. Inaccessible spaces are depicted as mere shapes, while on the other hand the floor plans of churches and publicly accessible palaces are drawn in detail. Nolli turns the publicly accessible interiors inside out and presents them as integrated components of the city's visible form. Apart from his map's unique richness in detail, this strategy aims at creating coherence within a fragmentary concept of urban space. This cartography not only undertakes an extensive inventory of city space, but also categorizes it in relation to its structures of organization and its logic of inclusion and exclusion. It is a map that assumes the perspective of the user and represents Rome in its web of streets and paths as well as in its social structures, radically renegotiating the blurry terrain between the traditional definitions of the concepts "private" and "public." Originally a symbol of the Enlightenment-driven will to order, the Nolli map is now considered a forerunner of contextualist blueprint practice.

Today, the concept of public space is considerably more difficult to assess, because the degree of accessibility and thus a crucial criterion for characterizing a space as public has been subject to extensive qualification. There are private spaces that can only be entered upon invitation and private spaces with selective access; there are temporarily closed public areas and permanently accessible public territories. Gathered together under the title "public preposition," Mischa Kuball's works and projects already embody the concept of public in their title and implement various strategies to test the potential of an art that deliberately leaves the refuge of the institutional sphere while referring back to it in a reassessment of the urban and its public. They arise in response to various different contexts and they address the historical, social, and socio-political connotations of a place by giving it another form of visibility, usually temporary in nature.

If art production is viewed as a "tool box of communication and politics of representation in the public realm,"[1)] then a set of questions arises both generally and in regards to "public preposition" concerning the concepts of both communication and the public sphere. In the final analysis, the meaning of so-called "art in public space" has changed markedly since modernism, to the point of wondering—which brings us back to Giovanni Battista Nolli—whether or not public space exists, or whether it's more a question of various particular spaces, each with their own degree of openness, some of it limited. Today's urban spaces are (post-)public spaces where various functions blend. Independently of space, the notion of the public sphere possesses a "performative" component, because the term is also generally directed at events that attract public attention—which implies that a considerable prerequisite for constituting public is the possibility for a potential audience to actually take part in an event. This in turn means that the critical factor for characterizing an event as public consists less in the event's protagonists than in its audience. It's the viewers, listeners, mediators, and commentators that characterize an event—and a work of art is an event—as public. "public preposition" repeatedly places a specific location, historically or socially charged in a special way, in relation to its surroundings and more or less exposes it through a subtle and often immaterial intervention, for instance in the form of light. At the same time, the works also problematize their own standpoint as a public sphere, which can also be gleaned from titles such as "arena/agora" and "public space"—because even if we're still talking about public spaces, these have for the most part lost their original clarity in the sense of a social ideal, one that was always, perhaps, no more than imagined.[2] A succinct example is the project "Metzgergässchen" in Bern, which came about in 2011 as part of the performance festival BONE and that seems to pick up on the idea of urban space directly, in the sense of Nolli's Roman map: a private location transforms into a passageway open to all. Moreover, it took place in a historically charged location whose checkered history is reflected and activated in the project, addressing shifts both in the urban texture and the buildings' functionality. Bern's Schlachthaus Theater occupies the site where the so-called Schinthaus once stood in the 15th century, whose new building from the 18th century continues to exert a powerful effect on the adjacent street. Mischa Kuball had all the theater's windows and doors dismantled for 24 hours, so that the theater building extended the Metzgergässchen the th as a kind of passageway offering new paths to passersby. On the other hand, the history of the location was dramatized in a performance during which a shepherd led his 300 sheep through the temporary passageway, giving visibility to the former slaughterhouse area and lending it a kind of positive twist. Temporary modifications to access like these are hardly noticeable in the everyday navigation of city space, unless they take on the character of performative actions that attract attention. In this case, the passageways to buildings or hallways turn into in-between spaces or spaces of transition: "The street becomes room and the room becomes street."[3] A theater, transformed into a passageway, is then no longer a space in the city, but city space.

The "public prepositions," however, are also art as a "tool box of communication" because in most cases they offer something that places very few additional demands on the public. They establish, even if it's often only temporarily, a situation that makes a tentative proposal that does

1) Simon Sheikh, „In the Place of the Public Sphere? Or, the World in Fragments" at: http://republicart.net/disc/publicum/sheikh03_en.htm. Accessed September 2015.

2) "[We have also come to realize] that the conception of a public sphere, the arena in which one meet and engage, is likewise dematerialized and/or expanded. We no longer conceive of the public sphere as an entity, as one location and/or formation as suggested in Jürgen Habermas' famous description of the bourgeois public sphere. Jürgen Habermas' sociological and philosophical investigation of the emergence of the so-called 'public sphere', most often categorized and criticized for being normative and idealist, is basically a reconstruction of the ideals and selfunderstanding of the emergent bourgeois class – positing a rational subject capable of public speaking outside of itself, in society and of society. Thus the separation between the private (the family and the house: property), the state (institutions, laws) and the public (the political and the cultural)." Sheikh, "In the Place of the Public?" Ibid.

3) Walter Benjamin, The Arcades Project, Cambridge 1999, p. 406.

not have to be accepted. No one was forced to walk through the opened-up Metzgergässchen, but everyone was invited to. In the framework of "agora/arena" (2013), no one had to linger on the newly created area in the Bochumer Jahrhunderthalle and communicate with others, but no one was prohibited to sit there, even if they weren't a visitor to the Ruhrtriennale, the body commissioning the project. This is the essence of the antique agora: participation in the public sphere of the polis in the agora in the sense of a free public sphere. Kuball's interpretation of a modern agora combined the glass-covered annex of the former industrial hall that had been used for several years as a venue for concerts, theater performances, and festivals with a tribune-equipped plaza to create an illuminated zone that invited people to interact with one another in a communicative manner. The front building of the hall, a classic threshold space in itself, became part of an area that was extended into the outdoors that did not merely serve the arrival of the events' guests, but was open to all. And indeed, it was used by local youths as a meeting point. On the other hand, the tribune, typical for an event venue and a classical component of every arena, did not serve the viewer's perspective as a space for spectacle, but transformed everyone present into potential actors in a piece without a script. Added to this were the cooling and water towers on site, which were transformed into pulsing bodies of light that, at nightfall, addressed the lot's former function and meaning as well as its transformation, typical for the Ruhr district, from a steel site to cultural venue over the course of the structural change of the entire region. "arena/agora" was also, however, transformative in that it turned a given space into a space of experience in the sense of establishing a potential communicative platform determined by the various different perspectives of visitors and users and that in turn changes with them. This overlapping between work, context, and viewer can also, however, be antagonistically loaded. It's almost always a question of various different forms of perceiving the city and a given location, of a detailed observation from up close and the more common, panoramic observation from a moving perspective. For their part, these are connected to various forms of urban behavior: on the one hand interactive behavior, and on the other a distanced, purely visual perception of the city as propagated by a commercialized notion of urbanity. In terms of the ongoing discussion over "post-public" spaces and the transformation of inner cities into service zones for a well-earning buying public, "public preposition" also invites us to think about the respective degree of a "remaining public sphere" or creates one itself. Prior to the realization of the work comes the question as to the conditions, possibilities, and potential of a location, to what it's missing or what could help it attain a new visibility: a finding of deficits, of gaps and possibilities to present these as catalysts for discussion.

If we take a look at the various different works, performances, and projects collected together under the title "public preposition," we find an extensive spatial inventory of everyday places in various different cities that characterizes their organizational structure and forms of public sphere, also in regards to their respective historical origin. Operating on the assumption that access and thus participation are essential criteria of every cultural institution (which is itself, ideally, an agora for the works shown there and their viewers), Mischa Kuball probes these under the special conditions of an art project in non-institutional space. Concepts involving action stand alongside works that inquire into a changing society and the way it sees itself as well as works that make visible historical traces in specific locations that have become invisible due to an increasing homogenization. These can be projects that embody offers to the public, such as "public stage," built as a real stage for self-expression in 2000 in front of the Staatliche Galerie Moritzburg in Halle an der Saale that also livestreamed the events via webcam, or interventions directed at representational spaces of city and state administration, such as "les fleurs du mal (flowers for Marl)" (2014) and "public katharsis" (2001) in Copenhagen. The latter took place while Denmark was acting EU president and the European Union was in deep debate over its so-called "East expansion." For a short time, a lit ramp connected the sidewalk with the entrance to the royal palace and thus the public sphere and the representation of between state. This threshold between two areas separated only slightly in spatial terms, but with a wide divide between structure and symbolism, cannot do away with the boundary, but can point to the circumstances of claimed and actual representation, of participation in political processes and of a contemporary understanding of the public sphere, after it no longer makes a claim to represent the middle class or no longer can because the very category has become questionable due to its exclusivity. But it's precisely these fragmented public spheres of the present day that have overwhelmingly lost sight of the potential of the public sphere as a sphere for communication and representation. Reactivating them as a realm of potential for a progressive politics of (self-)representation is a leitmotif of the various works brought together under the title "public preposition." The fact that many of them are directed at a public without explicitly pointing to their own character as work turns them into quiet participants in a process of making public one of the essential characteristics of modern urban life: the public sphere understood as a web of needs and various different interests and behaviors that are negotiated in a collective process, as long as the anonymous position of observer is not assumed. They are invitations and impulse providers to a public that is not specified, but that can expand indiscriminately, that can enter into a particular political, urbanistic, aesthetic, socially relevant, or historical debate and intensify this through participation, interaction, and discussion. They aim at no result, usually not even at a moderated process. In the final analysis, "public preposition" is an offer to become aware of oneself as a confident subject of one's own position in an urban society that is growing more and more complex.

Realisierte Projekte
Realized Projects

Venice
Marfa
Toronto
Bern
Wolfsburg
Wuppertal
Katowice
Bochum
Sofia
Christchurch
Marl
Leipzig
Thessaloniki

Projekt / Project	public preposition Intervento
Jahr / Year	2009
Institution	La Biennale di Venezia – 53. Esposizione Internationale d'Arte / 53. Venice Art Biennale, détournement, Collateral Events / IT
Ort / Place	Esercito Presidio Militare Caserma Cornoldi, Riva degli Schiavoni, Venedig / Venice / IT
Kurator / Curator	Daniel Birnbaum, Elisabeth Sarah Gluckstein
Technik / Technique	3 Gobo-Projektoren (je 1200 Watt) / 3 Gobo projectors (each 1200 watts) Technische Realisierung / Technical realization: Derksen Lichttechnik GmbH
Dank an / Thanks	Kathrin Luz, Stefano Orti, Robert Preece, Patrick Rose, Angelo Toma
Fotograf / Photographer	Archiv / Archive Mischa Kuball, Düsseldorf / DE
Unterstützt von / Supported by	Generale Stefano Orti, Esercito Presidio Militare Caserma Cornoldi / IT Kulturamt der Landeshauptstadt Düsseldorf / DE

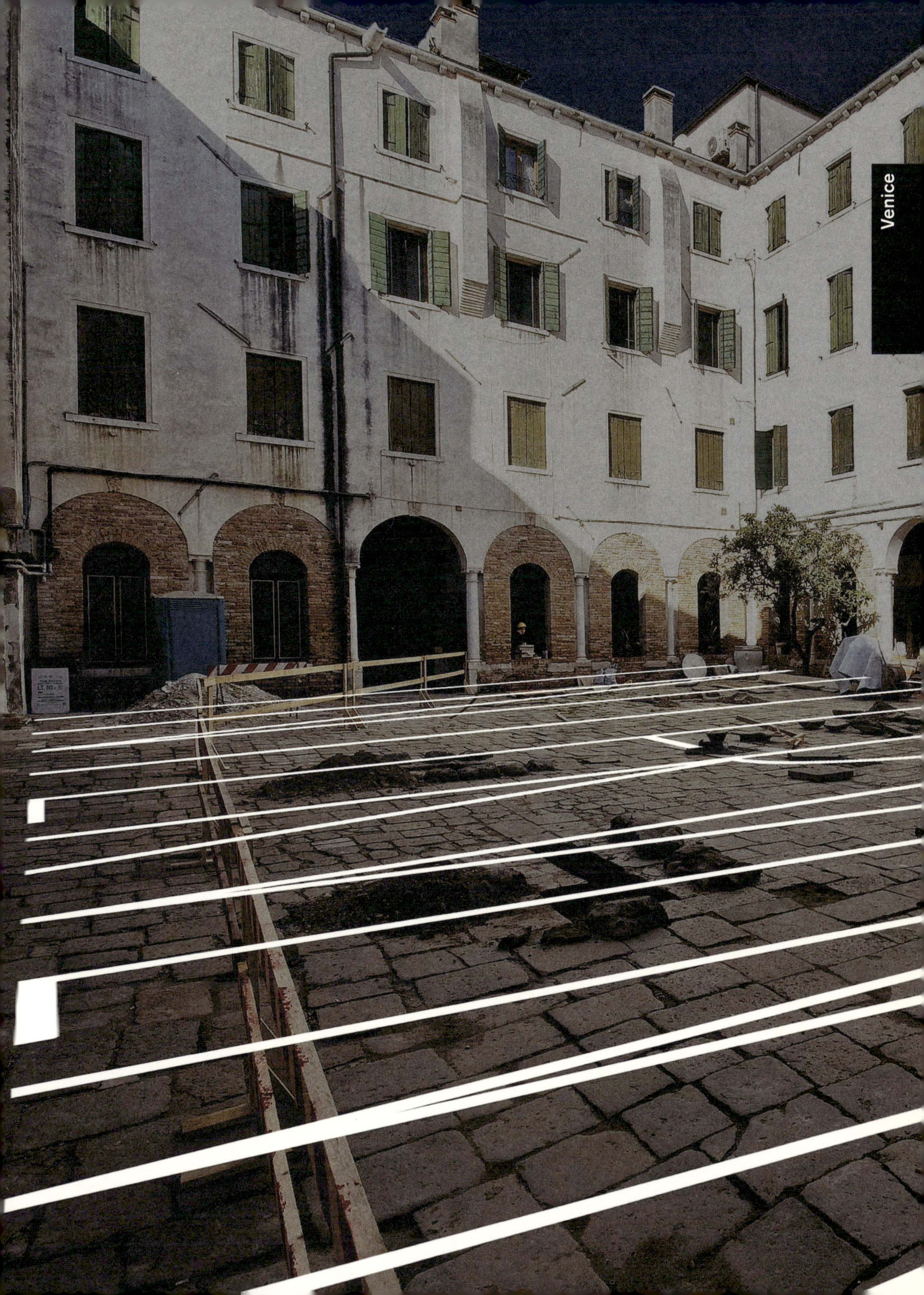

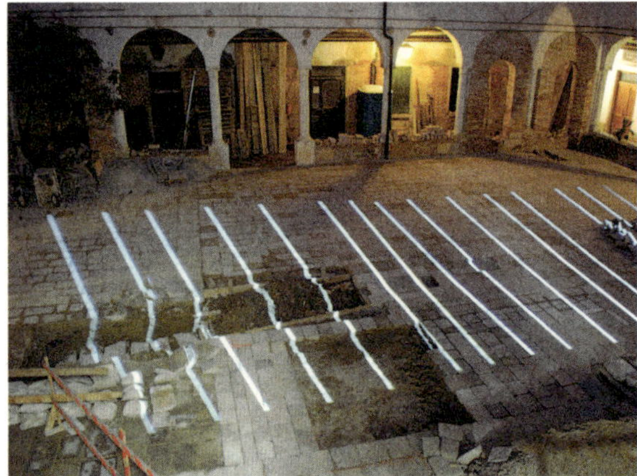

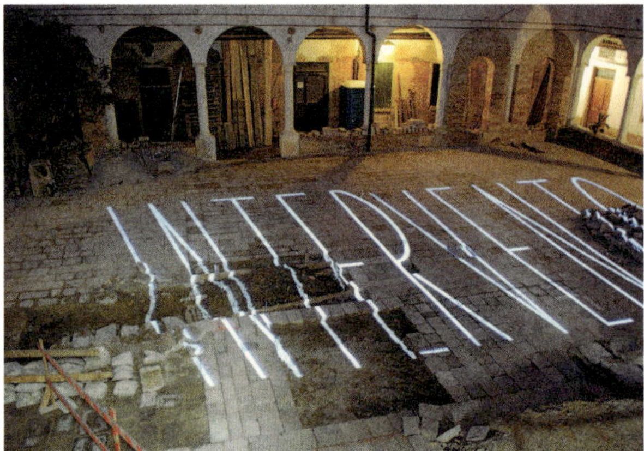

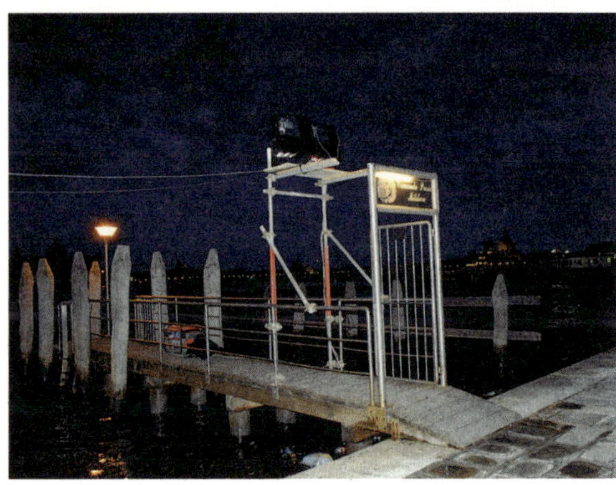

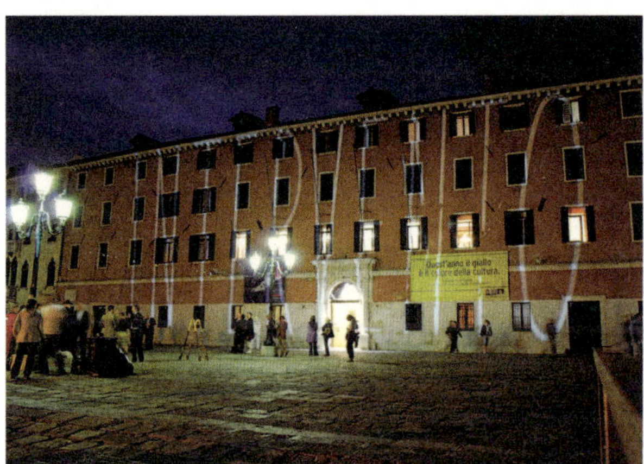

Intervento, Venedig, 2009

Die zweiteilige Lichtinstallation wurde anlässlich des Ausstellungsprojektes „détournement 2009" als „evento collaterale" zur 53. Biennale di Venezia an der Fassade und im Innenhof der Caserma Cornoldi realisiert. Die heutige Kaserne und archäologische Fundstätte, in der die Überreste eines Klosters aus dem 14./15. Jahrhundert freigelegt wurden, liegt zwischen der Piazza San Marco und dem Arsenale. Von französischen Besatzern 1807 als Militärstützpunkt genutzt, richtete die italienische Regierung hier schließlich die Verwaltung für internationale Friedensmissionen ein, die im Italienischen auch „intervento" genannt werden. Sowohl an der streng rhythmisierten Fassade des Gebäudes als auch auf dem Grund der Ausgrabungsstätte im Innenhof, welcher der Öffentlichkeit temporär zugänglich gemacht wurde, wechselten die Lichtprojektionen von vertikalen Linien zu schlanken Buchstaben. Sie bildeten das Wort INTERVENTO und verankern den künstlerischen Eingriff selbst als kinematografische Präsenz in der vielschichtigen Historie des Ortes.

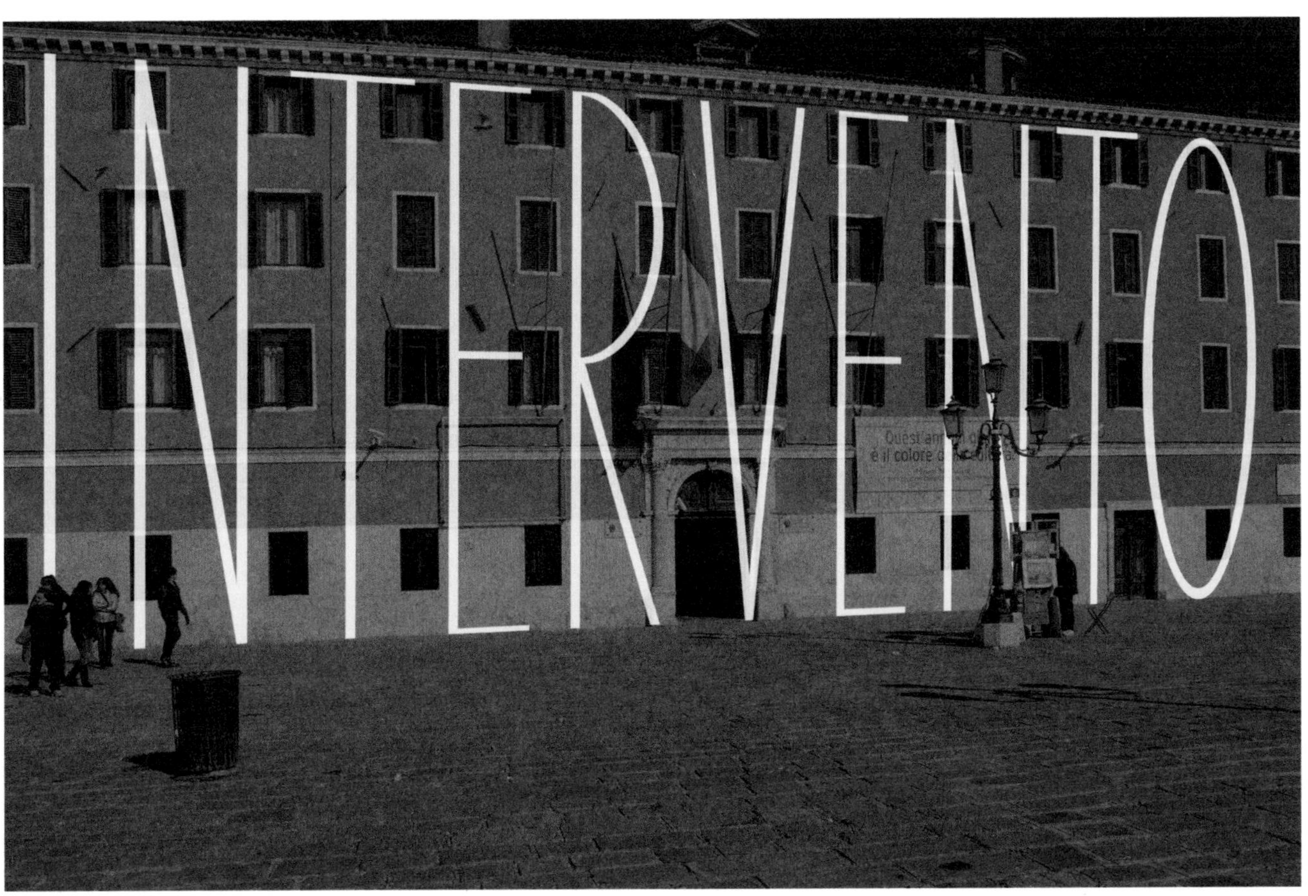

Intervento, Venice, 2009

The two-part light installation was realized on the occasion of the exhibition project "détournement 2009" as an "evento collaterale" for the 53rd Venice Biennale on the façade and inner courtyard of the Caserma Cornoldi. This military facility and archaeological site, in which the remains of a monastery from the 14th/15th century were discovered, stands between the Plaza San Marco and the Arsenale. Used as a military base by French occupiers in 1807, the Italian government eventually set up the administration for the international peace missions, which are called "intervento" in Italian. On the stringently rhythmic façade of the building as well as on the site of the excavation in the inner courtyard, which was made temporarily open to the public, the light projections shifted from vertical lines to slender letters. They formed the word INTERVENTO and anchored the artistic intervention itself as a cinematographic presence in the multilayered history of the place.

Projekt / Project	public preposition Marfa Floater silver / gold
Jahr / Year	2009
Institution	The Chinati Foundation, Marfa / TX / USA
Ort / Place	Locker Plant and Fort Russel Grounds, The Chinati Foundation, Marfa / TX / USA
Kurator / Curator	Marianne Stockebrand
Technik / Technique	Silber- und Goldfolie, Ventilator, Video, Performance / Silver and gold foil, ventilating fan, video, performance
Dank an / Thanks	Tim Johnson, Caitlin Maisley, Ann Marie Nafziger, Marianne Stockebrand, Takako Tanabe, Rob Weiner, Regina Wyrwoll
Fotograf / Photographer	The Chinati Foundation Archives, Marfa / TX / USA Archiv / Archive Mischa Kuball, Düsseldorf / DE
Unterstützt von / Supported by	Chinati Artist in Residence program, The Chinati Foundation, Marfa / TX / USA

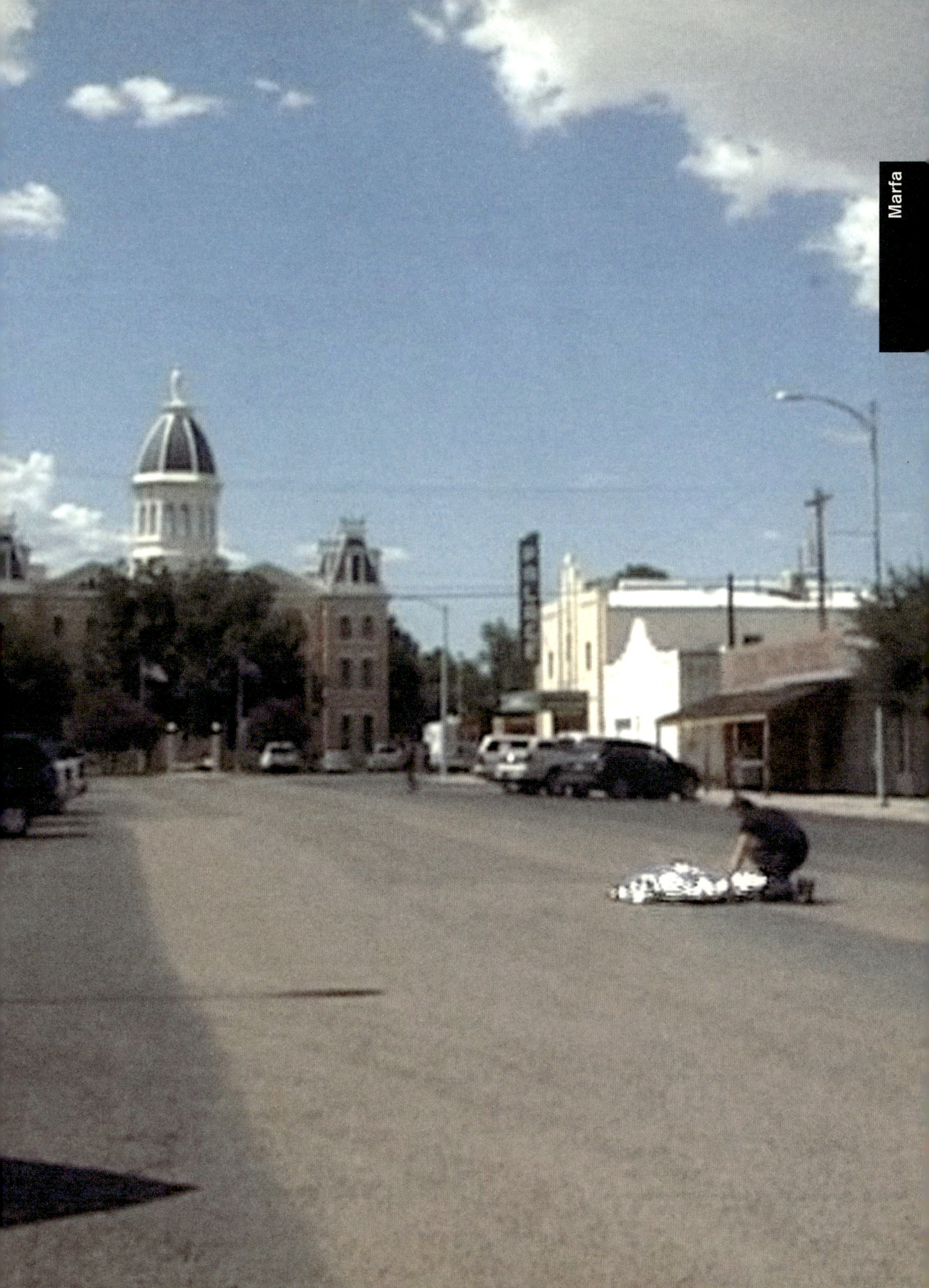

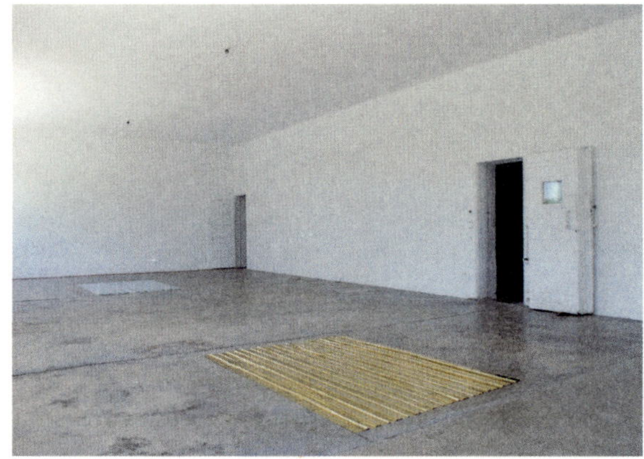

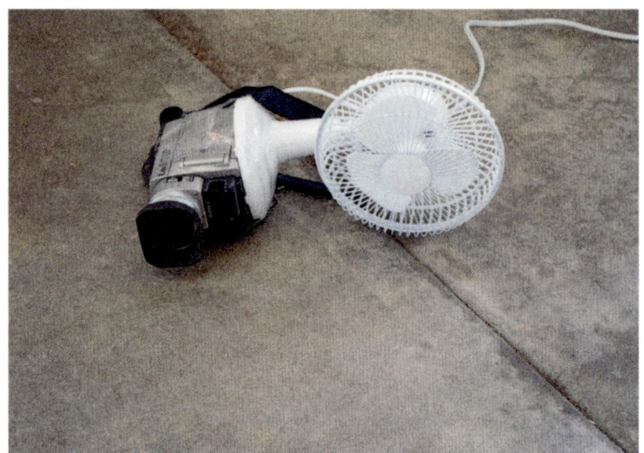

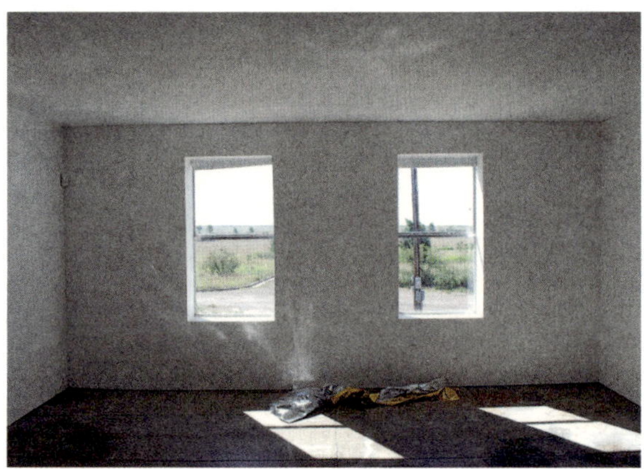

Marfa Floater silver / gold, Marfa, 2009

Auf dem Gelände eines ehemaligen Militärforts im texanischen Marfa befindet sich seit 1987 die Chinati Foundation. Die von Donald Judd gegründete Stiftung umfasst ein Areal von 140 Hektar in einer einzigartigen Wüstenlandschaft und fungiert als Museum und Künstlerresidenz. Als Stipendiat entwickelte Mischa Kuball eine Videoinstallation, die als Dokumentation einer dreiteiligen „Performance Without Audience" angelegt war. Im Mittelpunkt der Aktion stand eine der typischen und ursprünglich in der Raumfahrt verwendeten Rettungsdecken aus Polyesterfolie und Aluminium. Im Ausstellungsraum, in der Wüstenlandschaft und im urbanen Kontext wurde das spezielle Material vom Wind oder dem Luftstrom eines Ventilators durch den Außen- und Innenraum getragen. Federleicht und nahezu immateriell, nahm die reflektierende Folie die verschiedenen Umräume und Lichtsituationen visuell in sich auf. Begleitet vom 50-jährigen Jubiläum der Apollo-Mission, verdichteten sich metaphorisch Gedanken an den unendlichen Weltraum und ließen Ansätze der Land Art wiedererkennen.

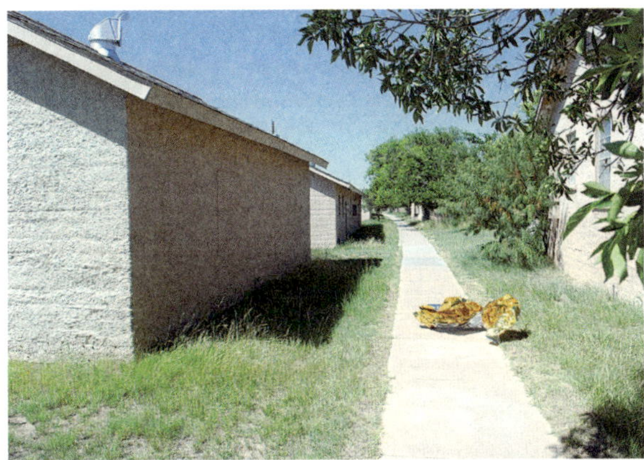

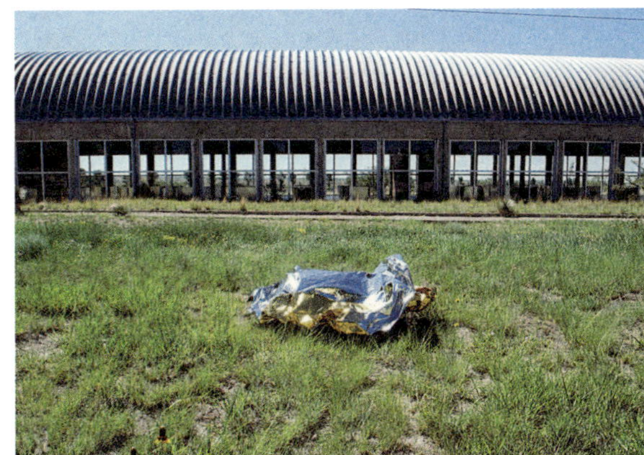

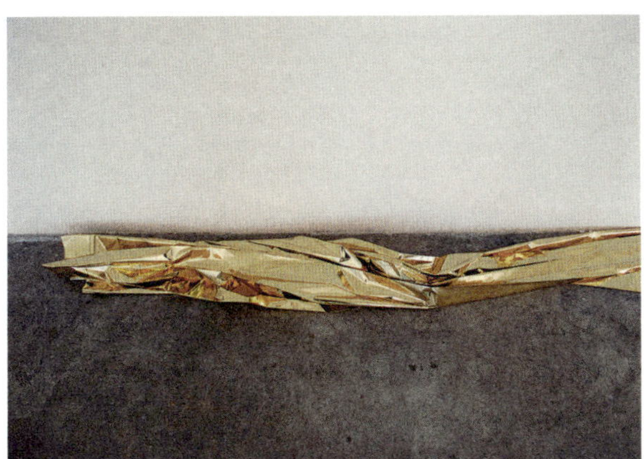

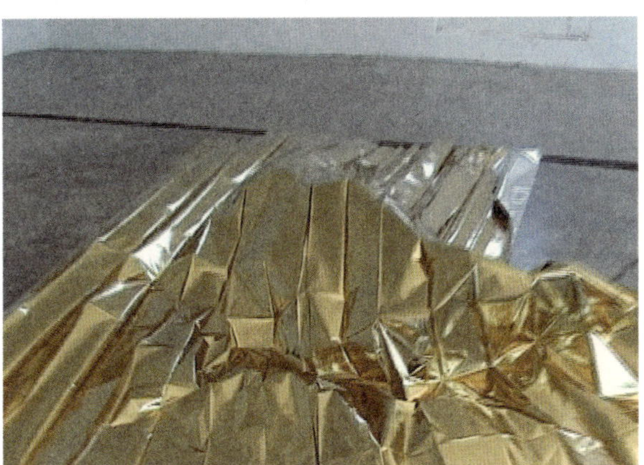

Marfa Floater silver / gold, Marfa, 2009

Since 1987 the Chinati Foundation has been located on the premises of the former military fort in Marfa, Texas. Founded by Donald Judd, the foundation comprises an area of 140 hectares in a unique desert landscape and functions as a museum and artist residence. As artist in residence, Mischa Kuball developed a video installation which was created as a documentation of a three-part "performance without audience." The focus of the action was a typical emergency blanket, originally used in space, made of polyester foil and aluminum. In the exhibition space, in the desert, and in an urban context the special material was carried through the exterior and interior spaces by the wind or the air current created by a fan. Feather light and nearly immaterial, the reflective film visually incorporated the various surroundings and light situations. Accompanied by the 50th anniversary of the Apollo Mission, metaphorical thoughts on infinite space took hold and permitted recognition of approaches to land art.

Projekt / Project	public preposition swingstage
Jahr / Year	2011
Institution	Scotiabank Nuit Blanche 2011, Toronto / CA
Ort / Place	Exhibition Area Zone B, The Future Of The Present, Downtown Core, Skyscraper Toronto Eaton Centre, 250 Yonge Street, Toronto / CA
Kurator / Curator	Shirley Madill
Technik / Technique	Performance, Fensterreinigung auf einer vertikalen Schwenkbühne von Patrick & Hendrik, Reinigungsmittel, LED-Leuchten, DMX-Steuerung / Performance, window cleaning on a vertical swing-stage by Patrick & Hendrik, window cleaner, LED lights, DMX controller
Dank an / Thanks	Kristine Germann, Umbereen Inayet, Nathaniel Kennedy, Sara Malabar, Roxanne Melliza
Fotograf / Photographer	Maylynn Quan, Toronto / CA
Unterstützt von / Supported by	Scotiabank, Toronto / CA

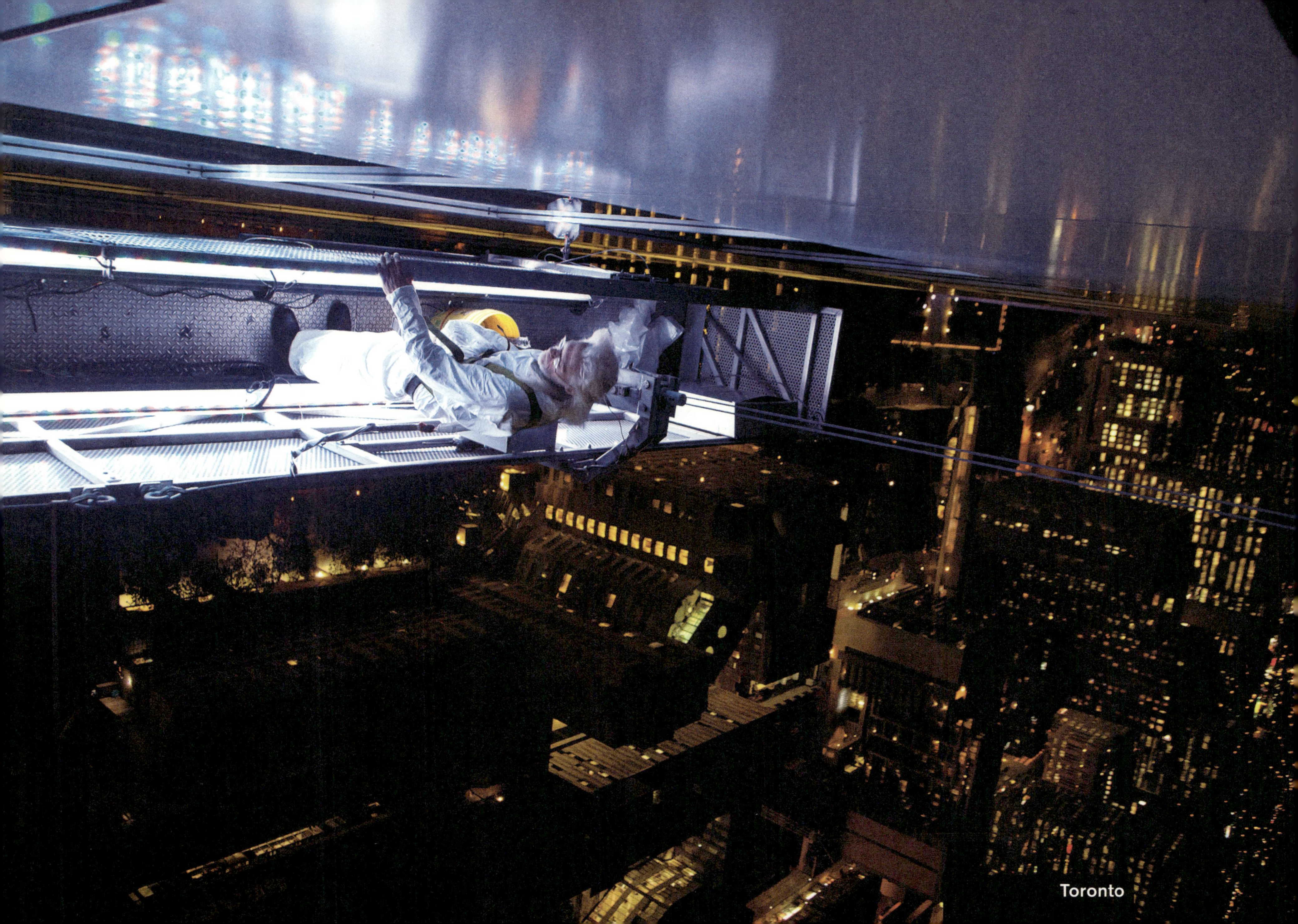

Toronto

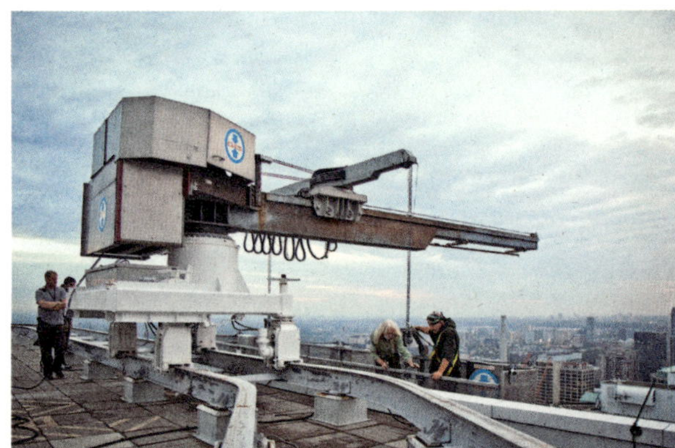

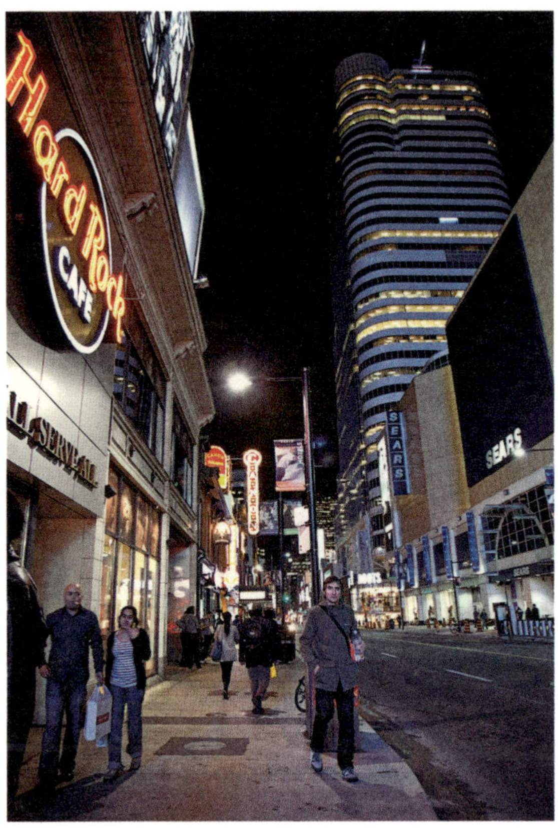

swingstage, Toronto, 2011

Die nächtliche Performance und Lichtinstallation im Rahmen der Nuit blanche 2011 in Toronto erstreckte sich über alle 35 Etagen des 1977 von Eberhard Zeidler entworfenen Wolkenkratzers auf der 250 Yonge Street. Zentral an einer den Norden und Süden der Stadt verbindenden Hauptstraße gelegen, beherbergt das Gebäude eines der größten Einkaufszentren Torontos. Was im urbanen Alltagsgeschehen meist in den Hintergrund tritt, wurde hier als nächtliche Aktion mithilfe einer Lichtprojektion in Szene gesetzt. Sukzessive reinigten zwei professionelle Fachkräfte je Etage eine Reihe von drei Fenstern, was der Breite ihrer schwebenden und beleuchteten Arbeitsbühne entsprach. Synchron zum Licht der Plattform, reflektiert von der weißen Fassade, wurden auch die entsprechenden Räume im Gebäudeinnern beleuchtet. Während sich Außen- und Innenraum visuell verschränkten, schienen sich Licht und Aktion gegenseitig zu bedingen und in ihrer symbolischen Bedeutung auf kurze Zeit zu verstärken.

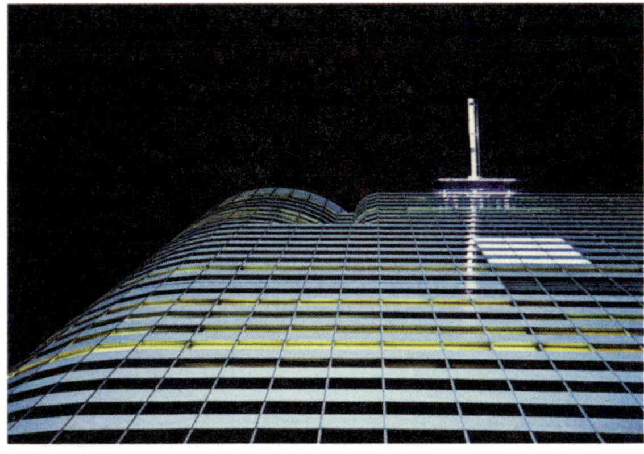

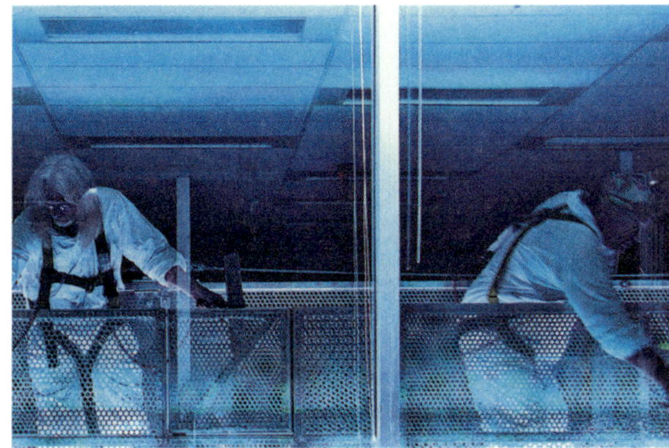

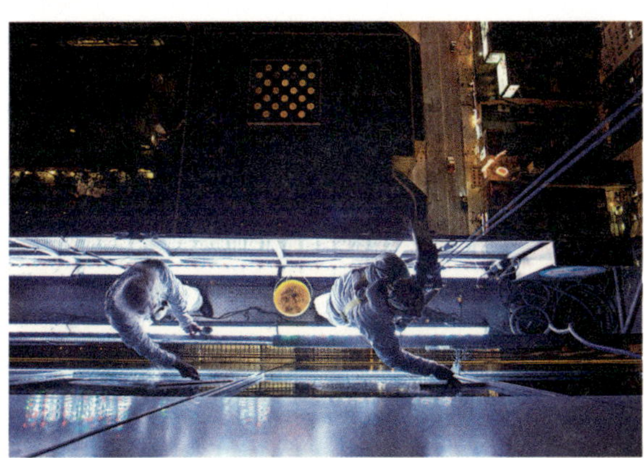

swingstage, Toronto, 2011

As part of the 2011 Nuit Blanche in Toronto, this night performance and light installation stretched across all 35 floors of the skyscraper at 250 Yonge Street designed by Eberhard Zeidler in 1977. Centrally situated on a main street connecting the north and south of the city, the building houses one of the largest shopping centers of Toronto. What usually remains in the background in everyday urban life was placed here in the forefront as a nighttime action with the help of a light projection. Successively two professional window washers cleaned a row of three windows per floor, which corresponded to the width of their floating and illuminated work platform. Synchronized with the light of the platform and reflected by the white façade, the respective interior spaces of the building were also illuminated. While the outer and inner space visually meshed, the light and action seemed mutually dependent and strengthened their symbolic meaning for a short time.

Projekt / Project	public preposition Metzgergässchen
Jahr / Year	2011
Institution	BONE14 Festival für Aktionskunst – Performance Art Festival Bern / CH
Ort / Place	PROGR_Zentrum für Kulturproduktion, Waisenhausplatz, Bundesplatz, Münsterplatz, Schlachthaus Theater Kornhausplatz, Bern / CH
Kurator / Curator	Valerian Maly, Peter Zumstein
Technik / Technique	Absperrgitter, 3 Schäfer, 300 Schafe / Fences, 3 shepherds, 300 sheep
Dank an / Thanks	Samuel Gfeller, Markus und / and Barbara Nyffeler
Fotograf / Photographer	Dalila Ingold, Bern / CH Archiv / Archive Mischa Kuball, Düsseldorf / DE
Unterstützt von / Supported by	Stadt Bern, Kanton Bern, Stanley Thomas Johnson Stiftung, Hochschule der Künste Bern, Master of Contemporary Art Practice CAP Performance Art, Bern / CH

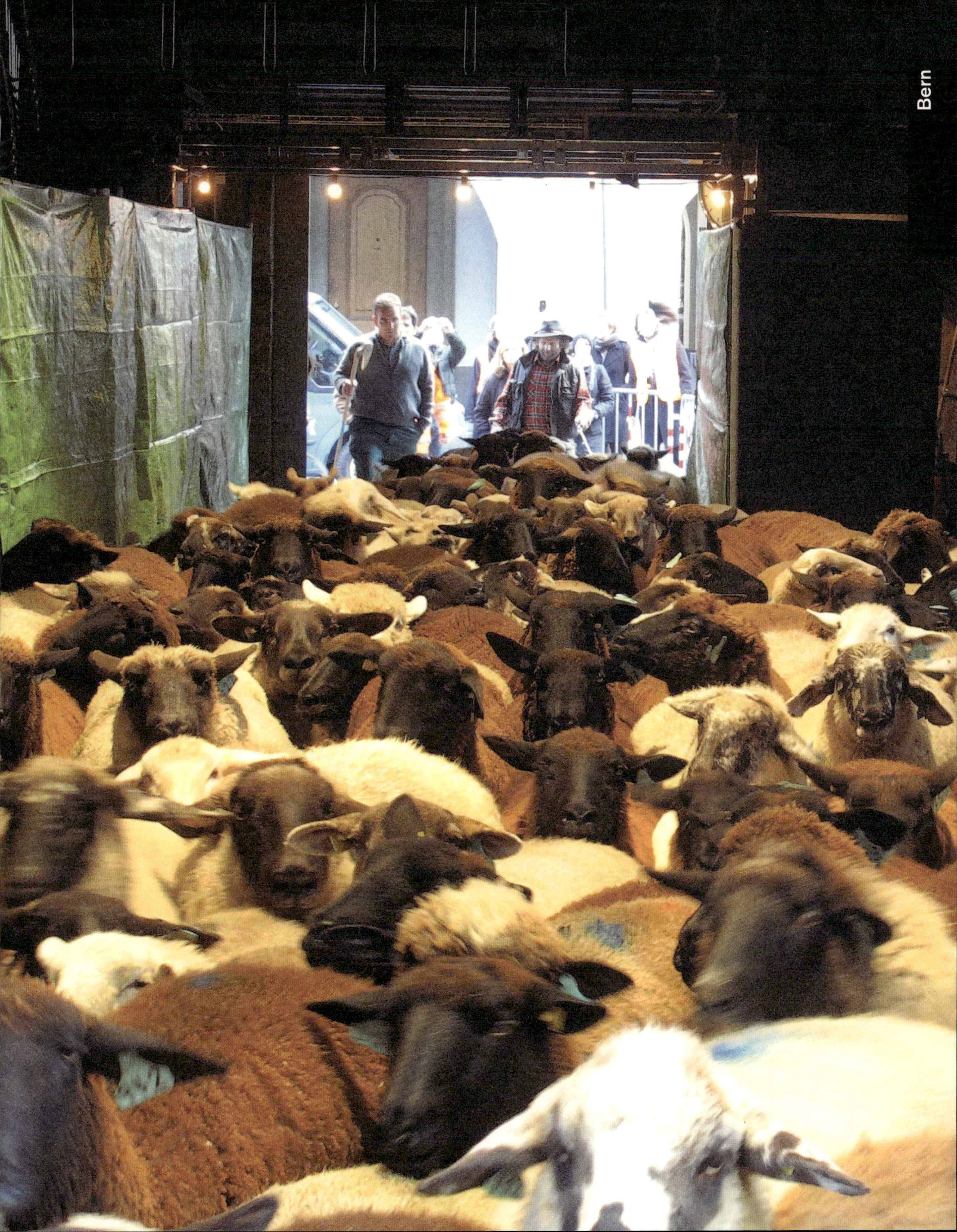

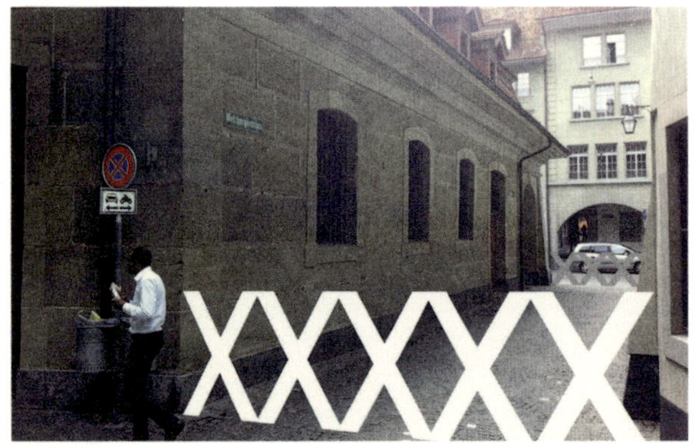

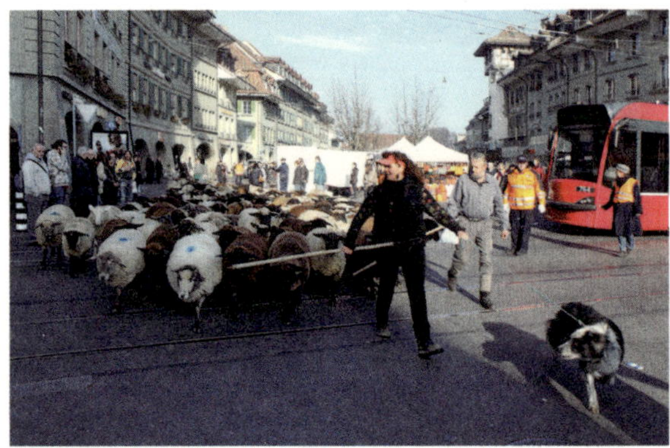

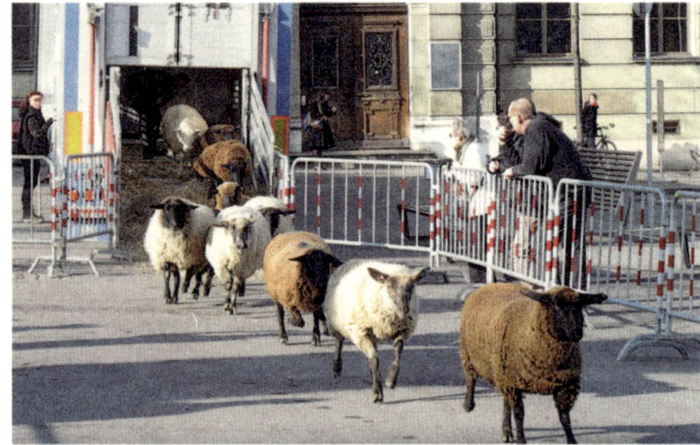

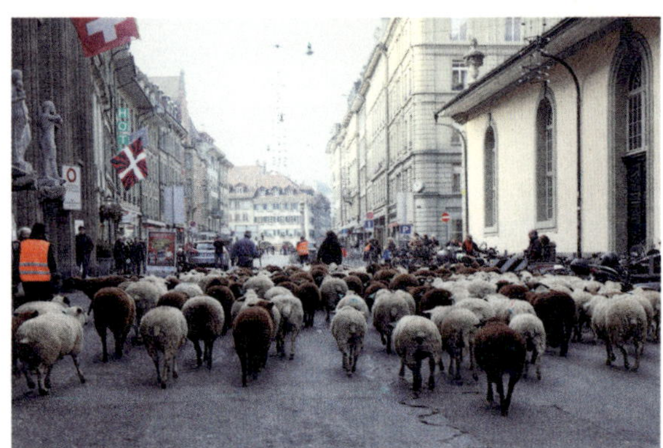

Metzgergässchen, Bern, 2011

Bereits im 15. Jahrhundert befand sich an der Stelle des Berner Schlachthaus Theaters das sogenannte Schinthaus, dessen Neubau aus dem 18. Jahrhundert gemeinsam mit dem Fleischsaal den Charakter der angrenzenden Gasse prägte. Anlässlich der 14. Ausgabe des Performance Art Festivals BONE wurde das heutige Theater für 24 Stunden als Erweiterung des „Metzgergässchens" und somit als öffentliche Passage umgenutzt. Alle Türen und Fenster wurden ausgebaut, die Institution als Ort urbaner Fluktuation radikal zugänglich und öffentlich gemacht. Höhepunkt der Aktion war ein Schäfer, der seine 300 Schafe in einer inszenierten Prozession von der Berner Nägligasse durch die Passage führte, dem ehemaligen Schlachthaus rückwirkend symbolisch eine positive Aura einschrieb und den Ort als sozialen und öffentlichen Raum aktivierte. Die Aktion der rituellen Umdeutung folgte der von Umnutzungen, Erweiterungen und Veränderungen geprägten Geschichte des Ortes, versöhnte ihn mit der Gegenwart und öffnete ihn für Zukünftiges.

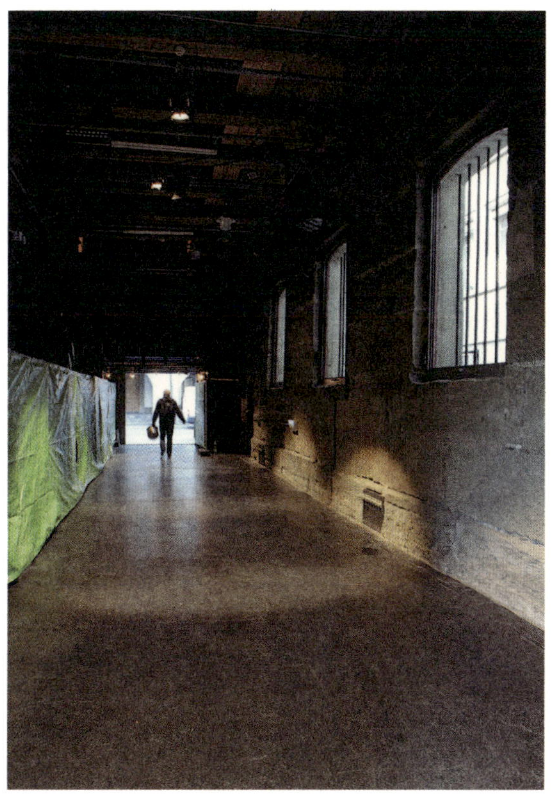

Metzgergässchen, Bern, 2011

In the 15th century on the site of the Bern Schlachthaus Theater was the so-called Schinthaus, or slaughterhouse in English, which along with the new construction from the 18th century and the Fleischsaal, or meat hall, shaped the character of the street. On the occasion of the 14th annual BONE Performance Art Festival, the space, which is currently a theater, was converted into an extension of the "Butchers' Alley" for 24 hours and thus into a public passage. All the doors and windows were removed, making the institution a radically open place of urban fluctuation. The high point of the action was when a shepherd led his 300 sheep in a staged procession from the Nägeligasse through the passage, which retroactively gave the slaughterhouse a symbolically positive aura and activated the site as a social and public space. The action of the ritual reinterpretation followed in the history of the site, which is marked by conversion, expansion, and change, reconciling it with the present and opening it for the future.

Projekt / Project	public preposition fieses Licht
Jahr / Year	2012
Institution	Städtische Galerie Wolfsburg / DE
Ort / Place	Städtische Galerie Wolfsburg, Schloss Wolfsburg / Wolfsburg Castle / DE
Kurator / Curator	Susanne Pfleger, Marcus Körber
Technik / Technique	Leuchtmittel, DMX-Steuerung, Stroboblitze / Lamps, DMX controller, strobo flash Technische Realisierung / Technical Realization: Elektro Decker GmbH
Dank an / Thanks	Malte Bartsch, Thomas Decker, Sebastian Freytag
Fotograf / Photographer	Wilhelm Heimermann, Wolfsburg / DE Archiv / Archive Mischa Kuball, Düsseldorf / DE
Unterstützt von / Supported by	jugend in der galerie e.V., Wolfsburg / DE

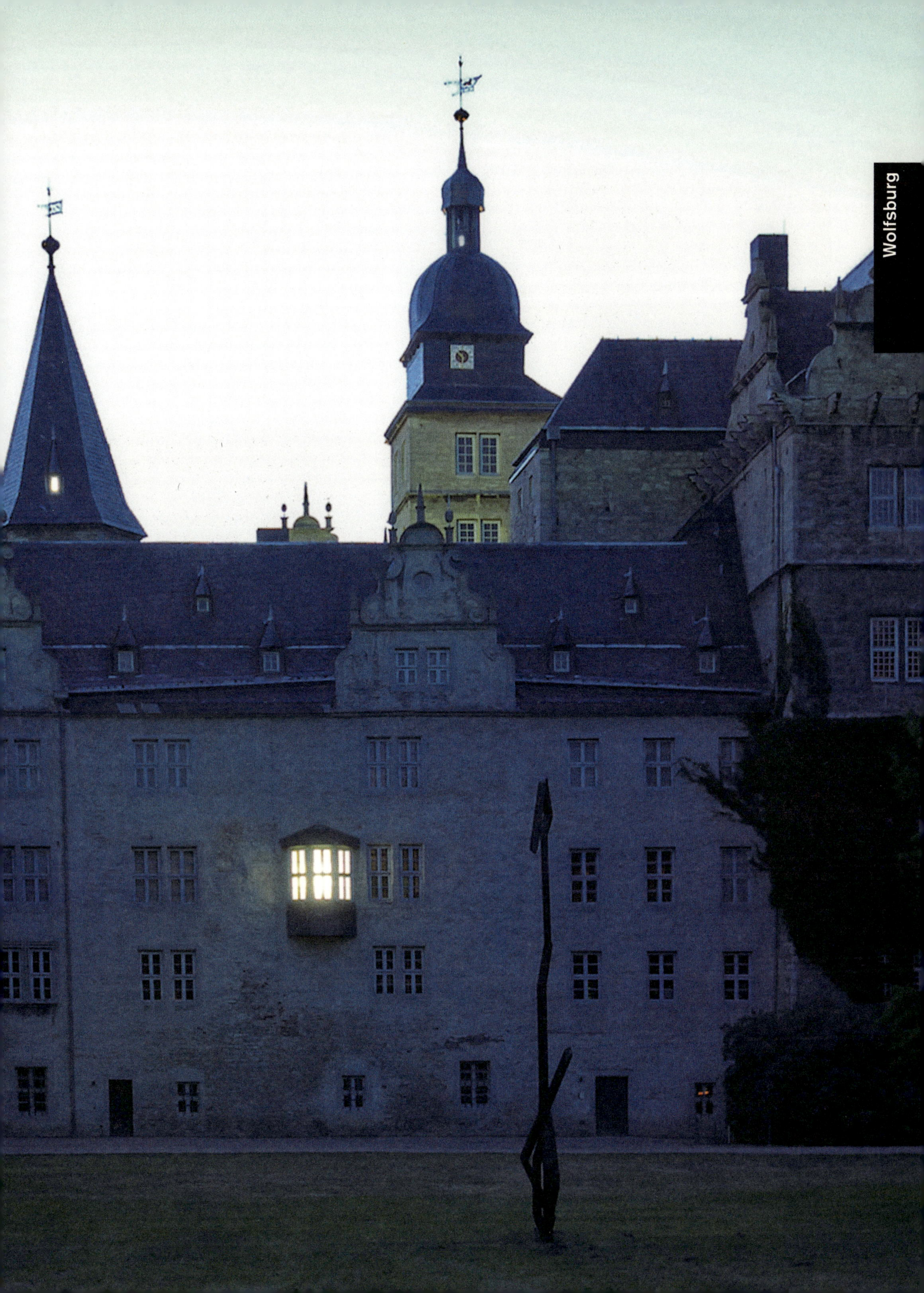

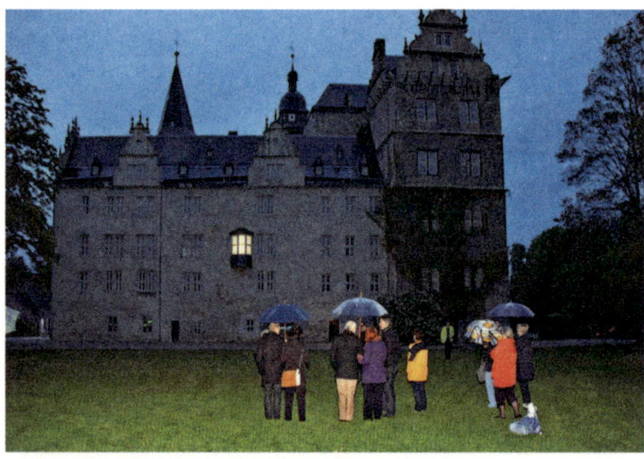

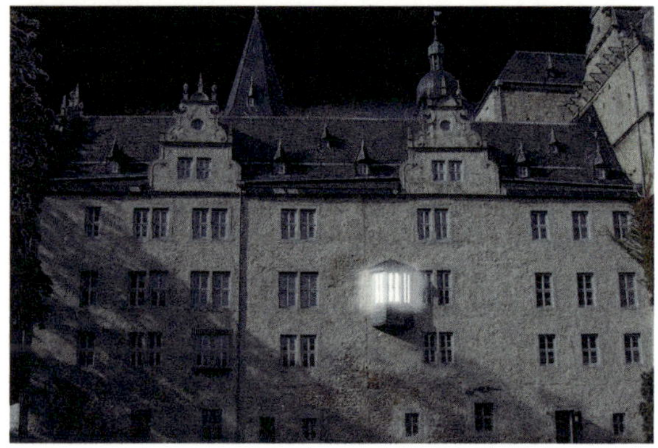

fieses Licht, Wolfsburg, 2012

Das heutige Renaissance-Schloss Wolfsburg geht auf eine mittelalterliche Wasserburg von 1302 zurück, die der Stadt ihren Namen gab. Auf Einladung der Städtischen Galerie, die neben dem Stadtmuseum und dem Kunstverein untergebracht ist, entwickelte der Künstler eine Lichtinstallation für die Südfassade. Ein Fenster des „Ritterhaus Palais", das Giebelfenster des Wendelsteinturms sowie die Spitze des Hausmannsturms wurden nach Einbruch der Dunkelheit in den Taktfrequenzen jede Sekunde, alle zehn Sekunden und alle hundert Sekunden grell ausgeleuchtet. Die punktuelle Lichtchoreografie erinnerte an Morsezeichen auf hoher See und wurde hier zur lautlosen Kommunikation, die in erster Linie als Signal einer Not- oder Gefahrensituation im menschlichen Bewusstsein verankert ist. In Verbindung mit der nächtlichen Schlosskulisse lag der Gedanke an Schauergeschichten vergangener Zeiten zwar nicht fern, durch die Qualität und den Rhythmus des Lichts verband sich das Geschehen jedoch auch mit der modernen Wirklichkeit.

fieses Licht, Wolfsburg, 2012

Today's Wolfsburg Renaissance Palace originates from a medieval moated castle dating back to 1302, and gave the city its name. On the invitation of the Städtische Galerie, which is housed next to the city museum and the Kunstverein, the artist developed a light installation for the south façade. After dusk the window of the "Ritterhaus palace," the gable window of the Wendelstein tower, and the top of the Hausmann tower were garishly lit in a rhythmic frequency every second, every ten seconds, and every hundred seconds. The punctuated light choreography recalled Morse code of the high seas and was here a silent communication that is primarily anchored as an emergency signal or a dangerous situation in human consciousness. Against the backdrop of the palace at night thoughts are not far from horror stories of past times, however, due to the quality and rythm of the light the event was also bound to modern reality.

Projekt / Project	public preposition MetaLicht
Jahr / Year	2012
Institution	Bergische Universität Wuppertal / DE
Ort / Place	Bergische Universität Wuppertal / DE
Kurator / Curator	Lambert T. Koch, Roland Kischkel
Technik / Technique	760 m LED-Leuchten der Firma Zumtobel, DMX-Steuerung, 7600 Watt (10 Watt / Meter), drei Kleinwindanlagen vom Typ AeroviS T7 mit Vertikalrotoren / 760 m LED lights by company Zumtobel, DMX controller, 7600 watt (10 watts / meter), three small wind turbines of type AeroviS T7 with vertical rotors Technische Realisierung / Technical Realization: Elektro Decker GmbH
Dank an / Thanks	Maximilian Ahr, Christian Boros, Robert Böse, Johannes Bunsch, Flora Carlhoff, Matei Chihaia, Inka Christmann, Tony Cragg, Pyrolator / Kurt Dahlke, Thomas Decker, Janine Dietz, Andreas Feicht, Sebastian Freytag, Rainer Friedrich, Matthias Haschke, Katja Indorf, Lore Jackstädt, Sebastian Jarych, René Jeuckens, Axel Jütz, Marc Kanzler, Rolf Kanzler, Jörg Mittelsten Scheid, Matthias Nocke, Eva Noll, Arnold Pietruschka, Kai-Uwe Pirweck, Rolf-Peter Rosenthal, Leonie Schäfer, Michael Scheffel, Johanna Scheider, Heinz Schmersal, Uwe Schneidewind, Susanne Schwalm, Waldemar Staszek, Reiner Strecker, Dieter Szewczyk, Peter Vaupel, Elena Vasilieva, Maren Wagner, Michael Weber, Reto Weiler
Fotograf / Photographer	Norbert Ausfeld, Pulheim / DE Janine Dietz, Wuppertal / DE Sebastian Jarych, Wuppertal / DE Achim Kukulies, Düsseldorf / DE
Unterstützt von / Supported by	Dr. Werner Jackstädt-Stiftung, Fa. K. A. Schmersal GmbH, Boros GmbH, Fa. Vorwerk & Co. KG, WSW Wuppertaler Stadtwerke GmbH, Stadtsparkasse Wuppertal, Wuppertal / DE

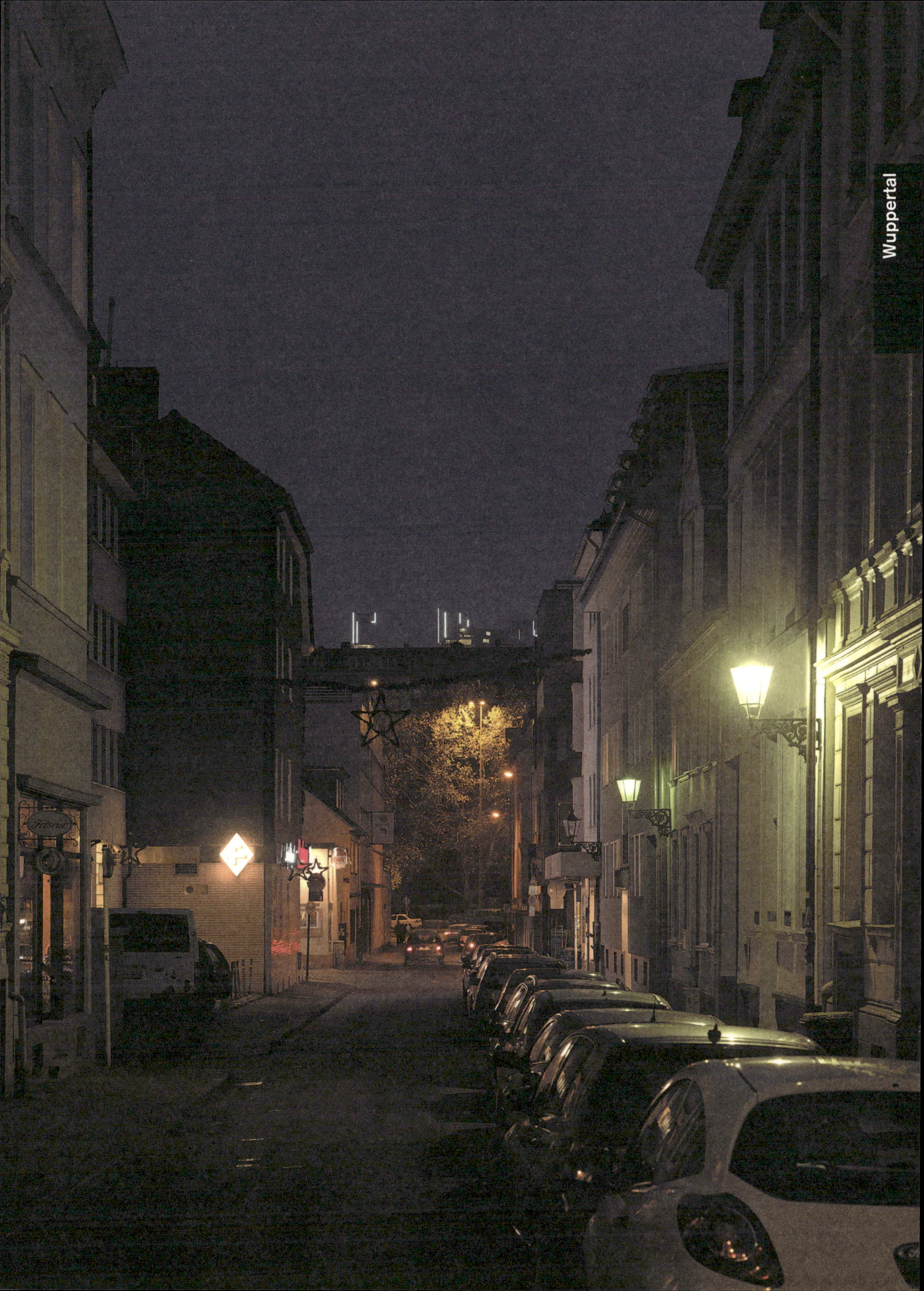

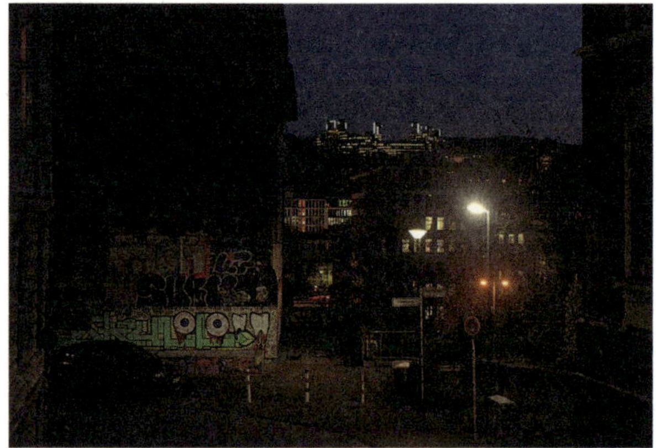

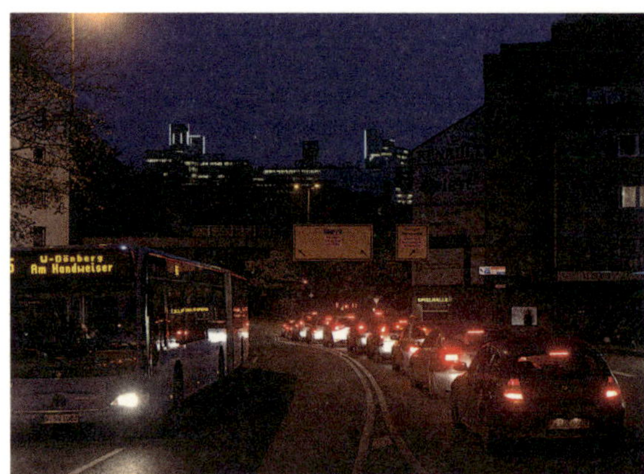

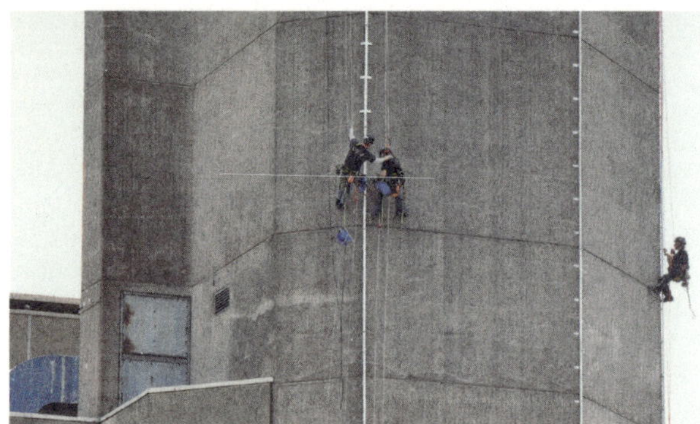

MetaLicht, Wuppertal, 2012

Universitäten prägen ihr soziales, kulturelles und wirtschaftliches Umfeld und sind Motor ziviler Entwicklung. Zum 40. Geburtstag der Bergischen Universität in Wuppertal nahm die dauerhafte Lichtinstallation an deren Gebäudekomplex wesentliche Aspekte des Zusammenwachsens von Hochschule und Standort auf. Wie eine Burg thront die funktionale Betonarchitektur über der Stadt und wurde durch vertikale und horizontale Lichtstreifen, die sich vereinzelt zu rechten Winkeln zusammensetzen, zum Träger eines abstrakten Zeichensystems, das den Dialog mit seiner Umgebung suchte. Mit 6000 möglichen Varianten und zahlreichen Perspektiven waren die offenen Lichtbotschaften einer ständigen Entwicklung und Veränderung unterzogen, ähnlich der Sprache und kulturellen Systemen. Die Bedeutung der Universität als Ort des Wissens, der Forschung und moderner Technologien wurde zudem durch die Speisung der Installation durch grünen Strom aus regionalen Windturbinen untermauert.

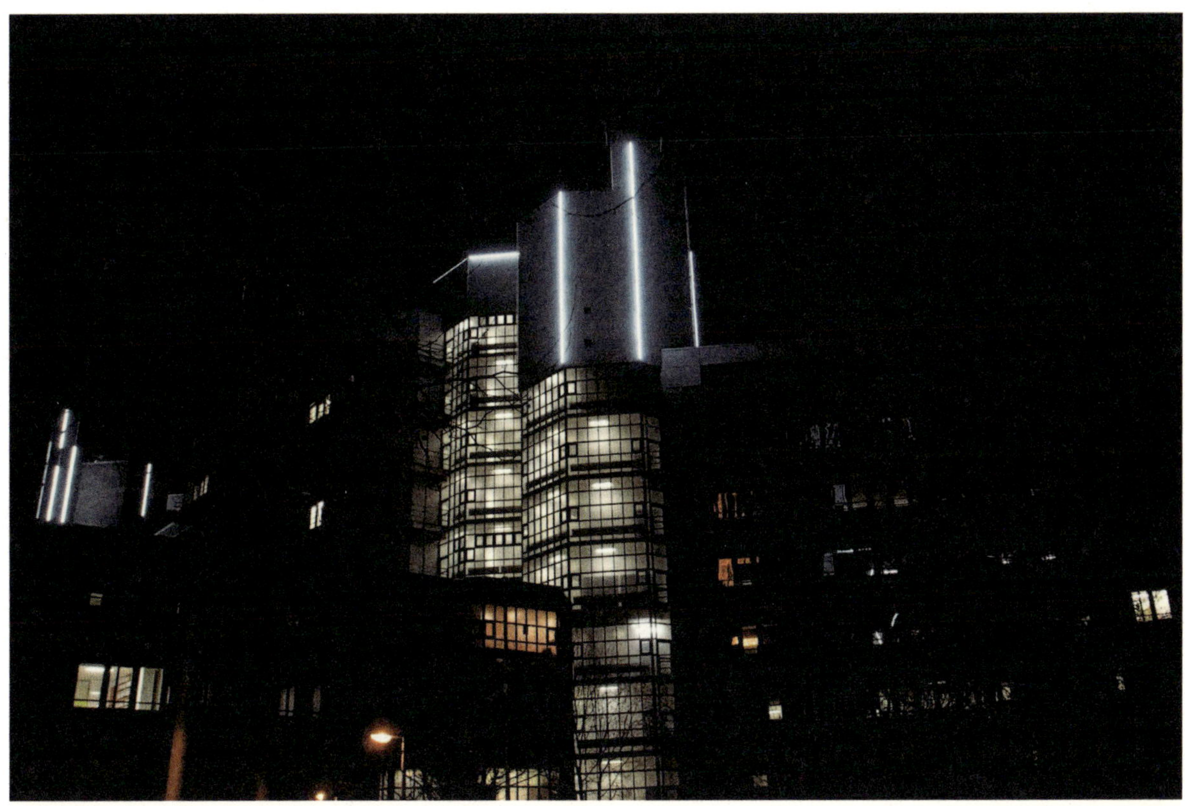

MetaLicht, Wuppertal, 2012

Universities shape their social, cultural, and economic surroundings and act as engines of civil development. For the 40th anniversary of the University of Wuppertal, Kuball's permanent light installation on the university's complex visualizes fundamental aspects of the integration of the college and its location. Like a castle, the functional concrete architecture is enthroned above the city and becomes a carrier of an abstract symbol system of vertical and horizontal stripes of light which sporadically form right angles, in a search for dialogue with its surroundings. With 6,000 possible variations and numerous perspectives the illuminated messages are subject to constant evolution and alteration, similar to language and cultural systems. The significance of the university as a place of knowledge, research, and modern technologies is also underpinned by the green electricity powering the installation from regional wind turbines.

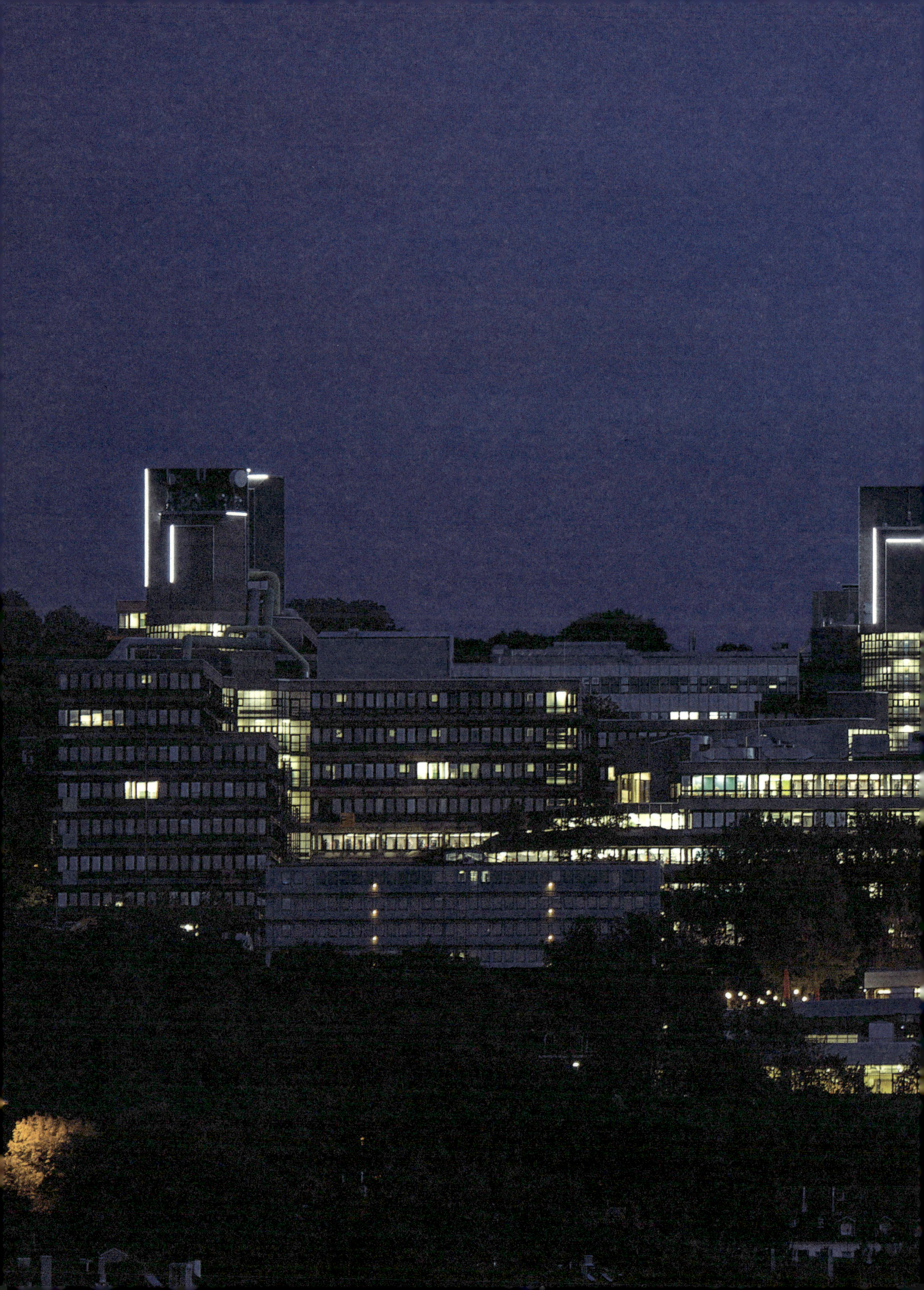

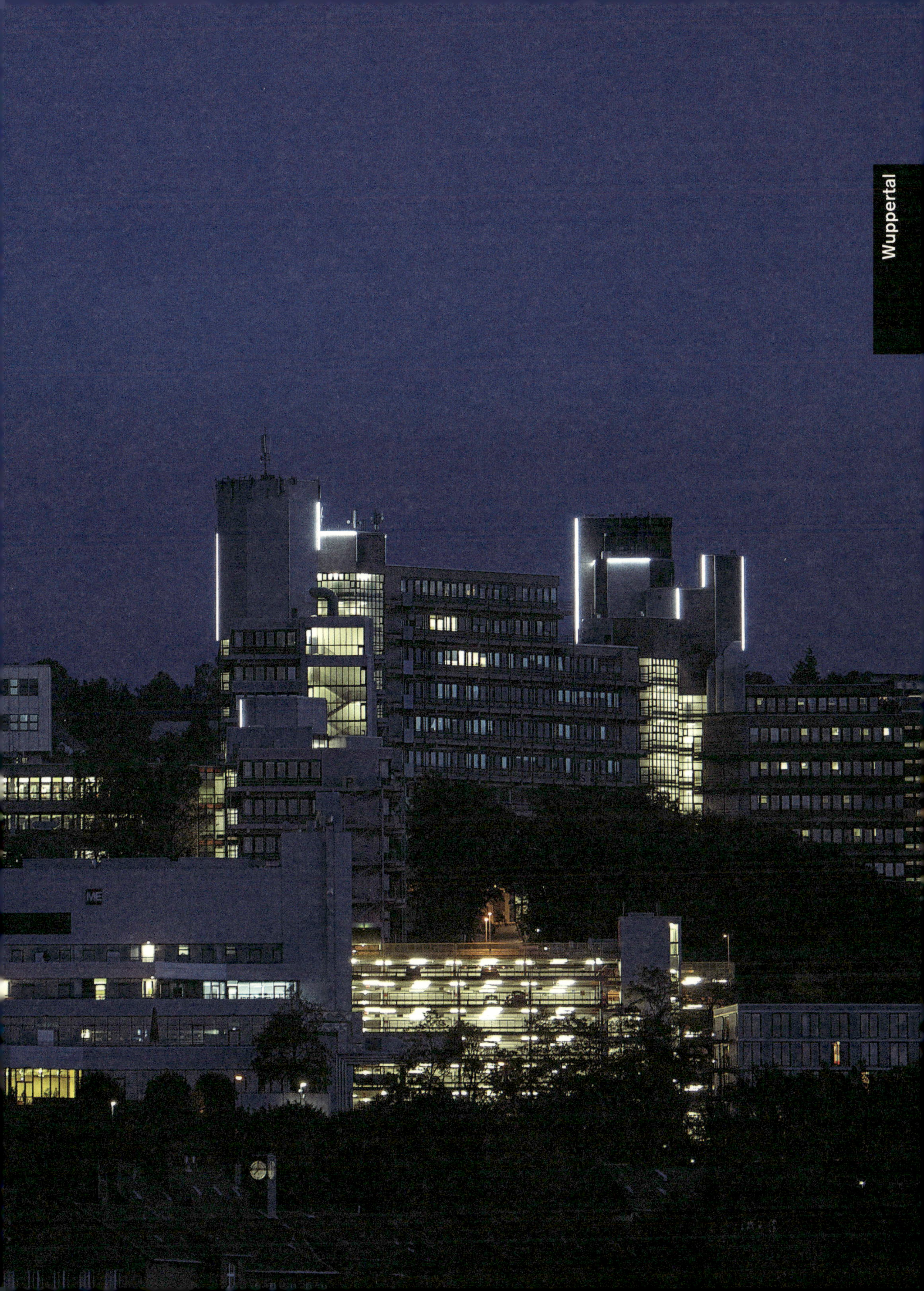

Projekt / Project	public preposition Ghosttram
Jahr / Year	2013
Institution	Institution of Culture Katowice – City of Gardens / PL
Ort / Place	Kattowitz / Katowice / PL
Kurator / Curator	Piotr Zaczkowski, Karol Piekarski
Technik / Technique	Straßenbahnwagen aus Kattowitz und anderen schlesischen Städten nach Einbruch der Dunkelheit, unvorhersehbare Route und Fahrzeiten, weiße Folie, zusätzliche Leuchtmittel / Tramway tracks of Katowice and other cities of the Silesia region after dark, unpredictable route and timetables, white film, extra bulbs
Dank an / Thanks	Daniela Berglehn, Thomas Decker, Iwona Jarzebska, Łukasz Kałebasiak, Stephan Muschick, Zbigniew Olszewski, Krzysztof Polak, Jennifer Schwiderowski, Katarzyna Sokołowska, Marcin Sroka, Mateusz Szega, Anna Warchoł, Piotr Zaczkowski, Marek Zielinski
Fotograf / Photographer	Krzysztof Szewczyk, Kattowitz / Katowice / PL Archiv / Archive Mischa Kuball, Düsseldorf / DE
Unterstützt von / Supported by	Tramwaje Śląskie S.A., Kattowitz / Katowice / PL

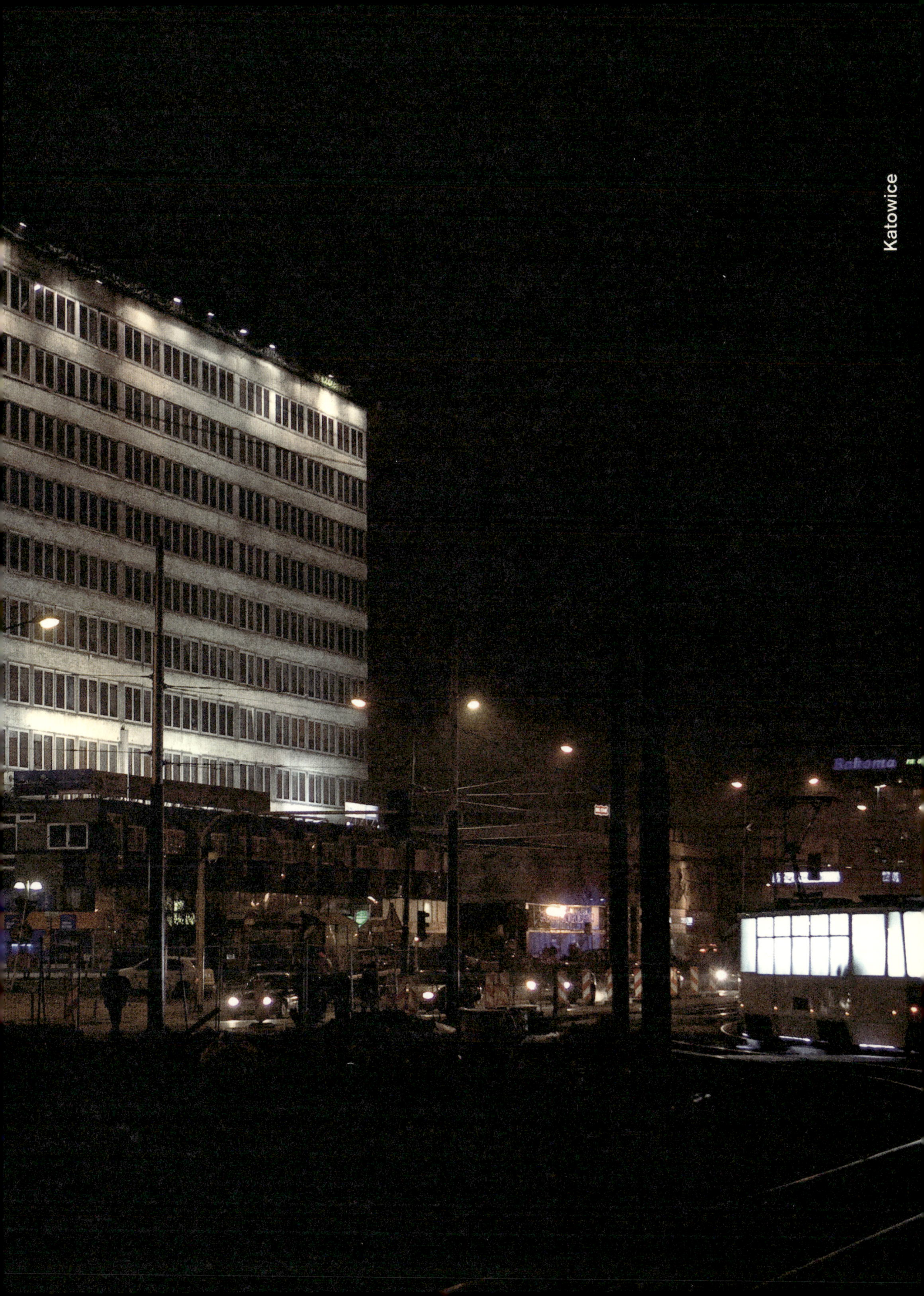

Katowice

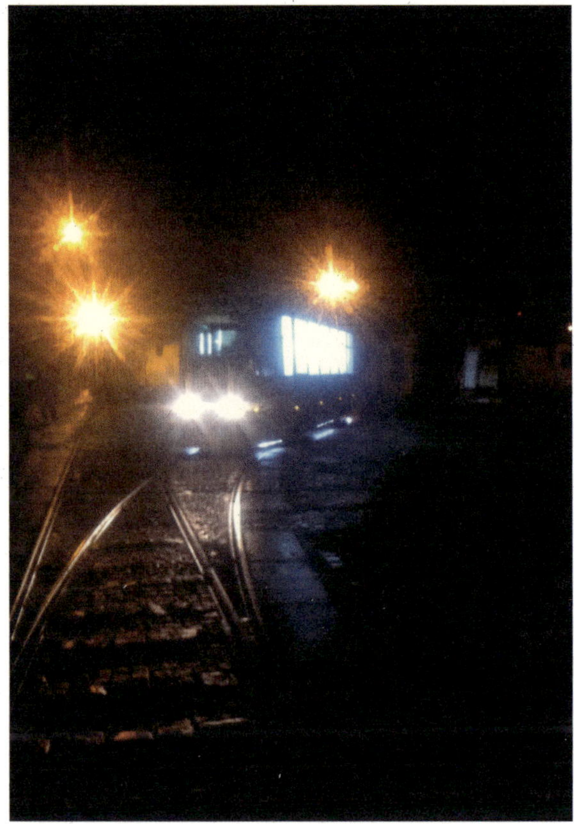

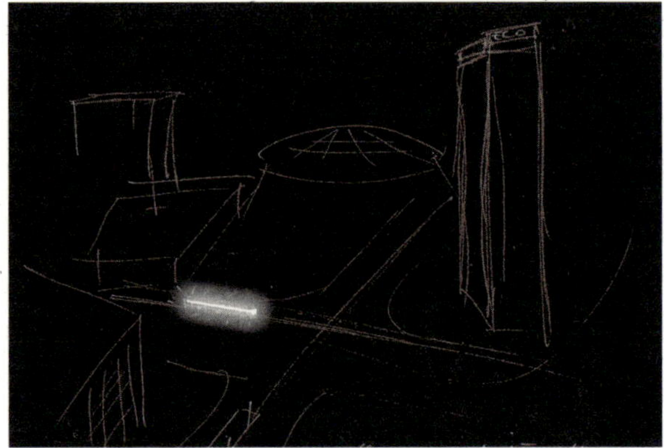

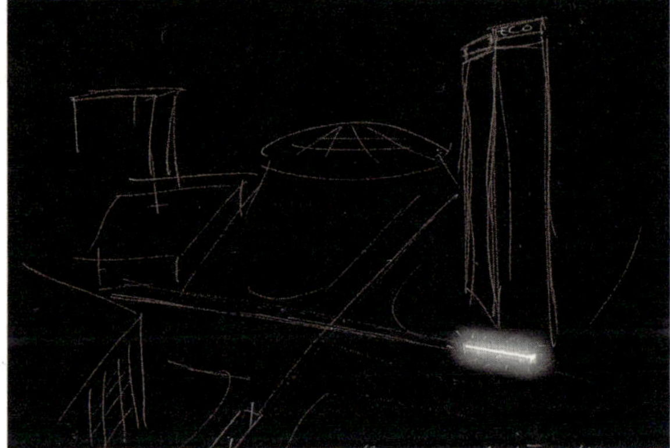

Ghosttram, Kattowitz, 2013

Die oberschlesische Region um Kattowitz, die auf eine bewegte deutsch-polnische Geschichte zurückblickt, gilt heute als eine der florierendsten polnischen Wirtschaftsmetropolen. Jahrelange Grenzverschiebungen, Besetzungen, Vertreibungen, An- und Aussiedlungen prägen ihre Identität. Das Straßenbahnnetz von Kattowitz und der angrenzenden Großstädte, dessen Geschichte bis 1894 zurückreicht, gehört inzwischen zu den größten Liniennetzen der Welt. In Kooperation mit dem Kattowitzer Kulturinstitut „City of Gardens" wurde eine historische Tram aus den 1980er Jahren hell ausgeleuchtet und in einer nächtlichen Aktion auf die Fahrt geschickt, jedoch ohne Passagiere, Fahrplan, Haltestellen oder Ziel. Im Dunkel der Nacht erscheint der „Geisterzug" auf dem Weg nach „Nowhere" wie ein weißer, gleißender Kubus, losgelöst von seiner ursprünglichen Funktion, Historie und Materialität, ohne Herkunft und ohne Destination, ohne Identität.

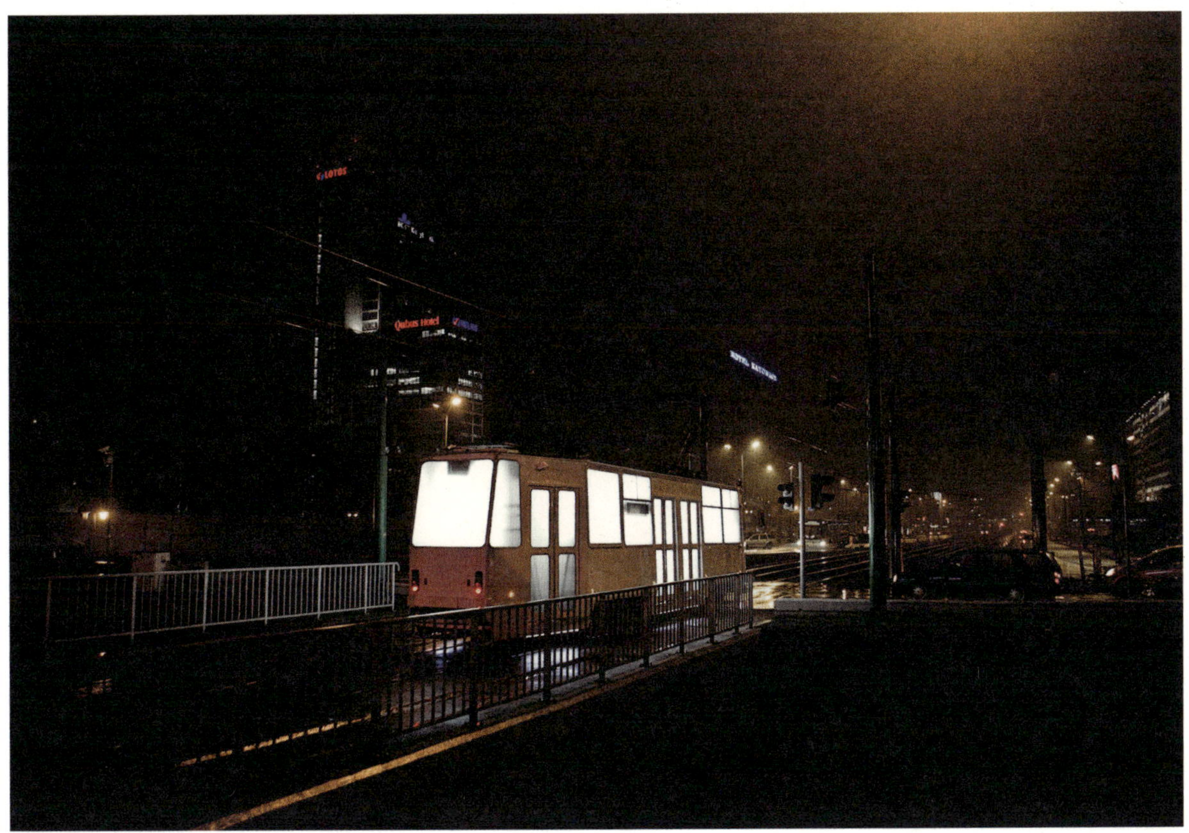

Ghosttram, Katowice, 2013

Looking back on a moving German-Polish history, the Upper Silesian region around Katowice is one of today's flourishing Polish economic metropolises. Years of shifting borders, occupations, expulsions, settlements, and evacuations shaped its identity. The tram network of Katowice and its surrounding cities, dating back to 1894, now belongs to one of the largest transit systems in the world. In cooperation with the Katowice Cultural Institute "City of Gardens" a historic tram from the 1980s was brightly illuminated and sent out on a nighttime journey, without passengers, scheduled service, stops or a destination. In the darkness of night the "ghost train" seemed to be on its way to "nowhere" like a glistening white cube, set free from its original function, history, and materiality, without background and without destination, without identity.

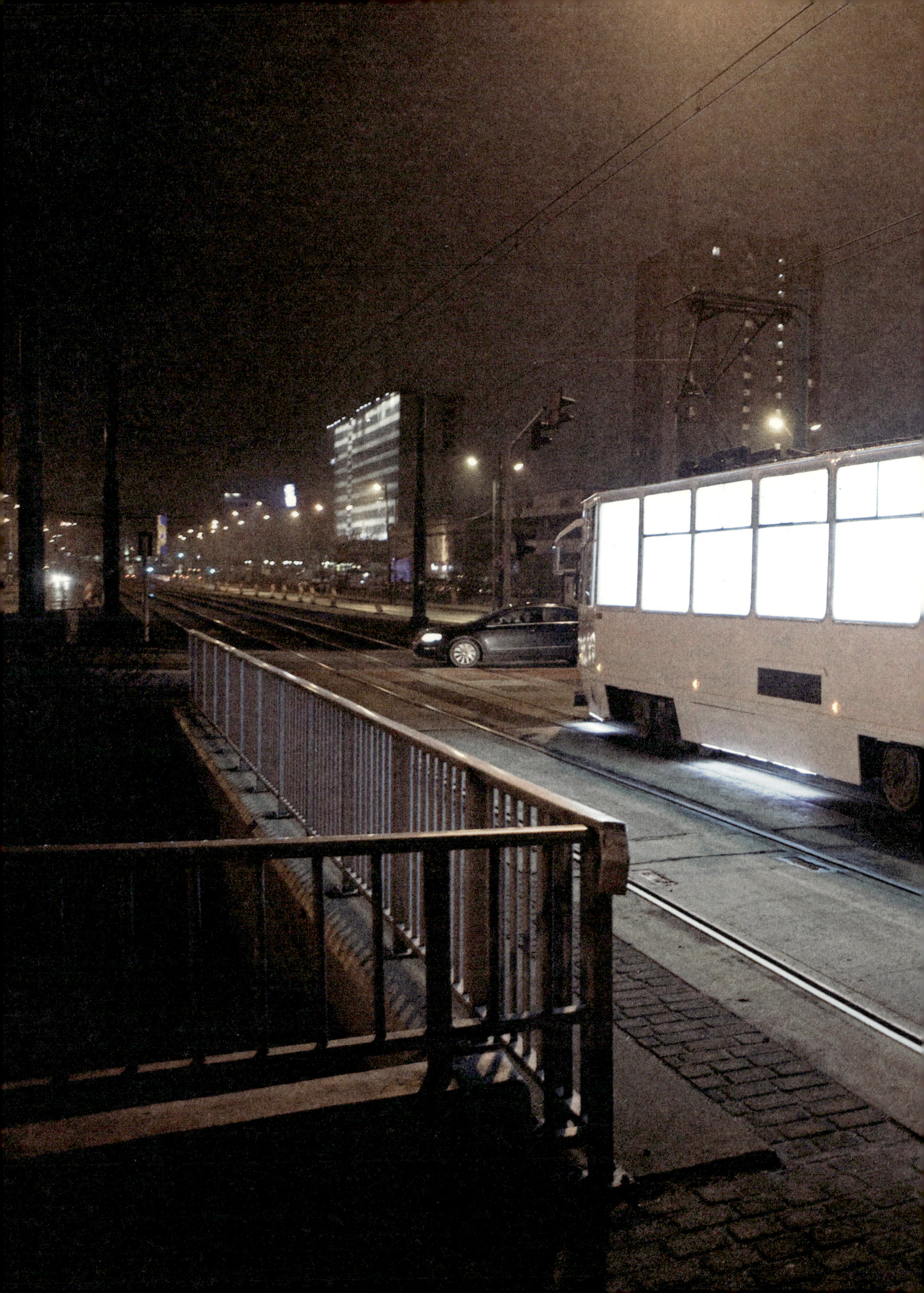

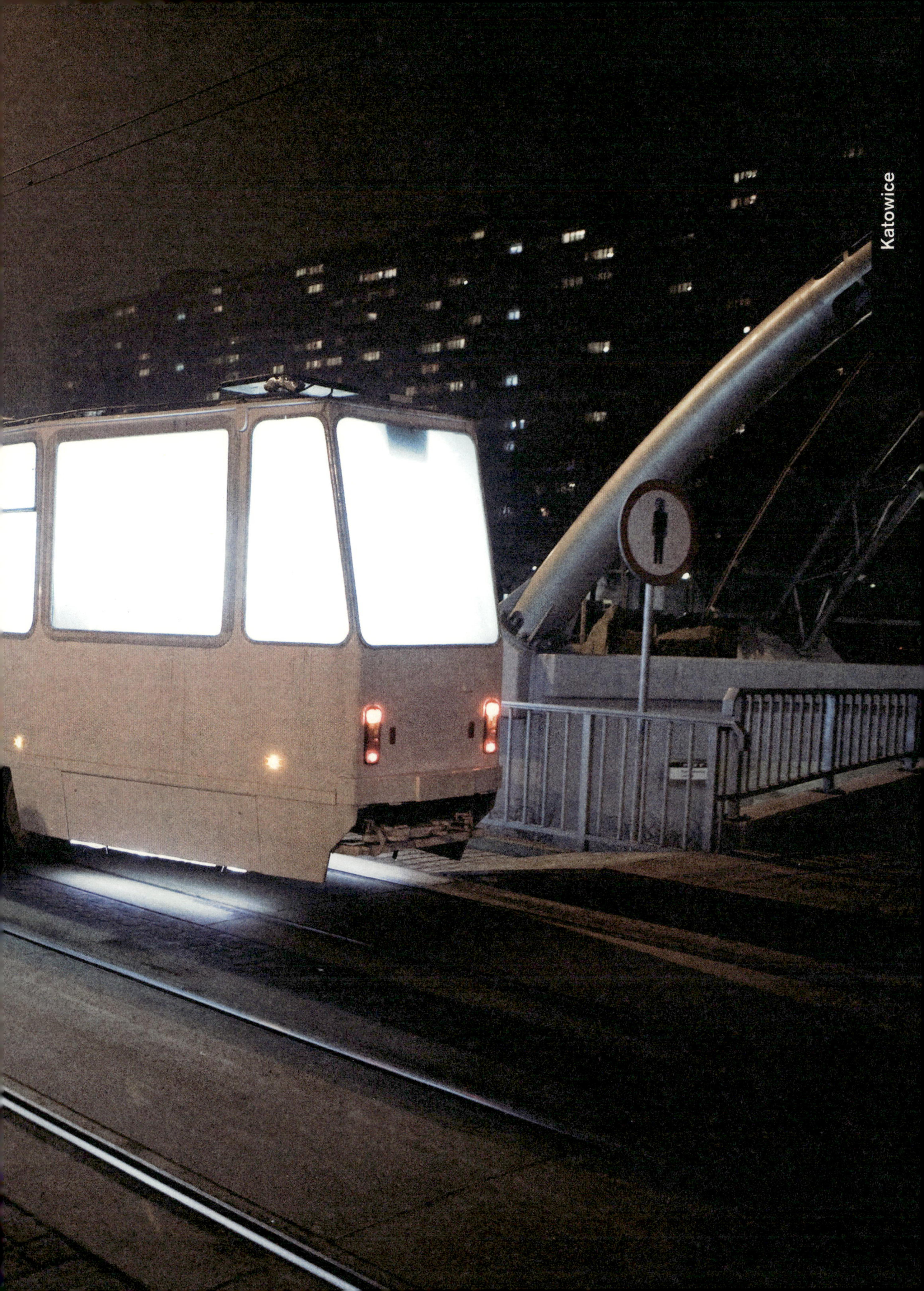

Katowice

Projekt / Project	public preposition agora / arena
Jahr / Year	2013
Institution	Ruhrtriennale – International Festival of the Arts, Gelsenkirchen / DE
Ort / Place	Jahrhunderthalle, Bochum / DE
Kurator / Curator	Heiner Goebbels, Marietta Piekenbrock
Technik / Technique	Tribühne, Verfolgerscheinwerfer, Projektor, DMX-Steuerung / Stage, followspot, projector, DMX controller
Dank an / Thanks	Henrik von Boxberg, Tina Carstens, Lukas Crepaz, Sebastian Fenk, Stephanie Funk, Sarah Kaes, Sabine Krüger, Franca Lohmann, Horst Mühlberger, Dorothea Neweling, Martin Obermayr, Dieter Reeps, Martin Reulecke, Christina Schabert, André Schallenberg, Susanne Schuran, Nicole Strecker, Daniel Teusner, Tillmann Wiegand, Lina Zehelein
Fotograf / Photographer	Achim Kukulies, Düsseldorf / DE Rainer Schlautmann, Oberhausen / DE
Unterstützt von / Supported by	Ministerium für Familie, Kinder, Jugend, Kultur und Sport des Landes Nordrhein-Westfalen, Düsseldorf / DE Europäische Union – Europäischer Fonds für regionale Entwicklung, Berlin / DE

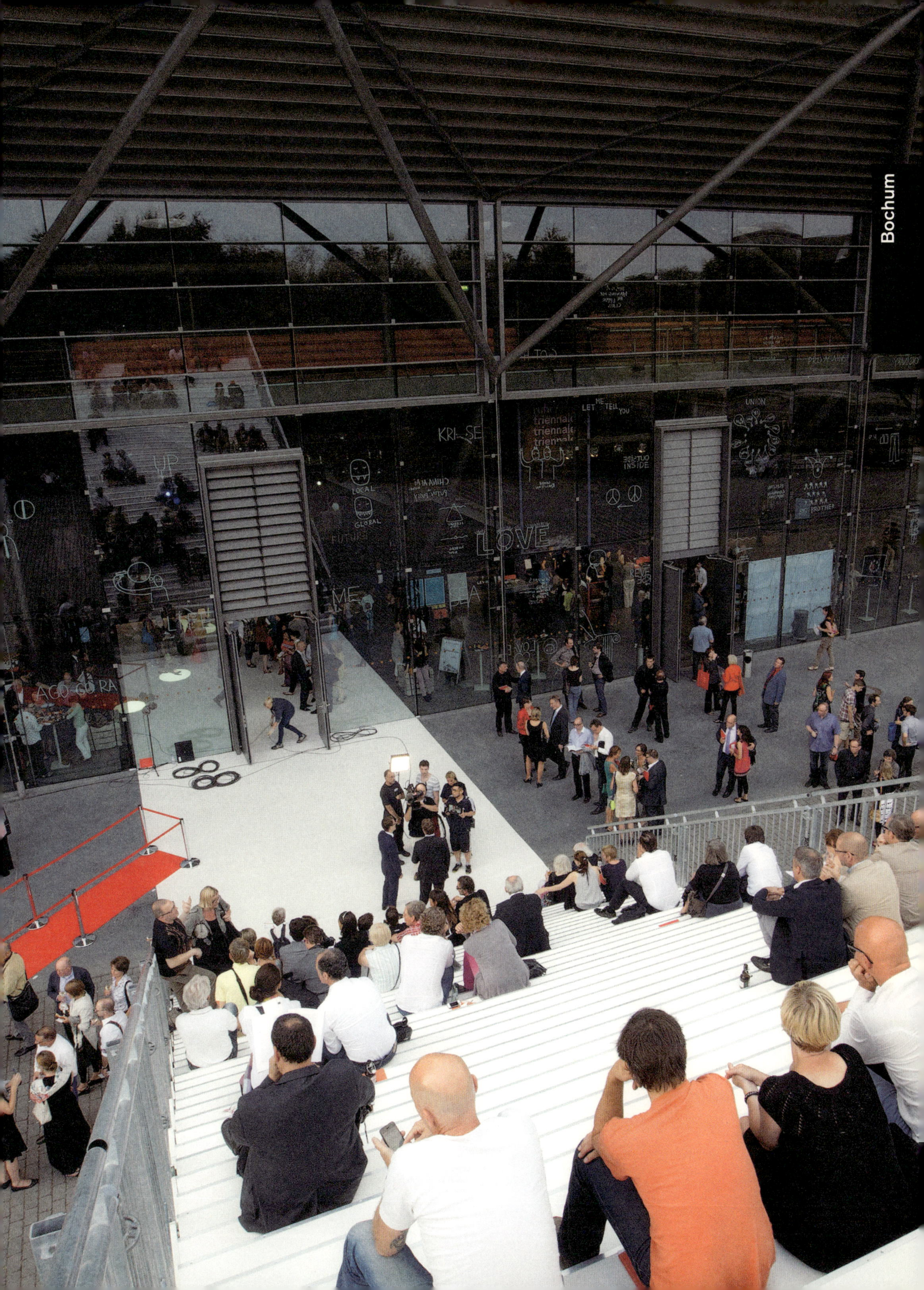
KRISE
triennale
triennale
LET ME TELL YOU
UNION
UP
LOCAL
GLOBAL
OUTSIDE INSIDE
LOVE
ME
AGO GO RA

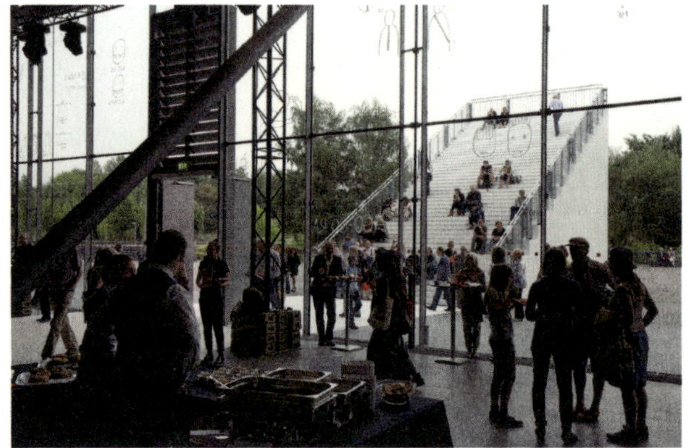

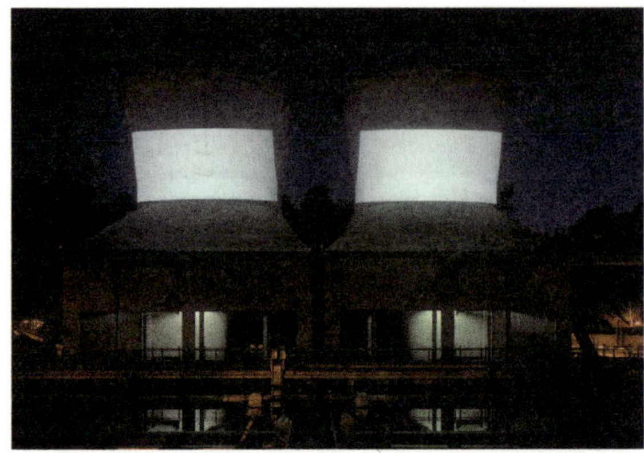

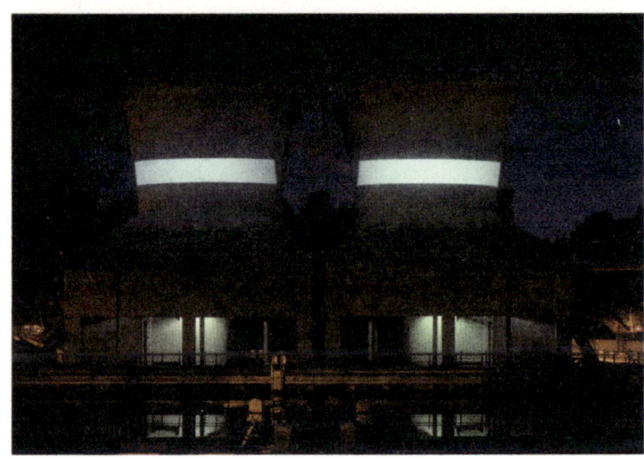

agora/arena, Bochum, 2013

Während die typische Funktion einer „Arena" als Veranstaltungsort mit Zuschauertribüne auch die Bochumer Jahrhunderthalle beschreibt, wurden ihr die Charakteristika einer „Agora" im Rahmen der Ruhrtriennale neu eingeschrieben. In Anlehnung an den zentralen städtischen Versammlungsplatz im antiken Griechenland verbanden sich der moderne gläserne Vorbau der ehemaligen Industriehalle und der Vorplatz mit Tribüne zu einem beleuchteten Forum, das die Besucher zum Verweilen und zum Austausch einlud. Das Ankommen und Verlassen der Kultureinrichtung erfuhr als wesentlicher Bestandteil des Veranstaltungsbesuchs eine neue Qualität, die über die bloße Rezeption hinausging. Gleichzeitig wurden Kühl- und Wassertürme in ihrer kulturgeschichtlichen Bedeutung markiert, während sie als pulsierende weiße Lichtkörper und Projektionsflächen das Areal in der Dunkelheit neu vermaßen. Das Kulturerlebnis wurde so räumlich, zeitlich und bedeutungsgeschichtlich erweitert.

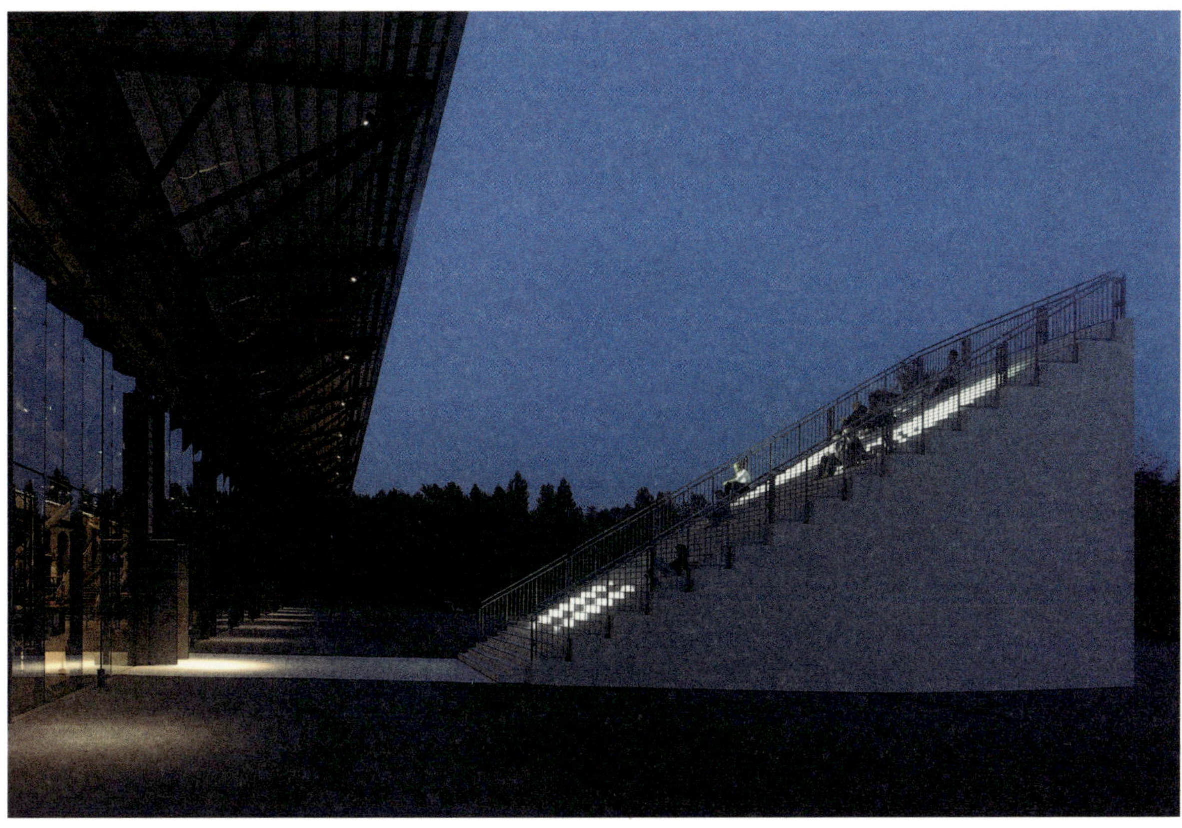

agora / arena, Bochum, 2013

While the typical function of an "arena" as a venue with a grandstand also characterizes the Bochum Jahrhunderthalle, the features of an "agora" were newly attributed to it for the Ruhrtriennale. In the style of the central urban meeting place in ancient Greece, the modern glazed porch of the former industrial hall and the forecourt with a spectator stand joined an illuminated forum that invited visitors to linger and exchange with one another. As a major component of a visit to this event, the entrance and exit of the cultural establishment took on a new quality that went beyond mere reception. At the same time the cultural and historical significance of the cooling towers and water towers was highlighted, while in the darkness they measured the area as pulsing white luminaries and projection screens. The cultural experience was thus widened spatially, temporally, and in historical significance.

Projekt / Project	public preposition public stage
Jahr / Year	2013
Institution	Goethe-Institut Sofia / BG
Ort / Place	National Academy of Art, Sofia / BG
Kurator / Curator	Vanja Koubadinska, Rudolf Bartsch
Technik / Technique	Bühnenpodeste, Banner, Traversen, 5 Spotlights, Stromversorgung, 24h-Webcam / Stages, banner, trusses, 5 spotlights, power supply, 24h webcam
Dank an / Thanks	Tsvetelina Aleksieva, Rudolf Bartsch, Svetoslav Kokalov, Vanja Koubadinska, Olja Mateeva, Maja Stefanova, Enzio Wetzel
Fotograf / Photographer	Videostills / Video stills: Streamer.bg, Goethe-Institut Sofia / BG
Unterstützt von / Supported by	Streamer.bg, Sofia / BG

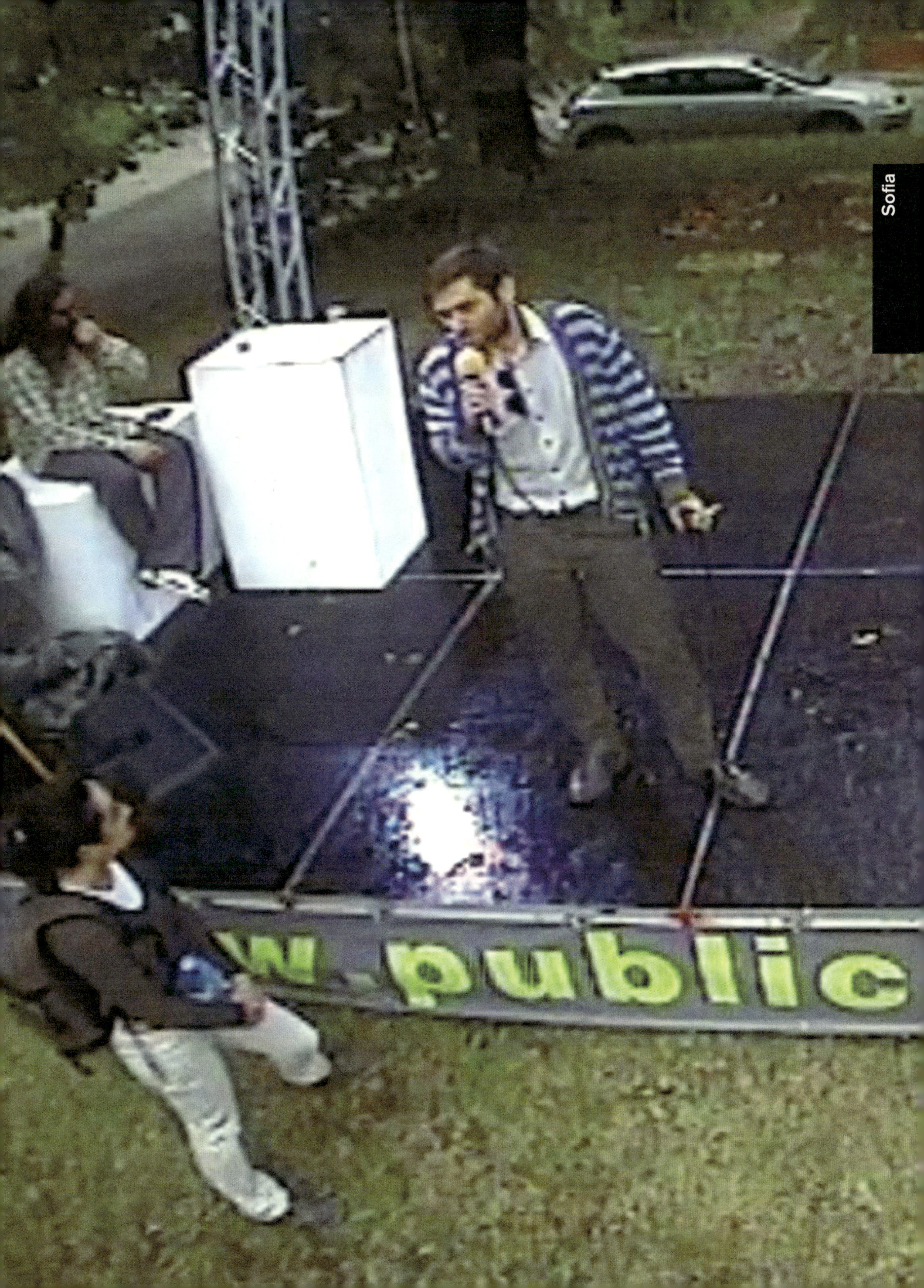
public

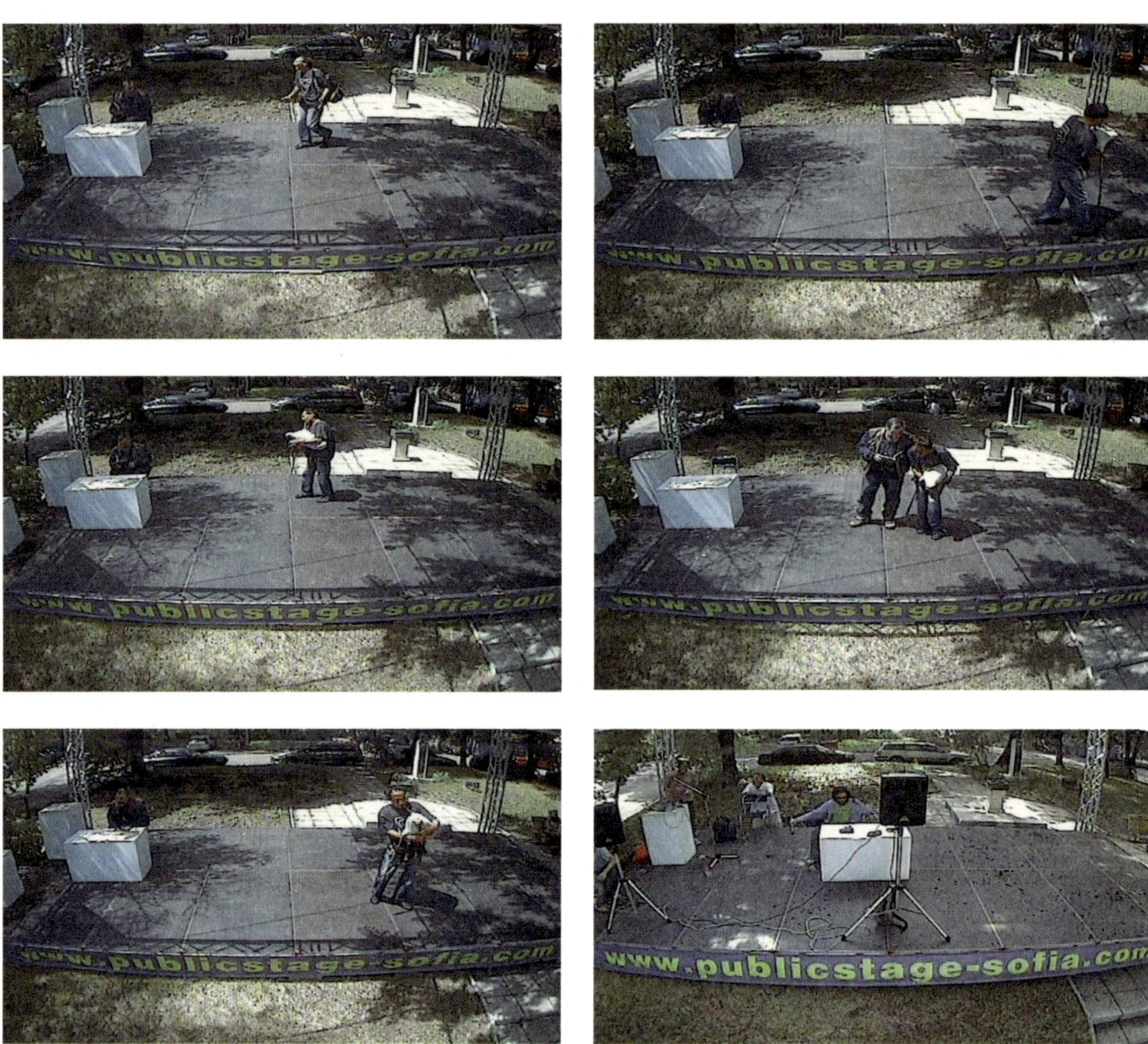

public stage, Sofia, 2013

Mithilfe einer Webcam wurde das Geschehen auf einer öffentlichen Bühne, die für drei Wochen im Zentrum der bulgarischen Hauptstadt Sofia aufgebaut war, live ins Internet übertragen. Auf diese Weise war die Plattform ein Versprechen für jedermann: nicht nur der von Andy Warhol propagierten „15 minutes of fame", sondern auch der Exposition ohne direkte Konfrontation mit einem Publikum. Während die reale körperliche Erfahrung auf der klassischen ortsgebundenen Bühne bestehen blieb, wurden die Risiken und Konsequenzen des Scheiterns im virtuellen Schutzraum abgefedert. Die zeitliche und räumliche Entkoppelung von Exposition und Observation führte an anderer Stelle wiederum zu deren Überlagerung: Als geschützter Freiraum der öffentlichen Rede und als kontrollierter Zwangsraum der Überwachung oszillierte die Funktion der Bühne zwischen „Speakers' Corner" und Big Brother.

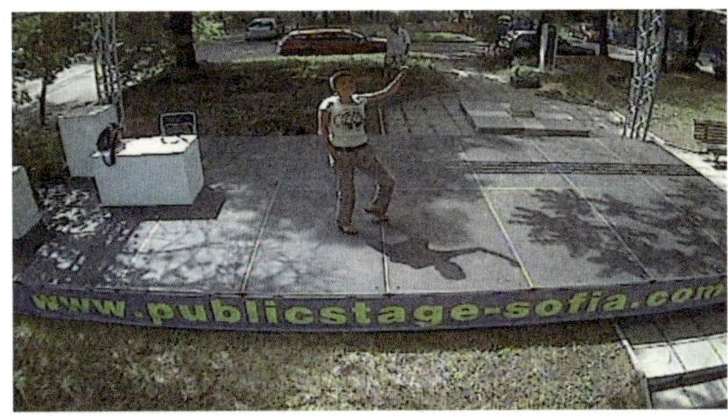

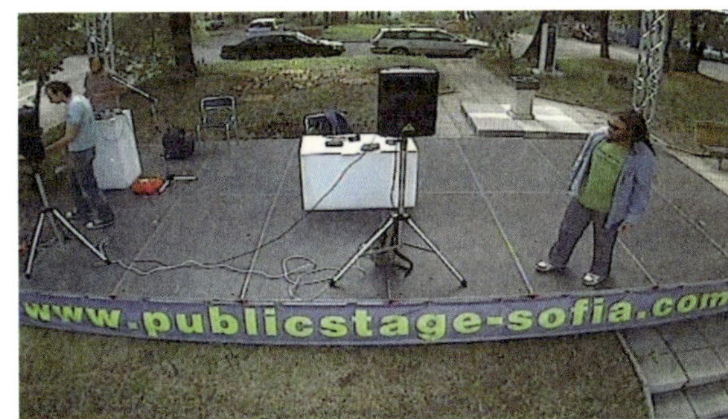

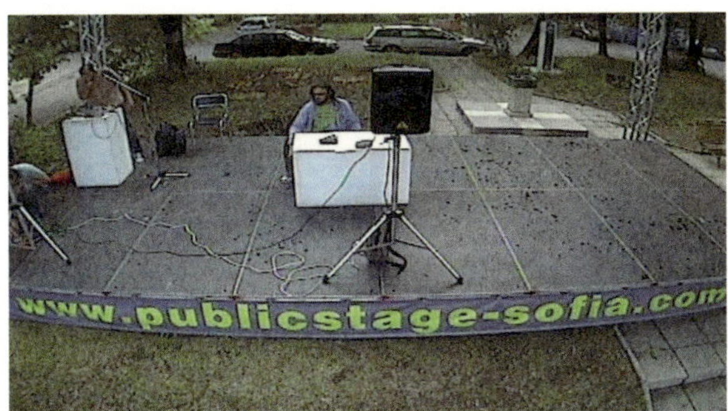

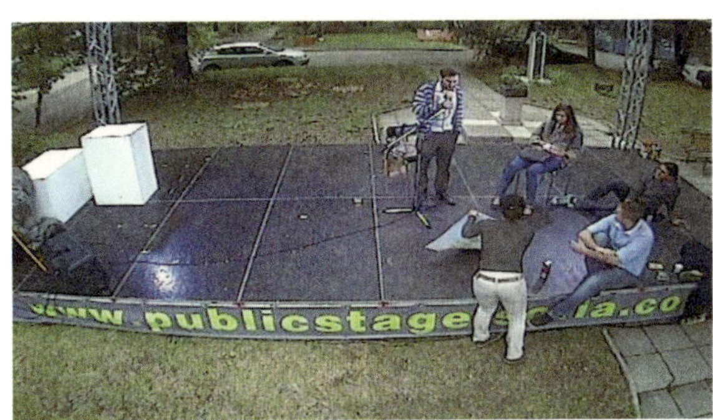

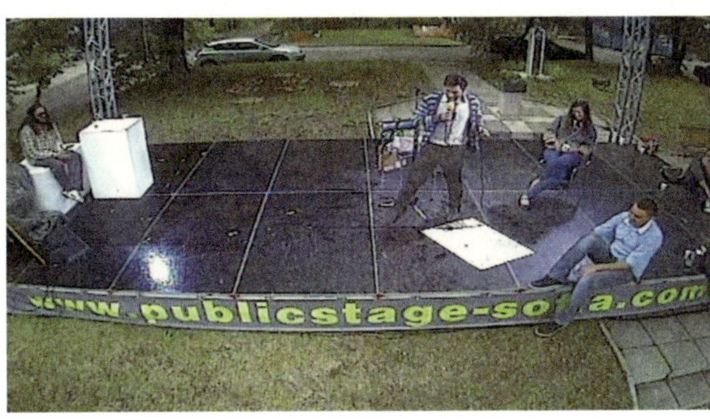

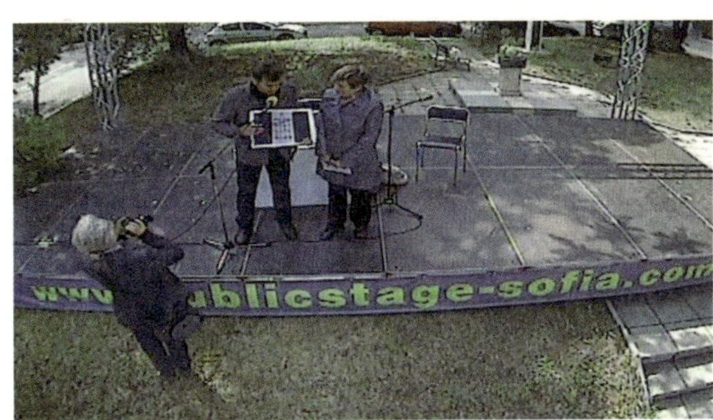

public stage, Sofia, 2013

The events on a public stage that was built in the center of the Bulgarian capital Sofia for three weeks were broadcast live on the Internet via a webcam. In this way the platform was a promise to everyone: not just the "15 minutes of fame" propagated by Andy Warhol, but also the chance for exposition without the direct confrontation of an audience. While the real bodily experience on the classic location-bound stage remained, the risks and consequences of failure were cushioned in a protective virtual space. The temporal and spatial disengagement of exposition and observation in turn led elsewhere to its overlapping: as a protective free space for public speech and as a controlled compulsory space of surveillance the function of the stage oscillated between "Speakers' Corner" and Big Brother.

Projekt / Project	public preposition Solidarity Grid
Jahr / Year	2013–2015
Institution	SCAPE 7 Public Art Christchurch Biennial, 2013 / NZ SCAPE 8 Public Art Christchurch Biennial, 2015 / NZ
Ort / Place	Park Terrace, Christchurch / NZ
Kurator / Curator	Blair French
Technik / Technique	22 Straßenlaternen, Messingschilder / 22 street lamps, brass plates
Dank an / Thanks	Maria Adamski, Michael Aitken, Pat Barrow, Bob Blyth, Stephanie Brown, Michelle Callingham, Jack Chaney, Jimmy Chen, Mark Christensen, Phil Clearwater, Anna Colthart, Pauline Cotter, Paige Cuthbert, Lianne Dalziel, David East, Karleen Edwards, Geoff English, Anastasia Farrakhova, Michael Fulton, Rob Garrett, Darryn George, Jamie Gough, Neil "Grumpy" Graham, Martin Hadlee, Jenny Harper, Wolfgang Heinen, Quin Henderson, Michael Hennessy, Chris Hill, Lucy Hunter, Yani Johanson, Ben Johnston, Ali Jones, Yolande Lawrence, Jane Leighs, Glen Livingstone, Paul Lonsdale, Jo Mair, Raf Manji, Jenny May, Deborah McCormick, Sue McFarlane, McFarlane, Kate Montgomery, Jane Parfitt, Rainer Pennekamp, Ulrike Rosenfeld, Tim Scandrett, Bettina Senff, Tony Sewell, Ray Sidon, Allan Stephenson, Dame Adrienne Stewart, Lara Strongman, Simon Taylor, Andrew Turner, Jose Whelan, Elizabeth Wilson, Elaine Wong, Anthony Wright
Fotograf / Photographer	Susan Zhu, Christchurch / NZ Yumi Nakajima, Sendai / JPN SCAPE Public Art, Christchurch / NZ Archiv / Archive Mischa Kuball, Düsseldorf / DE
Unterstützt von / Supported by	Christchurch City Council, Aurecon, Anderson Lloys Lawyers, The Press, Mainfreight, Neil "Grumpy" Graham, Philips / NZ

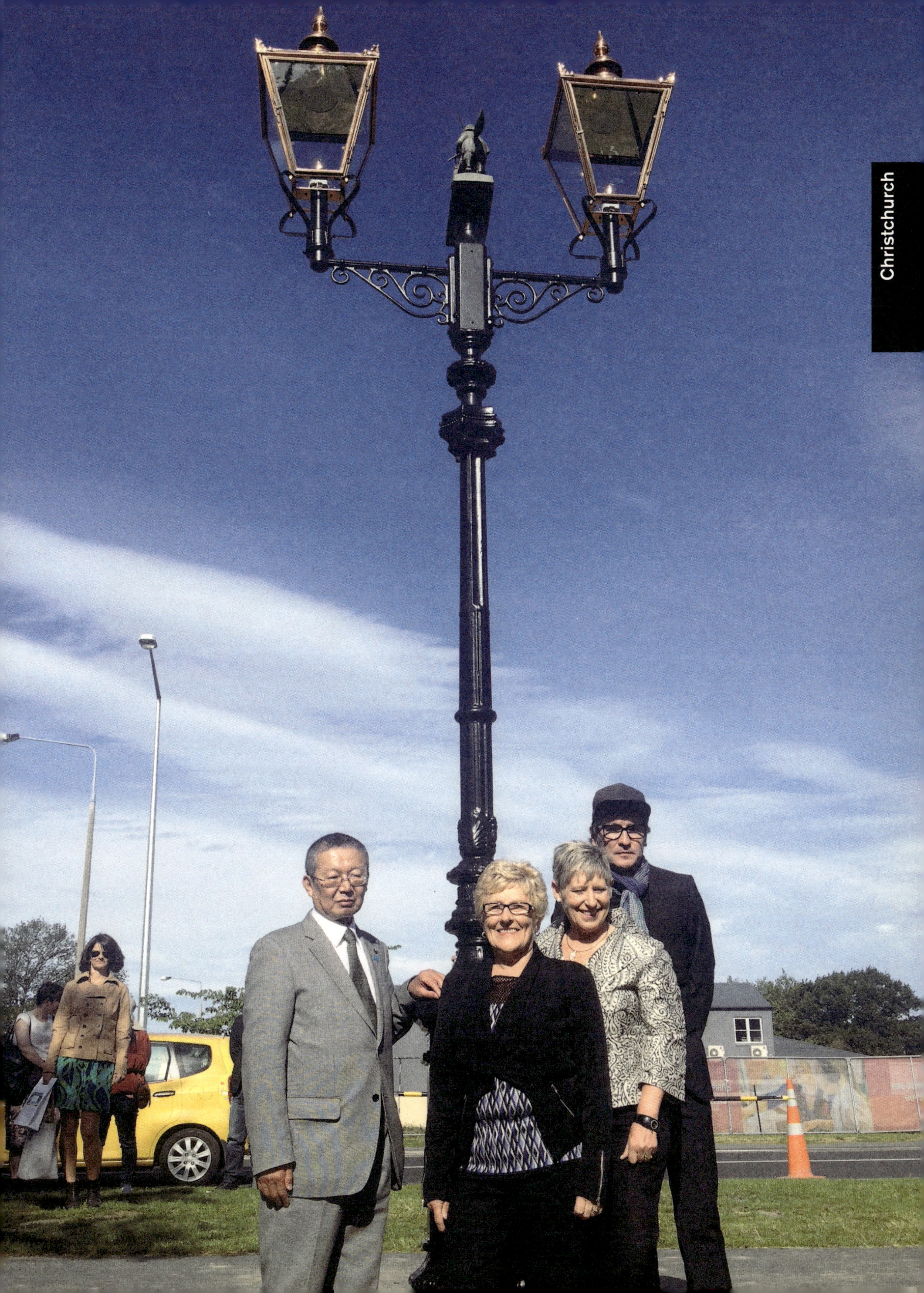

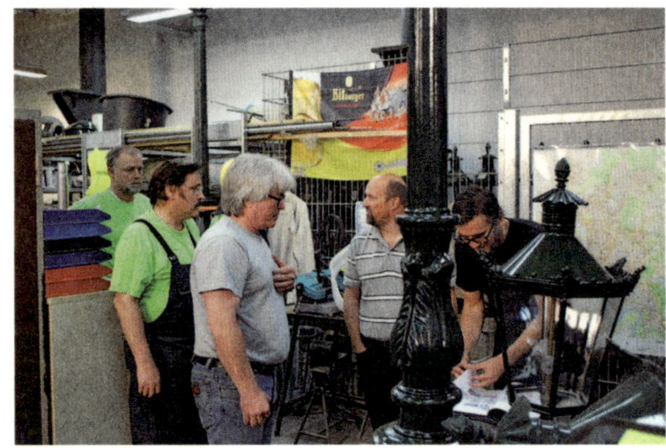

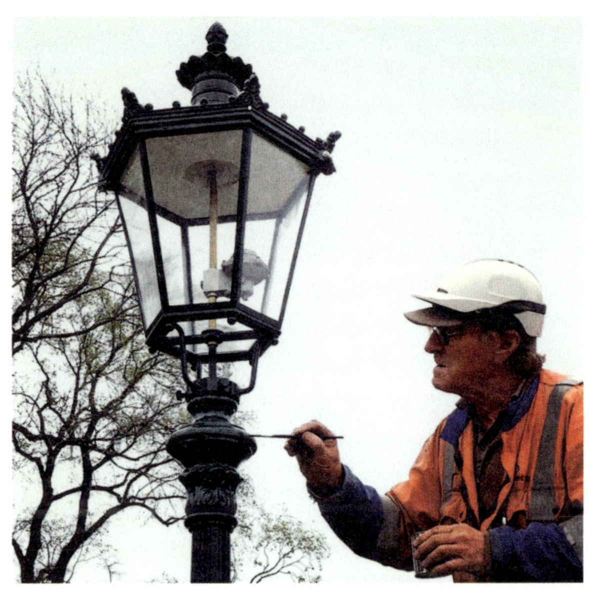

Solidarity Grid, Christchurch, 2013–2015

Christchurch, die zweitgrößte Stadt Neuseelands, wurde 2010 und 2011 durch Erdbeben stark in Mitleidenschaft gezogen. Ein Großteil der denkmalgeschützten Gebäude und Wohnhäuser ist zerstört worden. Anlässlich der SCAPE Public Art Biennial Christchurch und als Zeichen der Solidarität entwickelte Mischa Kuball die Installation „Solidarity Grid". Auf Anfrage wurden 22 Straßenlaternen aus verschiedenen Ländern über den Zeitraum von drei Jahren gestiftet und entlang des Straßenzugs Park Terrace dauerhaft installiert. Alle Lampen unterscheiden sich in Design, Größe und kulturhistorischem Hintergrund. Mit der neuen Verortung, welche von komplexen Kommunikation- und Logistikprozessen begleitet wurde, erweitert sich ihre symbolische und soziale Bedeutung. Zugleich behalten sie als Lichtquellen ihre ursprüngliche Funktion und sind praktischer Beitrag zum Wiederaufbau von Christchurch. Nach Abschluss des Projekts 2015 bleiben die Lampen als Zeichen der sich wandelnden Stadt als symbolisches Monument bestehen.

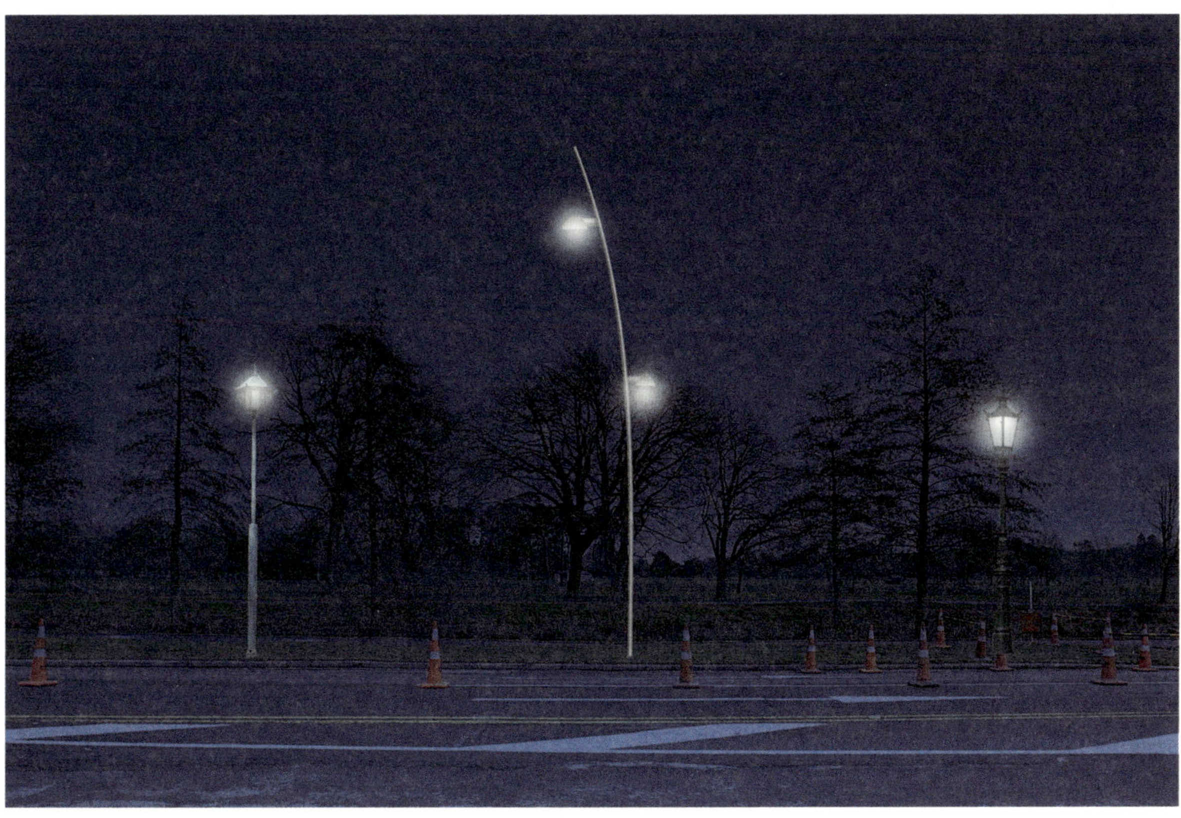

Solidarity Grid, Christchurch, 2013–2015

Christchurch, the second largest city in New Zealand, was severely affected by earthquakes in 2010 and 2011. A majority of landmark buildings and houses were destroyed. On the occasion of the SCAPE Public Art Christchurch Biennial and as a sign of solidarity, Mischa Kuball developed the installation "Solidarity Grid." On request, 22 street lamps from different countries were donated over the course of three years and were permanently installed along Park Terrace. All the lamps differed from one another in design, size, and cultural-historical background. In their new location, reached by complex communication and logistical processes, their symbolic and social significance extends. At the same time they retain their original function as light sources and are a practical contribution to the rebuilding of Christchurch. After the end of the project in 2015, the lamps will remain a symbolic monument of the changing city.

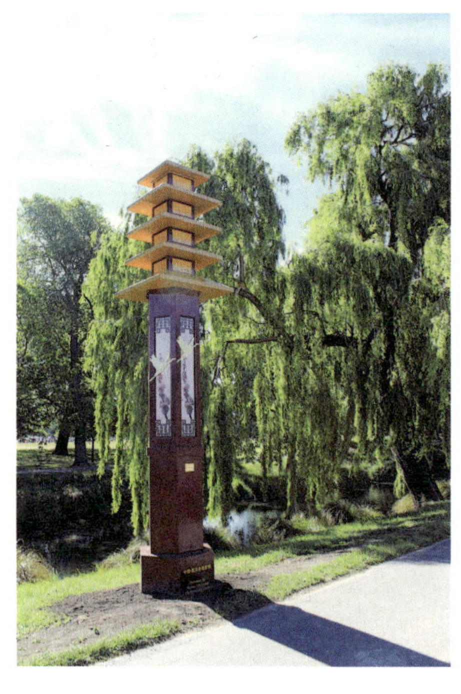

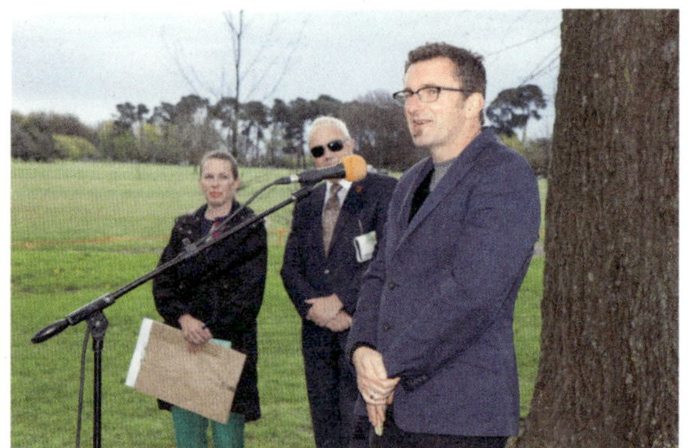

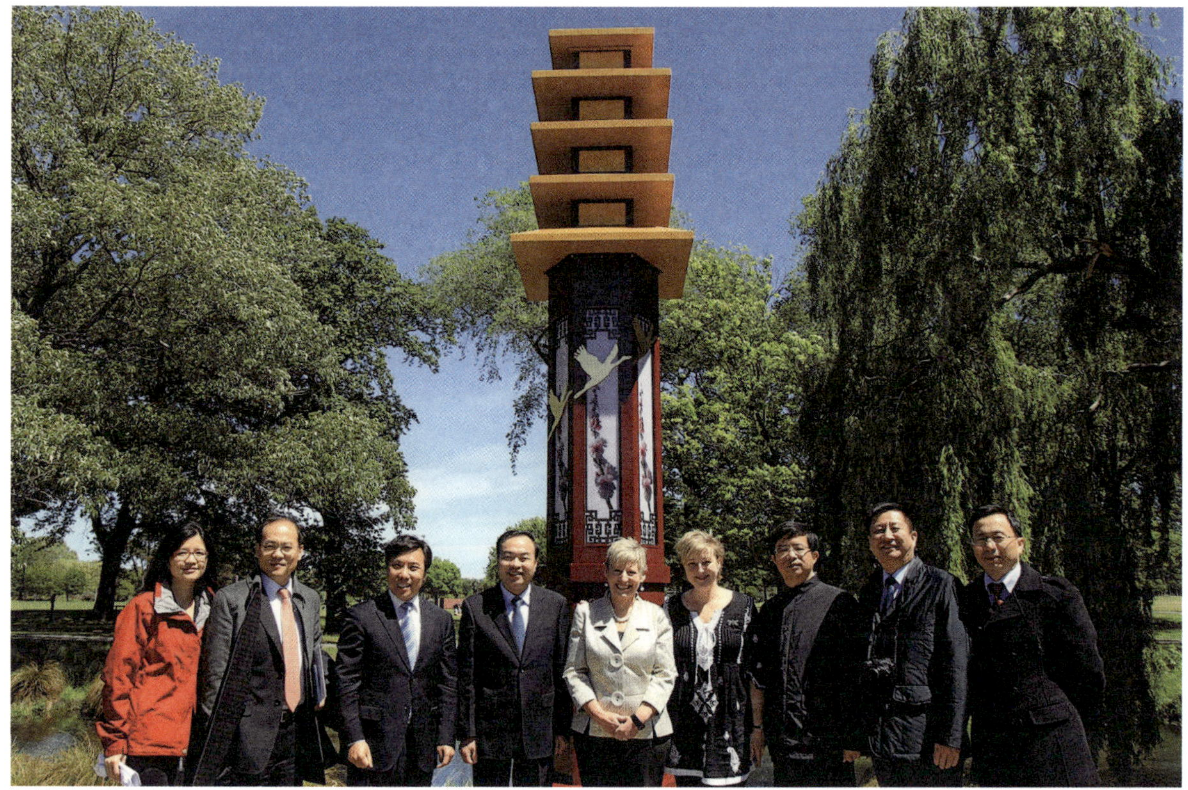

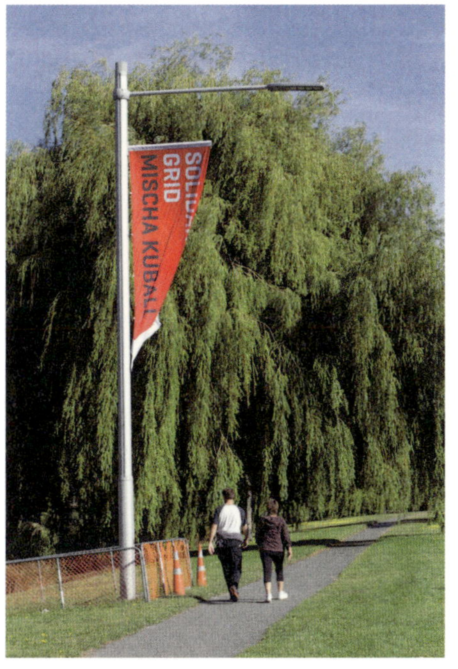

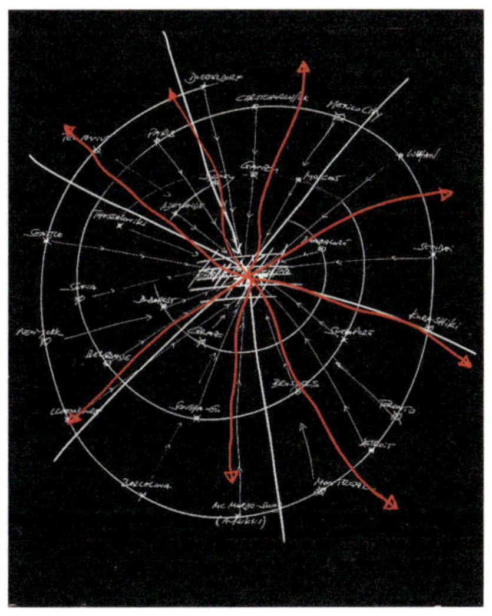

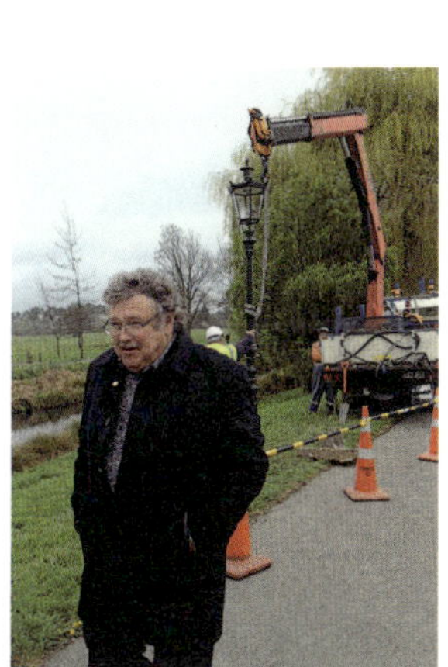

in memoriam
Neil "Grumpy" Graham

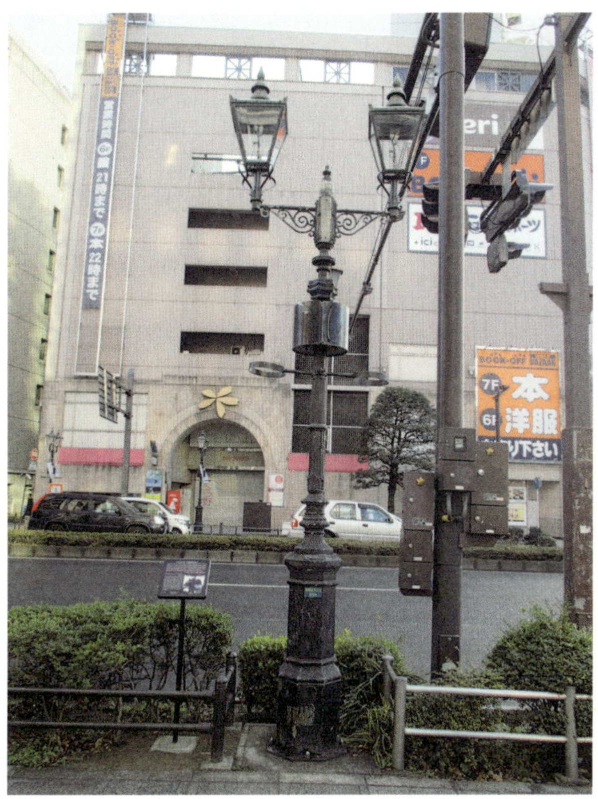

Projekt / Project	public preposition les fleurs du mal (Blumen für Marl)
Jahr / Year	2014
Institution	Skulpturenmuseum Glaskasten, Marl / DE
Ort / Place	Creiler Platz, Marl / DE
Kurator / Curator	Georg Elben
Technik / Technique	Edelstahlbuchstaben, LED-Licht / Stainless steel letters, LED light Technische Realisierung / Technical Realization: Elektro Decker GmbH Betonvase / Concrete vase Technische Realisierung / Technical Realization: Andras Blazsek Schnittblumen / Cut flowers
Dank an / Thanks	Werner Arndt, Andras Blazsek, Thomas Decker, Gabriele Figge, Silvia Frechen, Klaus-Peter Lauche, Martina Möller, Ulrich Noetzlin, Linda Kathrin Rademacher, Ute Schäfer, Ruth Schiffer, Jennifer Schwiderowski, Ingrid Stoppa-Sehlbach, Elena Vasilieva, Melanie Weidemüller, Stephan Wolters, Christian Zumschilde
Fotograf / Photographer	Antje Kapust, Bochum / DE Achim Kukulies, Düsseldorf / DE Archiv / Archive Mischa Kuball, Düsseldorf / DE
Unterstützt von / Supported by	Ministerium für Familie, Kinder, Jugend, Kultur und Sport des Landes Nordrhein-Westfalen, Düsseldorf, Kultursekretariat NRW, Wuppertal, Sparkasse Vest, Recklinghausen, Habakuk Freundeskreis zur Förderung des Skulpturenmuseums Glaskasten, Marler Zeitung, Marl / DE

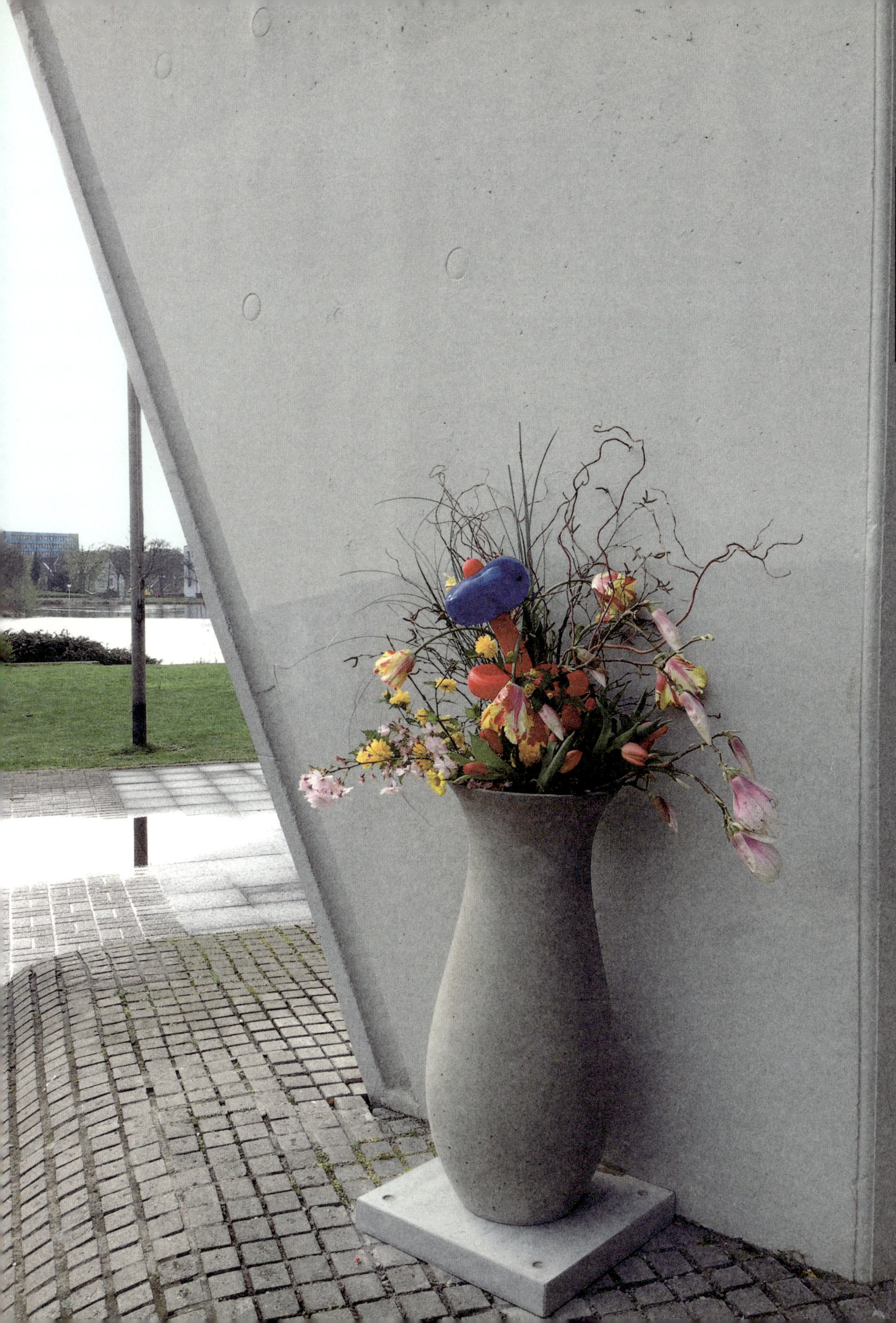

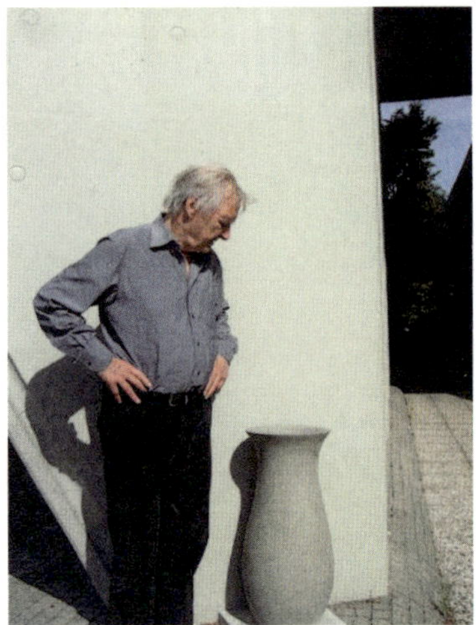

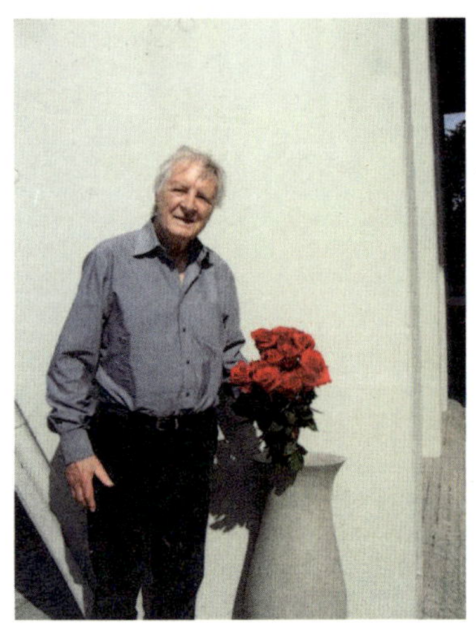

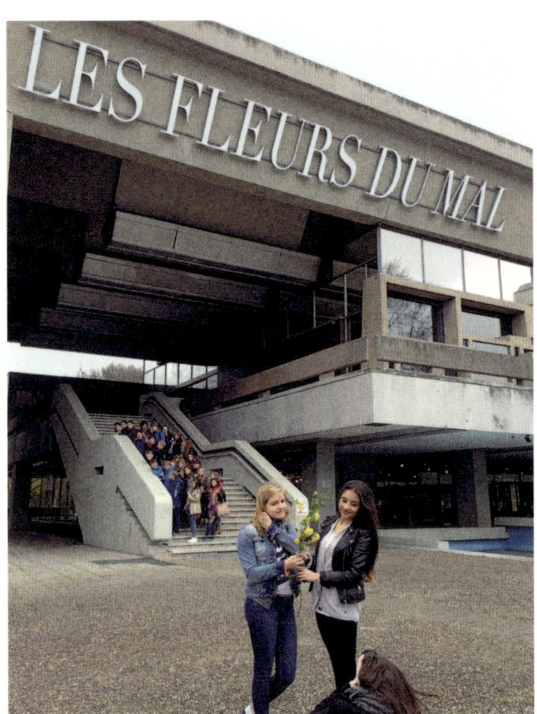

les fleurs du mal (Blumen für Marl), Marl, 2014

Unmittelbar bei dem Skulpturenmuseum Glaskasten Marl, zwischen Grimme-Institut, City-See und der Agentur für Arbeit, liegt das Rathaus der 85.000 Einwohner zählenden Stadt Marl im nördlichen Ruhrgebiet. Ein Schriftzug aus weißen Leuchtbuchstaben an der oberen Fassadenkante des Rathausgebäudes bildete wortspielerisch den ersten Teil des Werktitels „les fleurs du mal“ und nahm so Bezug auf Charles Baudelaires gleichnamigen Gedichtband von 1857. Ergänzt wurde die dominante Leuchtschrift durch eine links neben der Freitreppe positionierte Bodenvase, die formal auf die Betonarchitektur des Gebäudes aus den 1960er Jahren abgestimmt war. Die zweiteilige Installation verstand sich als Impulsgeber und Einladung an die Marler Bürger, den Ort mit frischen Blumen zu versorgen, um so das administrative Zentrum der Stadt eigenhändig durch Partizipation, Interaktion, Reflexion und Diskussion zu aktivieren und zu gestalten.

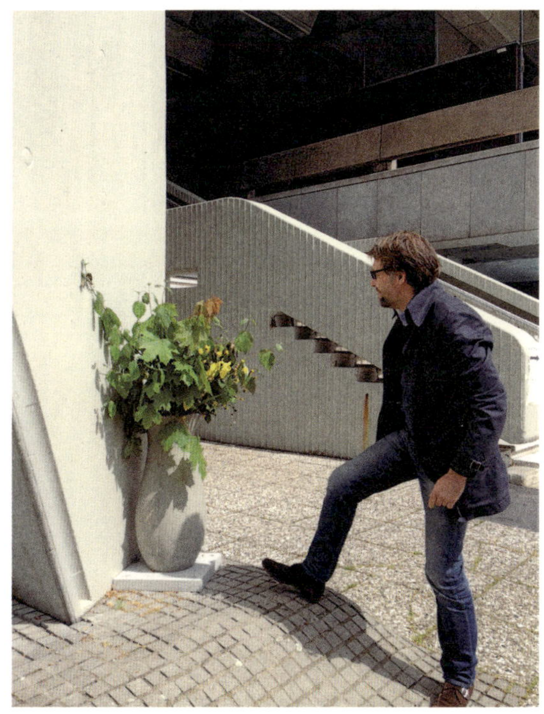

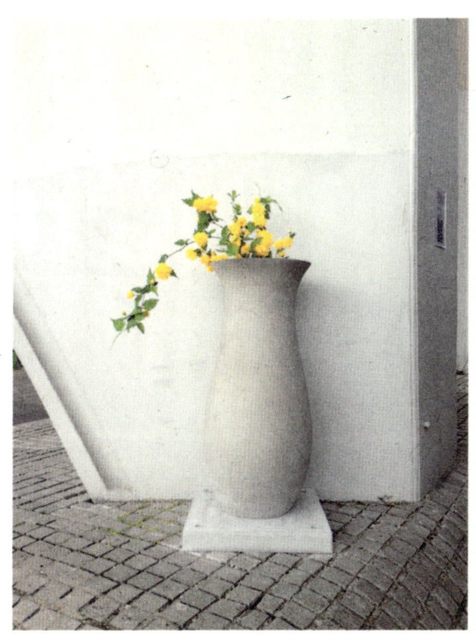

les fleurs du mal (flowers for Marl), Marl, 2014

Directly at the Skulpturenmuseum Glaskasten Marl, between the Grimme Institute, City Lake, and the employment agency is Marl city hall, which serves a population of 85,000 inhabitants in the north Ruhr region. White illuminated lettering on the upper edge of the façade of the building formed a wordplay of the first part of the title "les fleurs du mal" and referenced the eponymous volume of poetry by Charles Baudelaire from 1857. The dominant illuminated letters were complemented by a large vase positioned at left next to the stairway, which was formally coordinated to the concrete architecture of the 1960s-era building. The two-part installation was understood as a catalyst and an invitation to the citizens of Marl to provide fresh flowers to personally activate and shape the administrative center of the city through participation, interaction, reflection, and discussion.

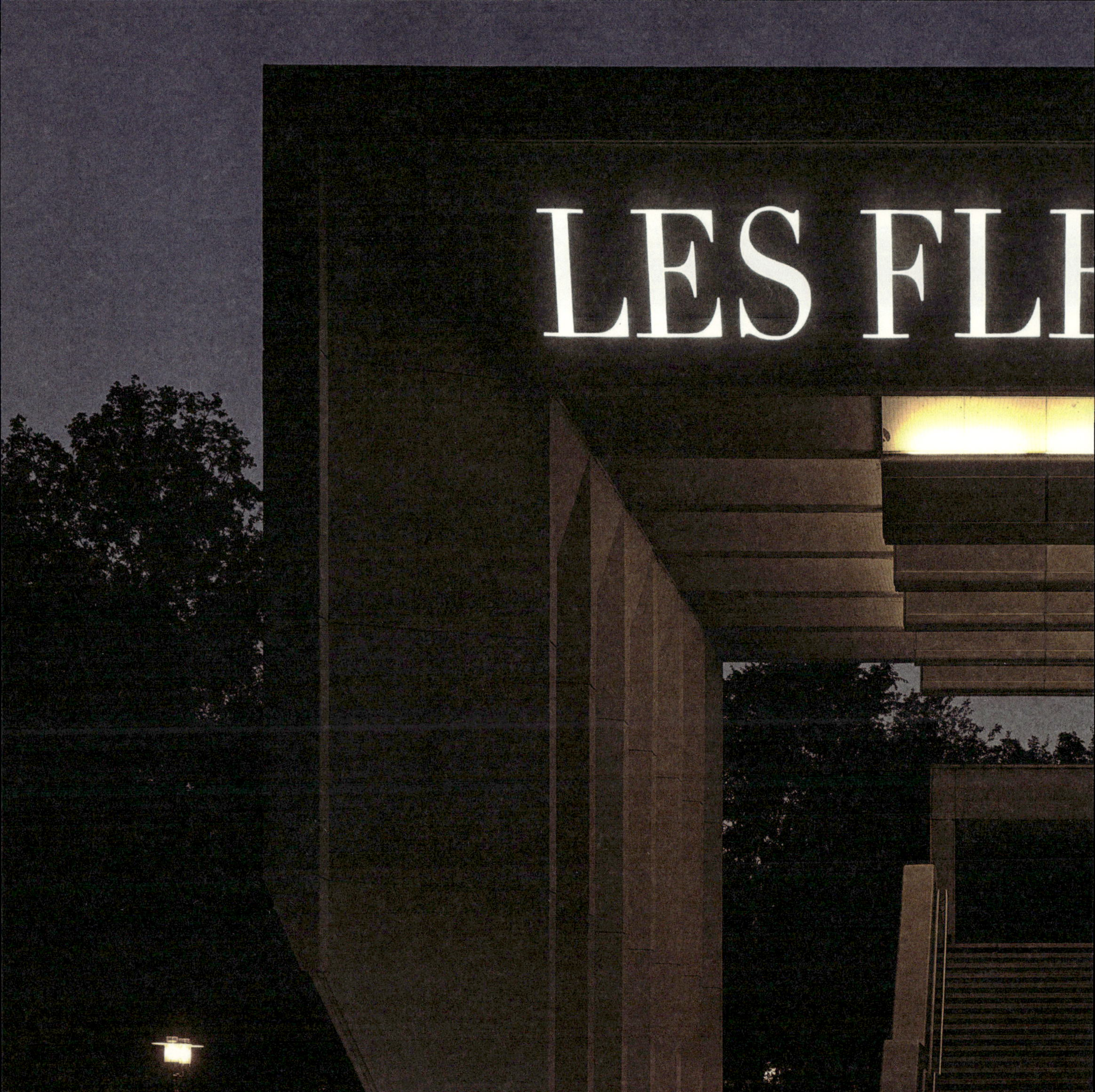
LES

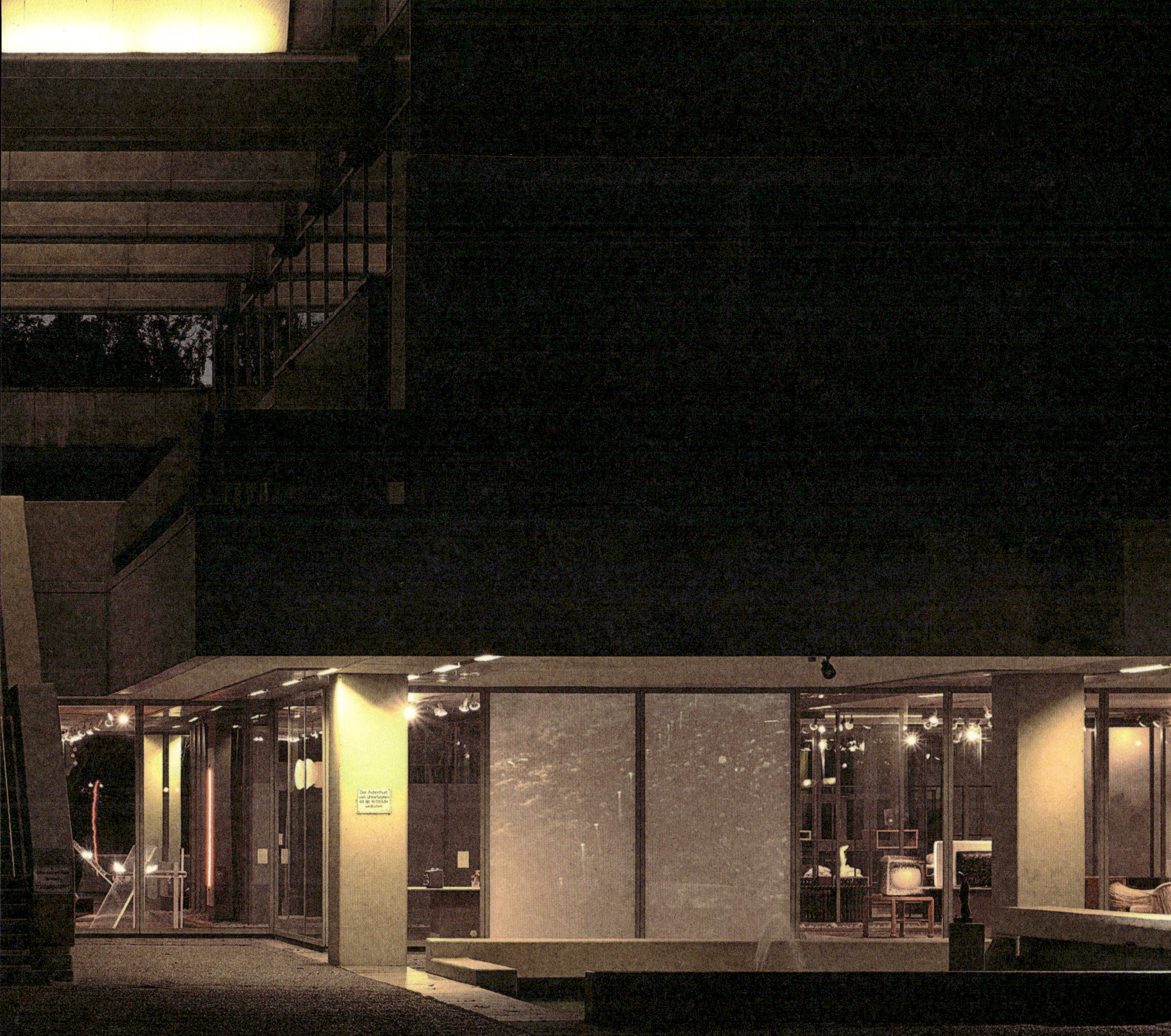
URS DU MAL

Projekt / Project	public preposition white space / Kritisches Denken braucht Zeit und Raum
Jahr / Year	2014
Institution	Lichtfest Leipzig / DE
Ort / Place	Wilhelm-Leuschner-Straße, Leipzig / DE
Kurator / Curator	Jürgen Meier, Marit Schulz
Technik / Technique	Technische Realisierung / Technical Realization: Fairnet
Dank an / Thanks	Dieter Brehm, Gregor Jansen, Isabel Lott, Florian Matzner, Jürgen Meier, Ulrike Schlate, Marit Schulz, Reinhard Spieler, Jörg Wagner, Team LTM
Fotograf / Photographer	Maurice Kaufmann, Düsseldorf / DE Isabel Lott, Berlin / DE Alexander Schmidt, Leipzig / DE Caroline Sternberg, München / Munich / DE Benedikt Werner, Hannover / Hanover / DE Wolfgang Zeyen, Leipzig / DE Archiv / Archive Mischa Kuball, Düsseldorf / DE

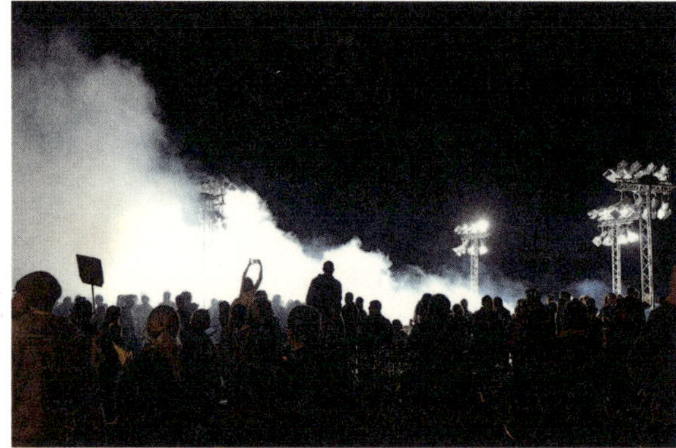

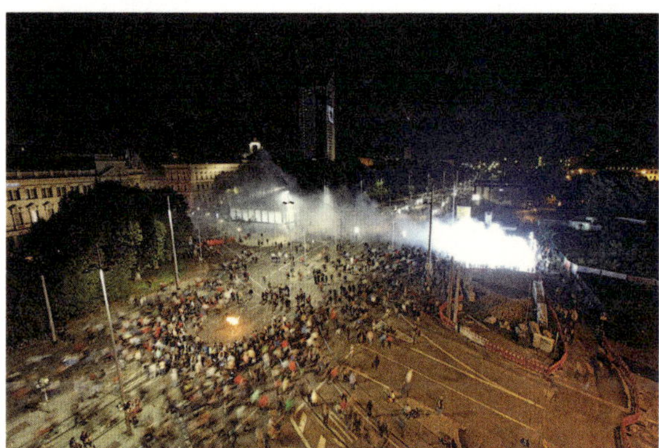

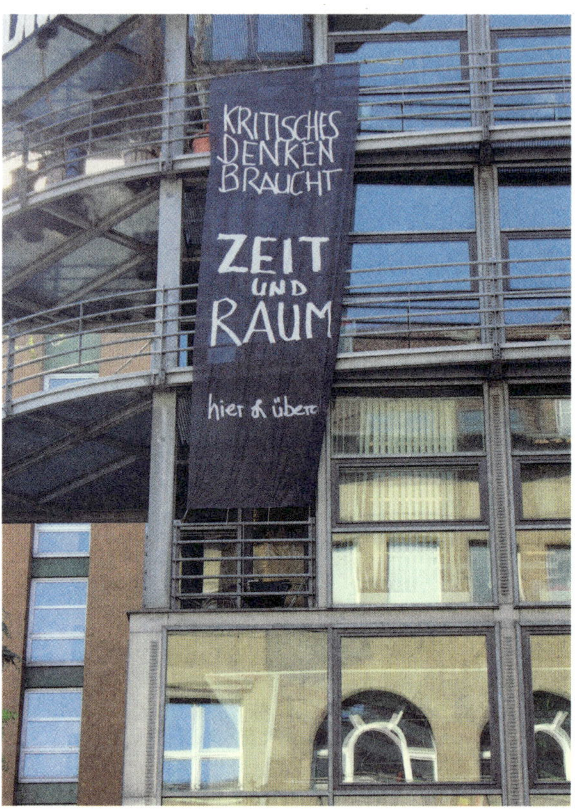

white space / Kritisches Denken braucht Zeit und Raum, Leipzig, 2014
Düsseldorf, Köln, Leipzig, Berlin, München, Hannover, 2014

1989 tauchte am Leipziger Nikolaikirchhof ein Banner mit der Aufschrift „Kritisches Denken braucht Zeit und Raum – hier & überall" auf. Kurz nach den Auseinandersetzungen zwischen Demonstranten und der Polizei am 25. Republiktag der DDR gingen in Leipzig bereits 70.000 Menschen auf die Straße, wenig später fiel die Mauer. 25 Jahre nach der deutschen Wiedervereinigung ließ der Künstler das Banner anlässlich des Lichtfestes in Leipzig reproduzieren. Über ein bloßes Re-Enactment hinausgehend, wurde der Slogan in verschiedenen deutschen Städten öffentlich platziert, um die Forderung nunmehr als Aufforderung in einen von Zeit und Ort unabhängigen Kontext zu überführen. In Leipzig übersetzte Kuball den Text zudem in einen Freiraum aus Licht am Rande des Wilhelm-Leuschner-Platzes und kam so wiederum der Forderung nach geistiger Freiheit symbolisch nach. Der nicht begehbare „white space", ein 70.000 Watt starkes LED-Lichtfeld, rief die damalige Bürgerbewegung ins Gedächtnis und verankerte die Reflexion über die Notwendigkeit des kritischen Denkens im aktuellen Zeitgeschehen.

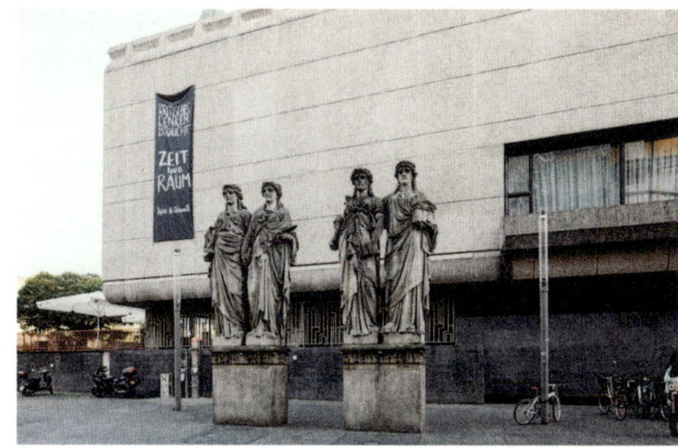

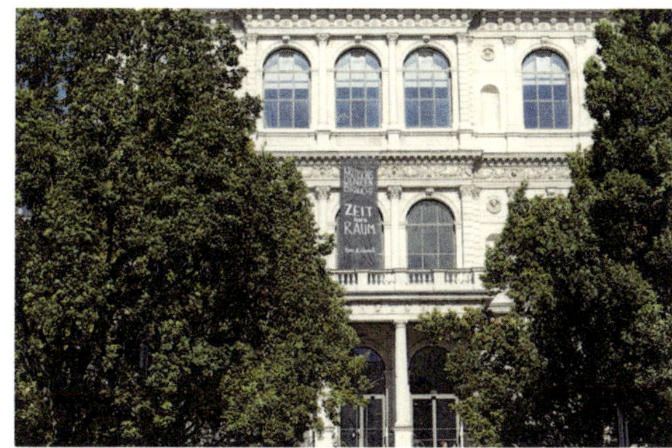

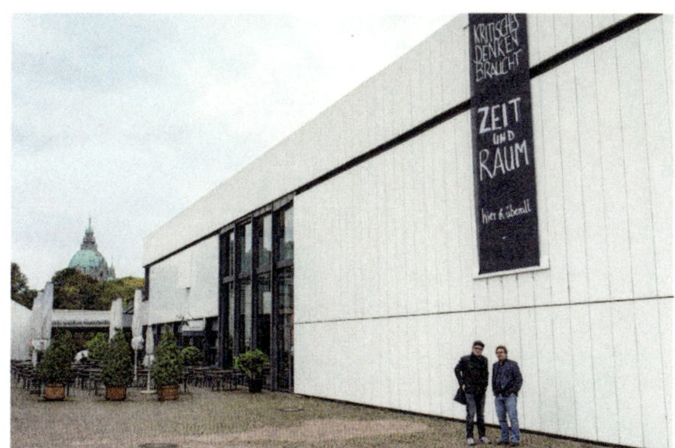

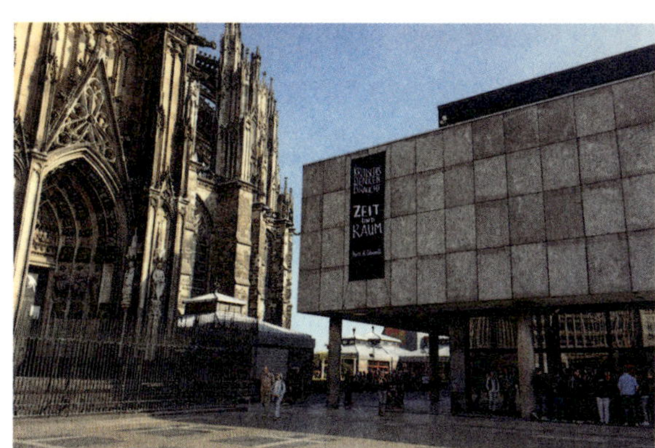

white space / Critical Thinking Needs Time and Space, Leipzig, 2014
Düsseldorf, Cologne, Leipzig, Berlin, Munich, Hanover, 2014

In 1989 a banner with the inscription "Critical Thinking Needs Time and Space—Here and Everywhere" appeared at the St. Nicholas churchyard. Shortly after the confrontation between demonstrators and police on the 40th Republic Day of the GDR, 70,000 people marched in the streets of Leipzig, and not long after the wall came down. Twenty-five years after German reunification the artist reproduced the banner on the occasion of the Lichtfest in Leipzig. Going beyond a mere reenactment, the slogan was placed in public space in various German cities to transform the demand into an invitation in a context independent of time and place. In Leipzig, Kuball rendered the text out of light in an open space on the edge of the Wilhelm-Leuschner-Platz and in turn symbolically fulfilled the demand for intellectual freedom. The inaccessible "white space," a 70,000 watt LED light field, brought to mind the citizens' movement of the time and anchored the reflection in the need for critical thinking in current events.

Projekt / Project	public preposition public square, Thessaloniki
Jahr / Year	2015
Institution	State Museum of Contemporary Art, Thessaloniki / GRC
Ort / Place	Stadtraum / Public space, Thessaloniki / GRC
Kuratort / Curator	Maria Tsantsanoglou, Eirini Papakonstantinou
Technik / Technique	Stoffbanner, Performance, Open Call, Edition / Textile banner, performance, open call, edition
Dank an / Thanks	Angeliki Charistou, Cleo Gouslou, Aris Kalogiros, Stella Lavva, Peter Panes, Chrysa Zarkali
Fotograf / Photographer	Archiv / Archive Mischa Kuball, Düsseldorf / DE, Carl Friedrich Schröer, Düsseldorf / DE Dimitris Mermigas / Yiannis Simos, Thessaloniki / GRC
Unterstützt / Supported by	Thessaloniki Biennale of Contemporary Art, Greek State Museum of Contemporary Art, Goethe-Institut, Thessaloniki / GRC Ifa – Institut für Auslandsbeziehungen, Stuttgart / DE

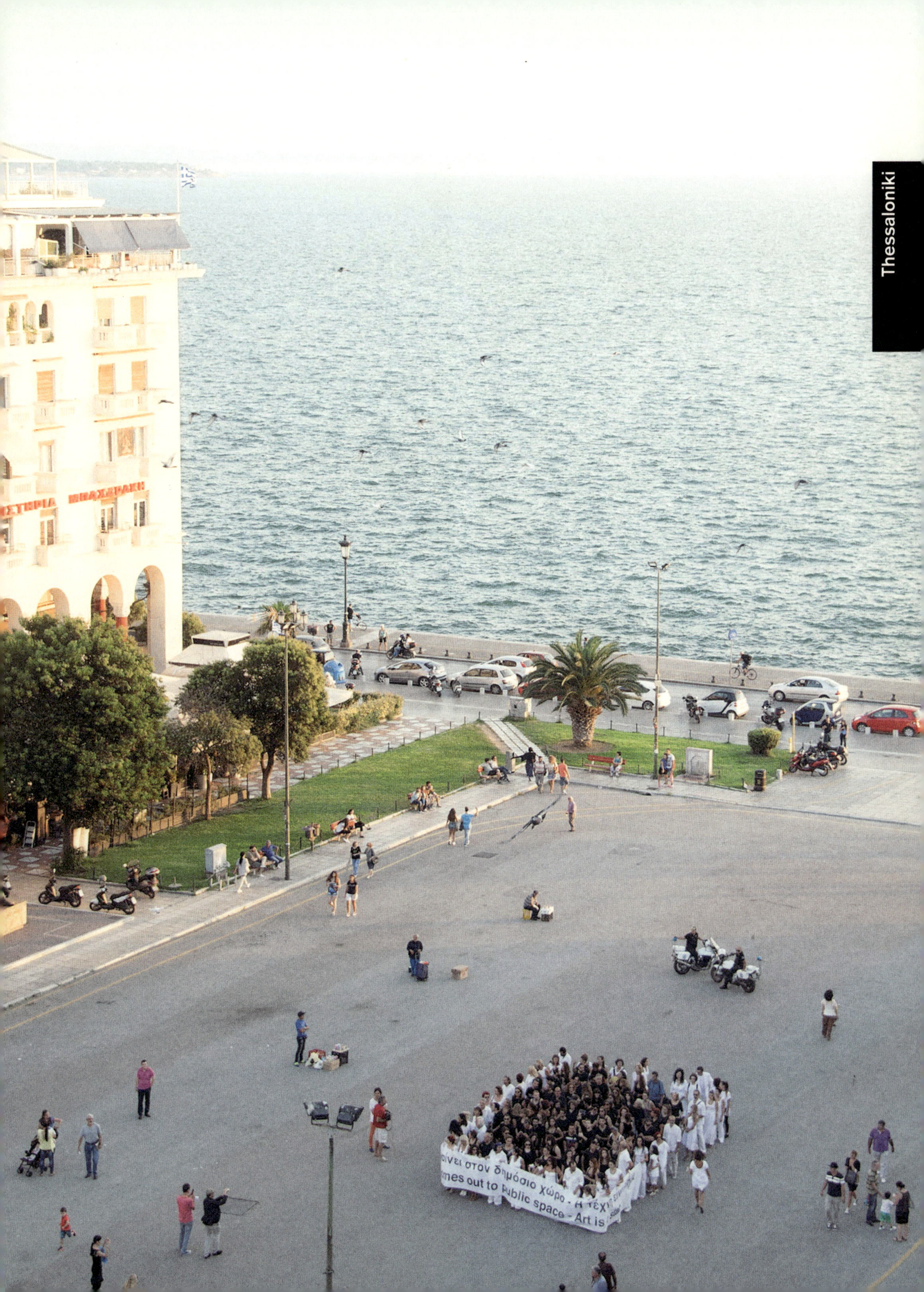
στον δημόσιο χώρο
out to public space - Art is

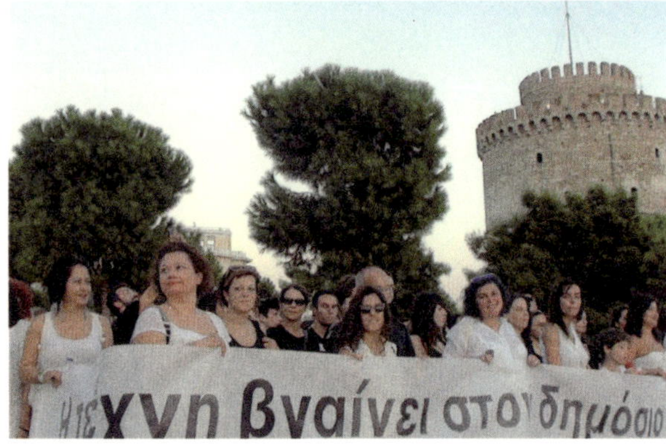

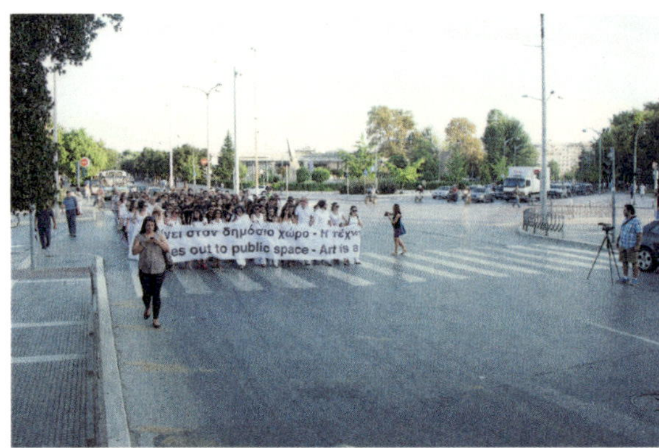

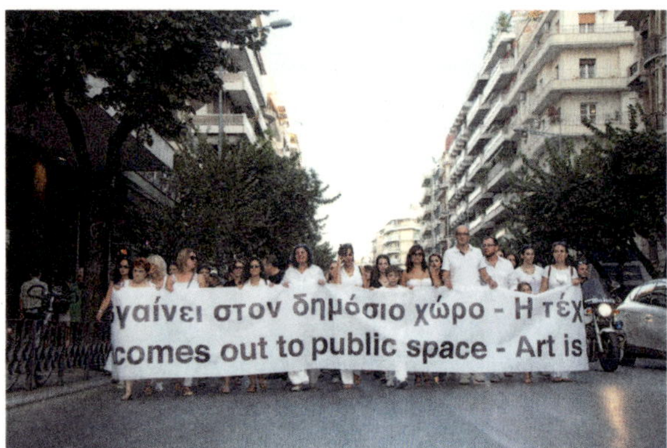

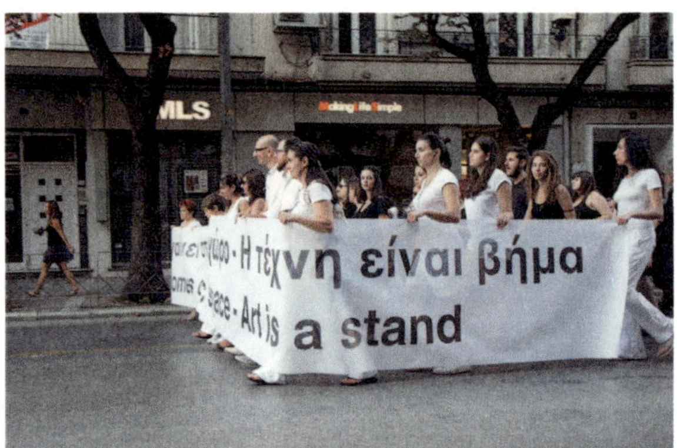

public square, Thessaloniki, 2015

Das „Schwarze Quadrat“ von Kasimir Malewitsch steht paradigmatisch für den russischen Suprematismus und damit für die Vorstellung von der Kunst als Kraft für politische Veränderung. Anlässlich der Ausstellung „Kazimir Malevich and His Students: 100 Years After the Black Square“ im Nationalmuseum Thessaloniki implementierte der Künstler eine bereits 2007 in Hamburg realisierte Aktion in das griechische Stadtgeschehen. Zu einem Zeitpunkt, an dem die wirtschaftspolitische Lage Griechenlands nicht brisanter sein könnte, übersetzte er Malewitschs Ikone in den öffentlichen Raum. Als bewegte, schwarz bzw. weiß bekleidete Menschenmasse wurde das schwarze Quadrat auf weißem Grund zur mobilen Agora, zum Impulsgeber öffentlicher Debatte. Während die Version in Öl auf Leinwand von 1915 im Museum zum historischen Symbolträger wurde, entfaltete die Personengruppe ihr politisches Potenzial in der kollektiven und öffentlichen Aktion.

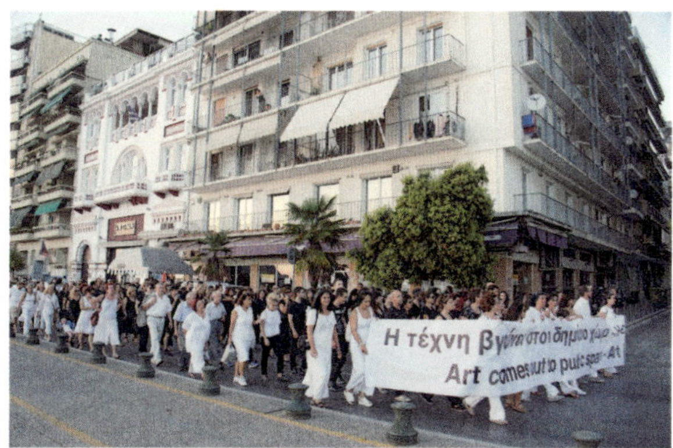

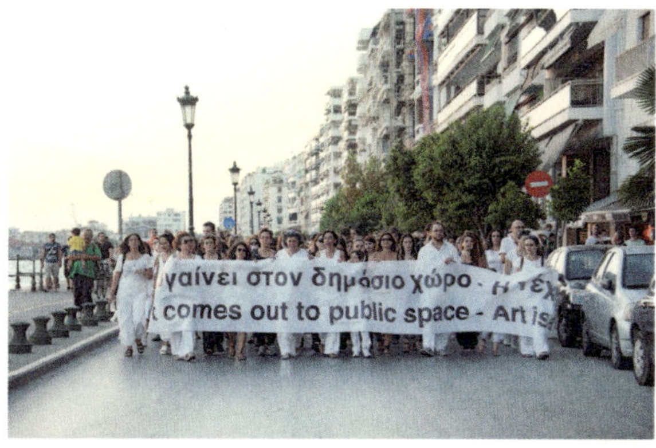

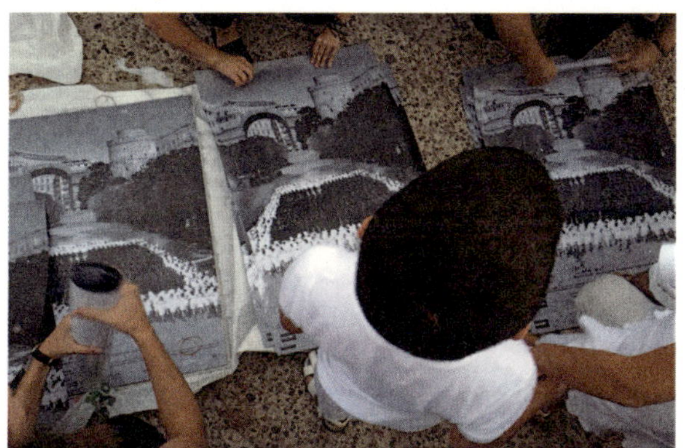

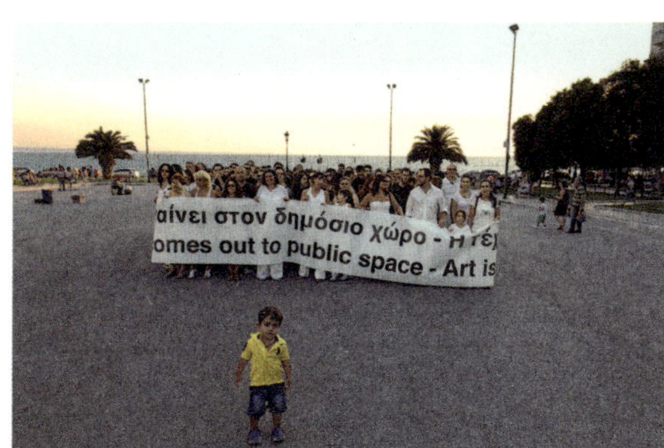

public square, Thessaloniki, 2015

The black square by Kazimir Malevich stands paradigmatically for Russian Suprematism and thus for the concept of art as a force for political change. On the occasion of the exhibition "Kazimir Malevich and His Students: 100 Years After the Black Square" at the National Museum of Thessaloniki, the artist implemented an action in the Greek city, one that was previously realized in Hamburg in 2007. At a time when the economic and political situation of Greece could not be more volatile, he rendered Malevich's icon in public space. As a moving mass of people clothed in black or white the black square on a white ground becomes a mobile agora and trigger for public debate. Whereas the version in oil on canvas from 1915 in the museum is a historic symbolic vehicle, the group of people develop their political potential in this collective and public action.

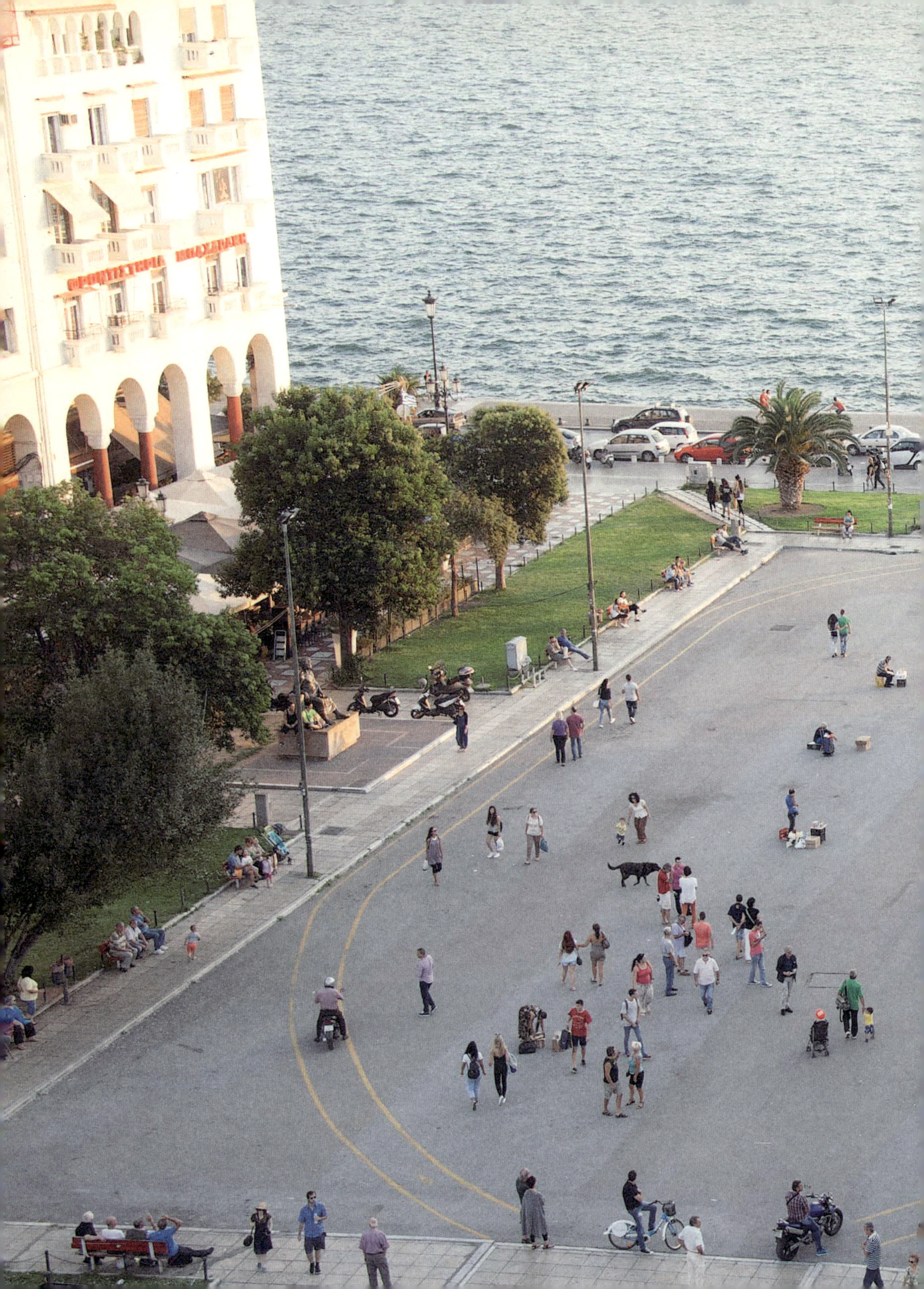

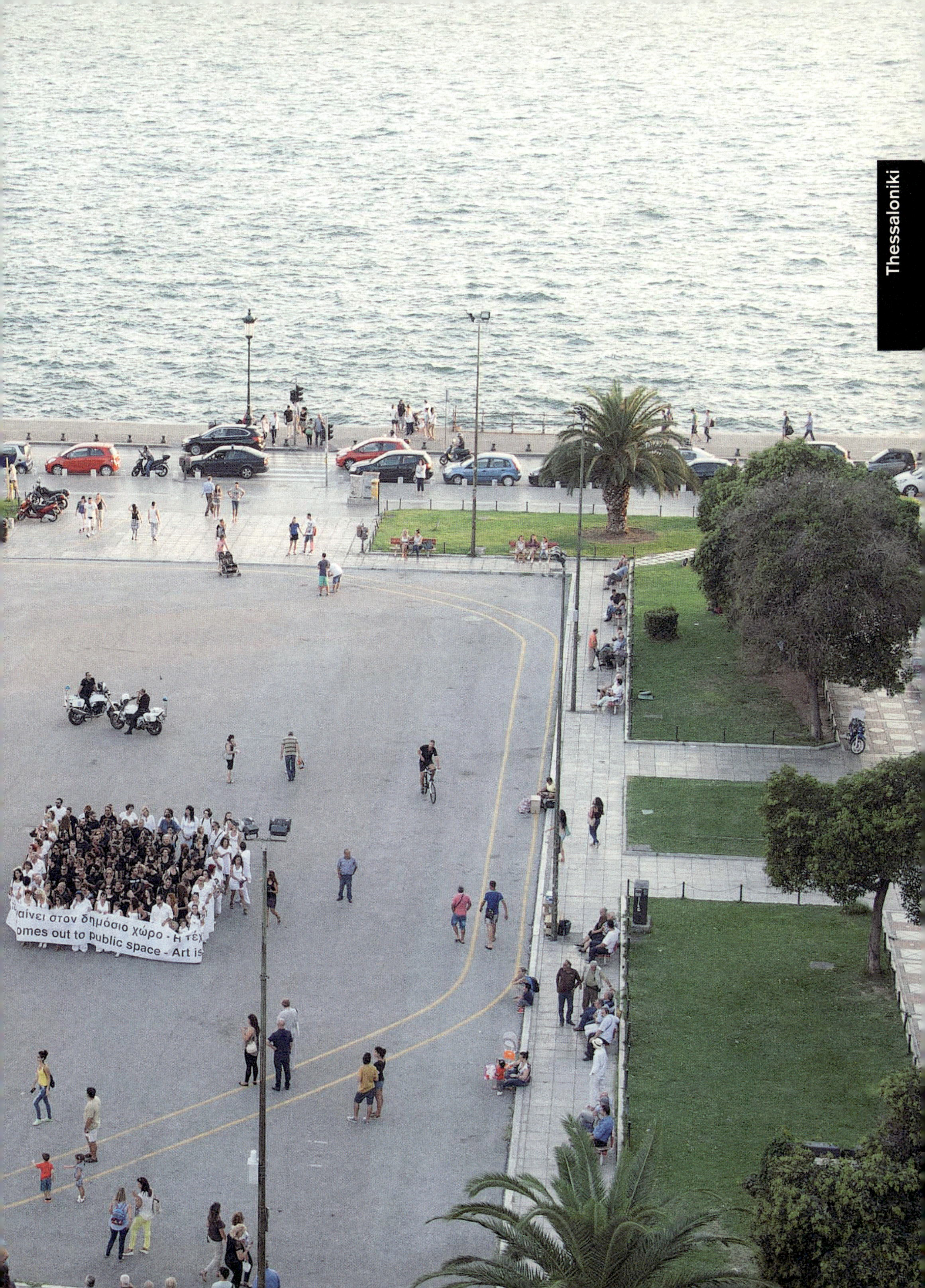
αίνει στον δημόσιο χώρο - Η τέχ
omes out to public space - Art is

Die Stadt als Performance: Zum performativen Aspekt des Werks von Mischa Kuball

Zoran Erić

... Jegliche Geste innerhalb der Stadt ist politisch!

Mischa Kuball

Auch wenn die Erforschung der sozialpolitischen Dimensionen von Licht mit Hilfe unterschiedlicher Medien und häufig im öffentlichen Raum als Dreh- und Angelpunkt und als Kontinuum innerhalb des Werks von Mischa Kuball gelten kann, möchte ich in diesem Text doch ein nicht minder bedeutsames und relevantes Thema ansprechen, nämlich den performativen Aspekt einer Arbeit, die sich mit Städten auf der ganzen Welt auseinandersetzt und diese zu Performances macht. Man könnte einwenden, dass mit „public preposition" Kuball einen stadtspezifischen Werktypus geschaffen hat, der den Begriff der ortsspezischen künstlerischen Arbeit in Zeiten der Globalisierung – in denen Künstler zu Globetrottern werden und in der Lage sind, urbane Veränderungen und Umstrukturierungen aus einer globalen Perspektive zu betrachten – einfach nur erweitert. Trotz der Homogenisierung, die der Prozess der Globalisierung mit sich bringt, produziert jede Stadt, ähnlich wie es Henri Lefebvre für Gesellschaften in allen Produktionsformen sowie deren Unterformen anmerkte, ihren eigenen, spezifischen Raum.[1] Das, was jede Stadt und ihre sozialräumlichen Veränderungen spezifisch macht, steht daher im Zentrum von Kuballs künstlerischer Untersuchung und zieht eine konzeptuelle Antwort auf besondere Situationen in Form von Interventionen im öffentlichen Raum nach sich.

I.

Der Ausgangspunkt für diese Auseinandersetzung mit Kuballs Werk ist eine Performance, die er 2001 als Teil von „Dysfunctional Places – Displaced Functionalities" in Belgrad realisierte.[2] Die Idee hinter dem Projekt war, Künstlern unterschiedliche Orte für Interventionen im Stadtzentrum von Belgrad anzubieten. Im Unterschied zu anderen Städten in postsozialistischen Ländern war der Wandel in Belgrad nicht nur eine Reaktion auf die sich verändernde gesellschaftliche Produktionsweise, sondern auch auf die chaotische Herrschaft von Slobodan Milošević und seiner Oligarchie in den 1990er Jahren sowie auf die Folgen der Bombardierung durch die NATO im Jahr 1999. Der urbane Wandel in jener Zeit war vor allem geprägt von unkontrollierter illegaler Bebauung, Vernachlässigung und Zerstörung. Die Orte, die Belgrad den Künstlern zu bieten hatte, waren Orte, die ihre ursprüngliche Bestimmung verloren hatten und folglich als „tote Punkte" innerhalb der städtischen Funktionsabläufe wahrgenommen wurden. Hinter diesen auf den ersten Blick scheinbar dysfunktionalen Orten verbergen sich alternative oder verlagerte Funktionalitäten. Ziel

1) Henri Lefebvre, The Production of Space, Oxford, UK; Cambridge, Mass. USA, 1991, S. 30f.
2) Mehr zu dem Projekt in der Publikation BELEF '01, Belgrader Sommerfestival, Belgrader Kulturzentrum, 2001. Siehe das Projekt in diesem Buch, S. 167.

des Projekts war es daher zu zeigen, dass diese Orte nicht allein durch ihre primäre städtebauliche, architektonisch geplante und zugeordnete Funktion definiert werden, sondern auch durch die Aneignung durch die unterschiedlichen Nutzer dieser Orte. Dem Projekt lag die Idee zugrunde, dass die eingeladenen Künstler an dem ausgewählten und als dysfunktional geltenden Ort sozialspezifische Forschung betreiben würden und eine Intervention in die gesellschaftspolitischen, architektonischen, historischen oder kulturellen Kreisläufe durchführen würden, die ihre Spuren hinterlassen hatten. Kuball hatte das Gebäude des ehemaligen Amerikanischen Kulturzentrums ausgewählt, das sich in der Hauptfußgängerzone im Stadtzentrum von Belgrad befindet und das während der Aufstände zerstört wurde, die in Folge der Bombardierung der Stadt durch die NATO ausbrachen, wodurch sich die USA gezwungen sahen, ihr Kulturzentrum zu schließen. Als Kuball das Bild des früheren Amerikanischen Kulturzentrums sah, beschloss er einen „Erinnerungsteller" von Belgrad zu realisieren, wie sie in Städten mit Wahrzeichen zu finden sind, wie etwa in Mailand mit seinem Dom oder in Paris mit dem Eiffelturm. Kuball verfolgte mit seiner künstlerischen Strategie gleich mehrere Ziele. Erstens demonstrierte er damit eindringlich, wie sehr die Stadt als Freifläche für die Projektion von Ideologien und die Demonstration von Macht dient, wo räumliche Formen tatsächlich als die sozialen Strukturen betrachtet werden, die sie repräsentieren. Zweitens betonte sein performativer Akt des Verteilens von Schmucktellern vor dem Gebäude des ehemaligen Amerikanischen Kulturzentrums nachdrücklich die Rolle von Künstlern als „Agenten", die im öffentlichen Raum tätig sind, um eine Debatte anzustoßen und eine Verständigung in Gang setzen über die wunden Punkte einer jeden Stadt und einer jeden Gesellschaft, die zu vernachlässigen einfacher ist als sich ihnen zu stellen. Rosalyn Deutsche könnte diese Art von performativer Aktion in Stadträumen mit ihrer Forderung unterstützen, dass es notwendig sei, „den öffentlichen Raum als Raum zu definieren, in dem Gesellschaft sich in einer fortwährenden Erklärung von Rechten, welche Macht hinterfragen und begrenzen, selbst konstituiert."[3] Deutsche sieht die demokratischen Möglichkeiten der Kunst im städtischen Raum darin, die Macht an urbanen Orten zu hinterfragen, und zwar einerseits gegen konservative Definitionen, die dem Verschweigen dieser Orte gleichkommen und andererseits in Zusammenarbeit mit den vorherrschenden Machtstrukturen.[4] Indem Kuball den Ort des Traumas dieser Stadt ausstellte und damit einen der wesentlichen Erinnerungsorte sowohl an den von Milošević in den 1990ern

3) Rosalyn Deutsche, Evictions – Art and Spatial Politics, Cambridge, Mass., USA; London, UK, 1988, S. 42.
4) Ebenda, Einleitung S. XXII.

produzierten gesellschaftlichen Raum als auch an die erste Bombardierung einer europäischen Hauptstadt nach dem Zweiten Weltkrieg – die urbane Ausschreitungen und die Zerstörung des Amerikanischen Kulturzentrums nach sich zog –, ebnete Kuball den Weg für eine Neudefinition und für ein Überdenken zukünftiger Formen, Belgrad nach den politischen Umwälzungen von 2000 wahrzunehmen. Er warf die berechtigte Frage auf, ob Belgrad eine Stadt bleiben würde, in der bombardierte oder zerstörte Gebäude die neuen Touristenattraktionen wären.[5] Der symbolische Wert eines trivialen touristischen Kitschgegenstandes wie eines „Erinnerungstellers", auf dem ein Gebäude mit eingeschlagenen Scheiben und antiamerikanischen Graffiti-Parolen zu sehen ist, liegt darin, dass er in Wirklichkeit eine ganze Epoche der Stadtgeschichte repräsentiert. Kuball, der all dies im Hinterkopf hatte und sich der Position eines Künstlers bewusst war, der zum ersten Mal eine bestimmte Stadt bereist, regte an, mit dem Verteilen von „Erinnerungstellern" eine umgekehrte Situation des symbolischen Austauschs zwischen ihm als Künstler und den Belgrader Bürgern zu schaffen. Er agierte nicht als „Kunsttourist", der Souvenirs aus der zerstörten Stadt mitnimmt, sondern vielmehr als jemand, der zufällig vorbeikommenden Passanten seine künstlerische Arbeit als „Souvenir" oder symbolisches Geschenk anbietet. Das Souvenir diente auch als Erinnerung daran, dass das abgebildete Gebäude einmal ein Ort des Kulturaustauschs gewesen war, der in der turbulenten Phase der 1990er Jahre unterdrückt wurde, jedoch eigentlich ein Teil des kulturellen Erbes Belgrads ist und dessen Bürgern gehört.
Dieser konzeptionelle Rahmen von „Dysfunctional Places – Displaced Functionalities" gab den Künstlern die Gelegenheit, mögliche Strategien des Nachdenkens über alternative Funktionalitäten zu entwickeln oder sogar neue Funktionsformen für die ausgewählten Orte zu erschaffen oder vorzustellen. Kuballs Projekt betonte die kritische Herangehensweise an das Problem dysfunktionaler städtischer Orte, indem es einen aktiven Austausch sowohl mit dem Ort als auch mit den Bürgern vorsah. Auf diese Weise wurde mit seiner Intervention eine spezifische paradoxe Situation innerhalb der städtischen Textur aufgedeckt, hervorgehoben und neu verortet.

II.

Schon vor dem Belgrad-Projekt hatte Kuball 2000 mit „public stage" in Halle/Saale den Weg geebnet für die Stadt als Performance. Der Künstler produzierte eine Installation in der Form einer

5) Das Gebäude behielt tatsächlich sehr lange diese Gestalt, sogar noch nach 2000, als die USA das Interesse an einer weiteren Nutzung verloren. Es stellte sich außerdem die Frage nach den Eigentumsverhältnissen, die eines der Themen darstellten, die dem Projekt zugrunde lagen, also die Frage, ob die Öffentlichkeit eines urbanen Ortes sich durch Eigentum oder durch Nutzung definiert. Das Gebäude wurde schließlich verkauft. Heute befindet sich darin das spanische Instituto Cervantes.

beleuchteten Bühne, die in der Nähe ihrer Gastinstitution, der Staatlichen Galerie Moritzburg, aufgestellt wurde. „public stage“ war als eine Art freie „Speakers' Corner“ für den Zeitraum von zwei Wochen konzipiert und stand dem Publikum u. a. für Performances, Aktionen und Diskussionen zur Verfügung. Die Interventionen von Vertretern aus dem Publikum, denen die Bühne zur Verfügung gestellt wurde, um dort ihre Vorstellungen zum Ausdruck zu bringen und zu performen, wurden per Webcam aufgenommen und auf einer Website dokumentiert, so dass das Projekt in kürzester Zeit bekannt und einem breiteren Publikum zugänglich gemacht werden konnte.
„public stage“ als Installation im urbanen Umfeld schlug eine Brücke, die, obgleich von der Straße unterbrochen, durch eine Lichtintervention mit dem Museum verbunden war. Dies zeigte entsprechend den von Rosalyn Deutsche hervorgebrachten Argumenten, dass jeglicher Raum, sei er ein Museum, eine Galerie oder ein offener urbaner Ort, als öffentlich und als Ort zur Herstellung von politischer und kultureller Öffentlichkeit betrachtet werden kann und soll. Bei seinem Auftritt auf der Bühne konnte jeder Bürger nach eigenem Ermessen und auf eigene Verantwortung eine öffentliche Erklärung abgeben. Das war die Absicht des Künstlers, der alle Bewegungen und Aktivitäten im städtischen Raum als öffentlich und daher als politisch betrachtet. Trotz der Behauptung, „public stage“ habe nur begrenzte Reaktionen ausgelöst, wies die Kuratorin Cornelia Wieg darauf hin, dass die wesentliche Idee darin bestand, „unser Bewusstsein für die Möglichkeit eines öffentlichen Raums zu schärfen und dabei vielleicht eine aufgeschlossene Öffentlichkeit als kulturelles Potential zu fördern oder ihr Nichtvorhandensein als einen Mangel zu kennzeichnen."[6] Eine der Bühnenaktionen von PR-Manager Joachim Penzel (Öffentlichkeit ist eine Fiktion) eröffnete die Möglichkeit, das Projekt gerade von diesem kritischen Blickwinkel aus zu betrachten und setzte eine Debatte in Gang über die Möglichkeit, in einem bestimmten institutionellen Kontext ein Publikum zu schaffen. Genau zu diesem Zweck hatte man den Künstler beauftragt.[7] Darüber hinaus hinterfragte diese Aktion die Rolle des Publikums und folgerichtig die Existenz des öffentlichen Raums in der heutigen Gesellschaft – den Theoretiker wie Bruce Robbins im Unterschied zur Habermas'schen Denkrichtung als „Phantom“ betrachten. Selbst wenn man mit Dieter Daniels darin übereinstimmt, dass das Projekt keine „vorübergehende autonome Zone“ wurde und dass, angesichts der heutigen mediatisierten und am Spektakel interessierten Gesellschaft, „weder die Bühne noch das Internet irgendetwas Unerwartetes hervorgebracht haben“[8], so lässt sich unter

6) Cornelia Wieg, „‚Public Stage‘ – die öffentliche offene Bühne vor der Moritzburg. Ein Erfahrungsbericht“, in: Public Stage: Project Documentation Moritzburg Halle/Saale Germany 2000/2001, Hg.: Staatliche Galerie Moritzburg Halle, Landeskunstmuseum Sachsen-Anhalt, Köln 2001.

7) Dieter Daniels, „Big Brother vs. Speakers Corner“, in: Public Stage: Project Documentation Moritzburg Halle/Saale Germany 2000/2001, Hg.: Staatliche Galerie Moritzburg Halle, Landeskunstmuseum Sachsen-Anhalt, Halle, Köln 2001, S. 20.

8) Ebenda, S. 21.

9) Craig Owens, „The Yen for Art“, in: Craig Owens, Beyond Recognition, University of California Press, 1992, S. 316.

10) Weitere Informationen zu dem Projekt in der Publikation „Art in Public Space – Banja Luka“, hg. v. Miodrag Manojlovic, Radenko Milak, Art Association PROTOK, Banja Luka 2006.

dem Strich doch einwenden, dass Kuball mit dem performativen Aspekt des besagten Projekts die Stadt selbst als Bühne zu betrachten begann und als offene Arena zur Äußerung von Ideen des „Publikums“ als „einer diskursiven Formation, die sich von den unterschiedlichsten – ja sogar entgegengesetzten – ideologischen Interessen vereinnahmen lässt“[9]. Damit konnten die Künstler über die Stadt selbst mit all ihren Antriebskräften für die Bildung spezifischer sozialräumlicher Kontexte reflektieren und anfangen, die hegemonialen Auseinandersetzungen in deren sozialen, politischen und ökonomischen Bereichen aufzuzeigen.

III.

Zum Abschluss ein Beispiel, das den performativen Aspekt sowohl in Kuballs künstlerischer Arbeit als auch in seiner Lehrtätigkeit zeigt: 2006 fand in der Stadt Banja Luka in Bosnien und Herzegowina der fünftägige Workshop „Art in Public Space“ statt.[10] Der örtliche Kulturverein Protok lud Kuball und mich ein, einen Workshop mit einer Gruppe von etwa zwanzig Studenten und jungen Künstlern zu leiten. Die von Kuball in der Stadt initiierten Performances und die Lehrmethode in Form eines Workshops zeigen, welch große Bedeutung dem vermittelnden Aspekt in seiner Arbeit zukommt. Diese Arbeit fordert die Wahrnehmung junger Menschen für die Rolle der Kunst im öffentlichen Raum heraus und rüttelt sie auf. Ebenso lernen sie die Möglichkeiten ihrer Stadt zu analysieren und wie diese eine Arena für ihre Interventionen werden kann. Die Besonderheit von Banja Luka ist, dass die weibliche Bevölkerung sehr viel größer ist als die männliche, und zwar tatsächlich in einem drastischen Verhältnis von 7:1 – obwohl sich das als lokaler urbaner Mythos erwiesen hat. Dennoch zeigte sich bei genauerer Betrachtung der Stadt, dass der öffentliche Raum traditionell überwiegend Männern vorbehalten war. Der wichtigste Beitrag, den Kuball für die Studenten leistete, war daher, beim Konzipieren der Arbeiten in und für den öffentlichen Raum von Banja Luka die traditionellen, konservativen und patriarchalen Beziehungsgeflechte in der Stadt aufzuzeigen und in Frage zu stellen. Der erste Schritt bestand darin, die Geschlechterverhältnisse in der Stadt zu hinterfragen, indem man örtliche Schachspieler, die an einem fortlaufenden Spielritual im zentralen Park beteiligt waren, zu einem Spiel einzuladen, in dem eine der weiblichen Workshop-Teilnehmerinnen gegen einen der lokalen „Champions“ antreten sollte. Es versteht sich von selbst, dass es nur Männern erlaubt war, in der Öffentlichkeit zu spielen. Der performative Aspekt dieser Aktion war erneut zu zeigen, dass der öffentliche Raum eine offene Bühne für das Verhandeln und Hinterfragen von hegemonialen Positionen ist. Das war der Ausgangspunkt für den Entwurf von vier künstlerischen Interventionen durch die in Gruppen aufgeteilten Studenten, von denen jede bestimmte lokale, stadtspezifische Themen in den Blick nahm und die Stadt zur Performance machte, indem sie sie in ein offenes Labor für künstlerischen Ausdruck verwandelte – und das ist genau die Methode, die der künstlerischen und vermittelnden Arbeit Mischa Kuballs zugrunde liegt.

Performing the City: On the Performative Aspect in the Work of Mischa Kuball

... Every gesture made in the city is political!

Mischa Kuball

The exploration of the socio-political dimensions of light by means of different media and often in public spaces could be regarded as the central and continuous axis in the work of Mischa Kuball. A no less important and relevant issue that I will discuss in this text is the performative aspect of his work that engages with and "performs" cities around the globe. It could be argued that with "public preposition," Kuball developed a city specific type of work that expands the notion of site-specific artistic practice in the age of globalization, where artists are becoming "globetrotters" and are able to consider urban changes and restructurings from a global perspective. In spite of the homogenization that the process of globalization induces, every city, in a similar way as Henri Lefebvre remarked on societies in all modes of production and their subvariants, produces its own space with its own specificity.[1] What makes each city and its socio-spatial transformations specific is therefore at the core of Kuball's artistic investigation and triggers a conceptual response to particular situations via interventions in public space.

I.

The starting point for the analysis of this approach to Kuball's work is a performance he realized in Belgrade in 2001 as part of "Dysfunctional Places—Displaced Functionalities."[2] The idea behind the project was to offer artists different venues for interventions in the central area of Belgrade. Unlike other cities in post-socialist countries, Belgrade was not only transformed in response to the changing mode of social production, but also due to a period of chaotic rule by Slobodan Milošević and his

1) Henri Lefebvre, The Production of Space, Oxford, UK; Cambridge, Mass. USA, 1991, pp. 30, 31.
2) See more about the project in the publication BELEF '01, Belgrade Summer Festival, The Belgrade Cultural Centre, 2001. See project in this book, p. 167.
3) Rosalyn Deutsche, Evictions—Art and Spatial Politics, Cambridge, Mass., USA; London, UK, 1988, p. 42.
4) Ibid. Introduction p. XXII.
5) Actually, the building remained in such shape for quite some time even after 2000 as the US lost interest in further use. Also the issue of ownership came up, which was one of the underlying issues of the project, i.e. whether the publicness of an urban site is defined via ownership or via its use. The building was finally sold. Now it accommodates the Spanish Instituto Cervantes.

oligarchy in the 1990s, as well as the consequences of the NATO bombing in 1999. Urban changes in this period were mainly marked by unregulated, illegal building, negligence, and destruction. The Belgrade venues offered to the artists were those that had lost their primary purpose and were consequently perceived as "dead points" within the functional dynamics of the city. Behind these on first glance apparently dysfunctional sites lay hidden alternative or displaced functionalities. The project therefore aimed at showing that these sites are defined not solely by their primary urbanistic, architecturally planned and allocated function, but also by their appropriation by the various users of these sites. The idea of the project was that the invited artists would conduct socio-specific research on the chosen site considered to be dysfunctional and perform an intervention into the socio-political, architectural, historical, or cultural flows inscribed in its marks. Kuball had chosen the building of the former American Cultural Center located in the main pedestrian zone of the city center of Belgrade, which was demolished during the outburst of civil riots in reaction to the NATO bombing of the city, an event that forced the US to close its cultural center. Having seen the image of the building of the former American Cultural Center, Kuball decided to produce a "souvenir-plate" of Belgrade like the ones that can be found in landmark cities such as Milan with its Cathedral, Paris with the Eiffel Tower, etc. Kuball's artistic strategy was multi-layered. First, it poignantly exposed the way the city is an open ground for the projection of ideologies and a demonstration of power where spatial forms are actually seen as the social structures they represent. Second, his performative action of distributing the "Schmuckteller" in front of the former American Cultural Center's building placed strong emphasis on the artists' role as "agents" operating in the public sphere to open up debate and initiate communication about the sore points of each city and society, which are easier to neglect than to face. Rosalyn Deutsche was able to support this kind of performative action in city spaces with her claim that it was necessary to "...define public space as the space where society constitutes itself through an unending declaration of rights that question and limit power."[3] Deutsche sees the democratic possibilities of art in the urban realm through its questioning of power in urban sites, challenging conservative definitions that are consistent with the concealment of these sites and collaborating with dominant power structures.[4)] By exposing the city's locus of trauma and one of the main reminders of both the social space produced by Milošević in the 1990s and the first bombing of a European capital after WWII—an event that provoked urban riots and the vandalization of the American Cultural Center—Kuball opened up an avenue for redefining and rethinking future ways of perceiving Belgrade after the political changes of 2000. Succinctly, he asked if Belgrade would remain a city where bombed or destroyed buildings become new tourist attractions.[5)] The symbolic value of a trivial touristic kitsch object such as a souvenir plate depicting a building with shattered glass and anti-American graffiti messages lay in its actual representation of an entire epoch in the city's history. Bearing all this in mind, and aware of the position of an artist who travels for the first time to a certain city, Kuball suggested that his handing out a souvenir plate creates a reversed situation of symbolic exchange between him as an artist and the citizens of Belgrade. His action was performed not as an "art-tourist" taking souvenirs from the devastated city, but on the contrary, as someone offering his artistic work as a "souvenir" or symbolic gift to random passersby. The souvenir also served as a reminder that the depicted building used to function as a space of cultural exchange that was suppressed in the turbulent period of the 1990s, and that it is part of Belgrade's cultural heritage and belongs to its citizens.

The conceptual framework of "Dysfunctional Places—Displaced Functionalities" was to give the artists an opportunity to develop possible strategies of reflection on alternative functionalities or to even construct or suggest new types of functionality for the chosen sites. Kuball's project put an accent on the critical approach towards the problem of dysfunctional city sites by offering an active interaction with both the site and the citizens. In this way, his intervention exposed, emphasized, and recontextualized a specific paradoxical situation within the urban texture.

II.

Prior to the Belgrade project, with "public stage" in 2000 in Halle/Saale Kuball had already opened up this avenue of "performing the city." The artist produced an installation in the form of a lit stage that was put in the vicinity of the hosting institution, the Staatliche Galerie Moritzburg. "public stage" was envisioned as a kind of free "Speakers' Corner" for a duration of two weeks, and was offered to the public for performances, actions, debates, etc. The interventions of the representatives of the public that were given the floor to express their ideas and perform were recorded by webcam and documented on a website, thus making the project viral and accessible to a broader audience.

"public stage" was an installation set in the urban environment that created a bridge cut by the street, but connected to the museum by an intervention with light. It showed along the lines of Rosalyn Deutsche's arguments that any space, be it a museum, a gallery, or an open urban site, could and should be treated as public and as the locus of production of political and cultural public spheres. By performing on the stage, each citizen could make a public statement at his or her own discretion and responsibility. That was the intention of the artist, who considers all movement and activity in the city space as public and therefore political. In spite of the claim that "public stage" provoked limited reactions, the curator Cornelia Wieg suggested that its main idea was to "raise our consciousness of the possibility of a public sphere, perhaps stimulating a communicative publicness as a cultural potential or marking its non-presence as a lack."[6] One of the actions on stage by public relations officer Joachim Penzel (Öffentlichkeit ist eine Fiktion) opened up the possibility of approaching the project from exactly this critical angle of reflection, initiating a debate on the possibility of producing a public within a particular institutional context, which was the task that the artist was commissioned for.[7] Furthermore, it questioned the role of the public and consequently the existence of the public sphere in today's society—which theorists like Bruce Robbins regard as a "phantom," in contrast to the Habermasian line of thought. In conclusion, even if one agrees with Dieter Daniels that the project didn't become a "temporary autonomous zone" and that "neither the stage nor the net gave rise to anything unexpected"[8] in the mediatised and spectacle-oriented society of today, one could argue that with the performative aspect of the project in question, Kuball started to treat the city itself as a stage and an open arena for the expression of ideas of "public" seen as "a discursive formation susceptible to appropriation by the most diverse—indeed, opposed—ideological interests."[9] By doing so, the artists could reflect on the city itself with all its driving forces for the production of specific socio-spatial contexts and start pointing out the hegemonic struggles in its social, political, and economic spheres.

III.

The final example that shows the performative aspect in both the artistic and educational work of Kuball was the five-day workshop "Art in Public Space" held in 2006 in the city of Banja Luka in Bosnia and Herzegovina.[10] The local cultural association Protok invited Kuball and myself to mentor a workshop with a group of around twenty students and young artists. The performances that Kuball initiated in the city and the methodology of running a workshop showed the important educational aspect of his work, which challenges and shakes up young people's perception of the role of art in public space and its possibilities for analyzing the city they live in and how it could become an arena for their interventions. A specific feature of Banja Luka is that the female population is much larger than the male, actually in a drastic proportion of 7:1—although this has been proven to be a local urban myth. Nevertheless, while observing the city it became clear that the public space was traditionally predominantly reserved for men. The major input for the students that Kuball initiated was therefore to point out and challenge the traditional, conservative, patriarchal sets of relations in the city while conceptualizing the works in and for the public space of Banja Luka. The first step was to question the gender relations of the city by inviting local chess players involved in an ongoing ritual of games in the central park to a game in which one of the female workshop participants would play against any of the local "champions." It goes without saying that only men were allowed to play in public. The performative aspect of this act was again to show that public space is an open arena for negotiating and challenging hegemonic positions. This initiated the conceptualization of four artistic interventions by students divided in groups, each one focusing on certain local city-specific issues and "performing the city" by transforming it into an open laboratory for artistic expression—which is precisely the methodology inherent in the artistic and educational work of Kuball.

6) Cornelia Wieg, "'Public Stage'—the open-air public stage before the Moritzburg. A report." in Public Stage: Project Documentation Moritzburg Halle/Saale Germany 2000/2001, ed.: Staatliche Galerie Moritzburg Halle, Landeskunstmuseum Sachsen-Anhalt, Halle, Cologne 2001, pp. 15–16.
7) Dieter Daniels, "Big Brother vs. Speakers Corner," in Public Stage: Project Documentation Moritzburg Halle/Saale Germany 2000/2001, ed.: Staatliche Galerie Moritzburg Halle, Landeskunstmuseum Sachsen-Anhalt, Halle, Cologne 2001, p. 20.
8) Ibid., p. 21.
9) Craig Owens, "The Yen for Art," in Craig Owens, Beyond Recognition, University of California Press, 1992, p. 316.
10) See more about the project in the publication "Art in Public Space—Banja Luka," ed. Miodrag Manojlovic, Radenko Milak, Art Association PROTOK, Banja Luka 2006.

(Noch) nicht realisierte Projekte
Not (Yet) Realized Projects

Berlin
Münster
Bucharest
Jerusalem
Sydney
Krefeld
Vienna
Cologne
Bihać
Boston
Duisburg

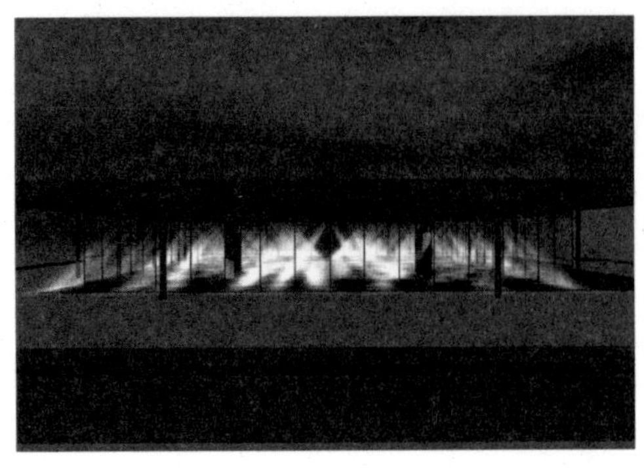

Projekt / Project	public preposition mies-stage
Institution	Neue Nationalgalerie, Staatliche Museen zu Berlin – Preußischer Kulturbesitz / DE
Ort / Place	Neue Nationalgalerie, Berlin / DE
Kurator / Curator	Udo Kittelmann, Joachim Jäger
Technik / Technique	Verfolgerscheinwerfer / Following spot Technische Umsetzung / Technical Realization: Elektro Decker GmbH
Dank an / Thanks	Udo Kittelmann, Joachim Jäger, Dieter Scholz, Janet Röder, Thomas Decker
Montage	Archiv / Archive Mischa Kuball, Düsseldorf / DE

Der Bühnencharakter der 1968 fertiggestellten Neuen Nationalgalerie von Ludwig Mies van der Rohe ist Impulsgeber für die temporäre Umdeutung des Museums. Mithilfe von 196 steuerbaren Deckenlichtern, die in einem der Architektur folgenden Raster angebracht sind, und über DMX-Steuerungssysteme werden bewegte Pattern aus Lichtkegeln, die keiner bestimmten Gesetzmäßigkeit zu folgen scheinen, auf den Boden projiziert. Jeder Besucher aktiviert jedoch durch das Betreten eines über den Grundriss der Halle hinausragenden Radius' die Steuerungsanlage. Diese greift die Bewegungen auf und übersetzt sie in mobile Lichtkegel. Im Ausstellungsraum werden die Spots zu Platzhaltern für die fehlenden Kunstwerke, deren Rolle die anwesenden Besucher einnehmen. Der durch seine Glasfassade ohnehin transparente Bau erfährt durch die Lichtstrahlen, welche die Grenzen von Außen- und Innenraum durchdringen, eine weitere Öffnung. Nächtliche Konzerte erweitern den Ort zeitlich und funktional.

The stage character of the New National Gallery completed in 1968 by Ludwig Mies van der Rohe is the catalyst for the temporary reinterpretation of the museum. With help from 196 controllable ceiling lights installed on a grid that fits to the architecture, moving patterns of light beams that do not seem to follow a specific rule will be projected on the floor via a DMX control system. Each visitor, however, activates the controls upon entering one of the radii extending over the floor plan of the hall. It picks up movements and interprets them via the mobile beams of light. In the exhibition space the spots become placeholders for the missing artworks, whose roles the visitors in attendance take on. The building, already transparent thanks to its glass façade, experiences another opening due to the radiating light penetrating the boundaries between exterior and interior space.

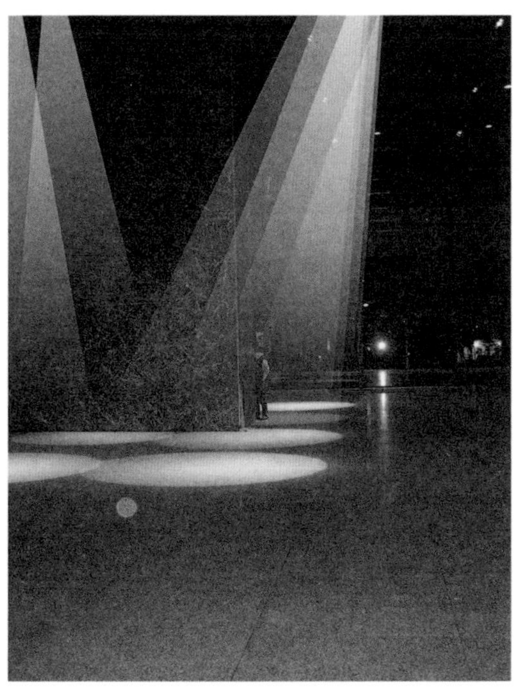

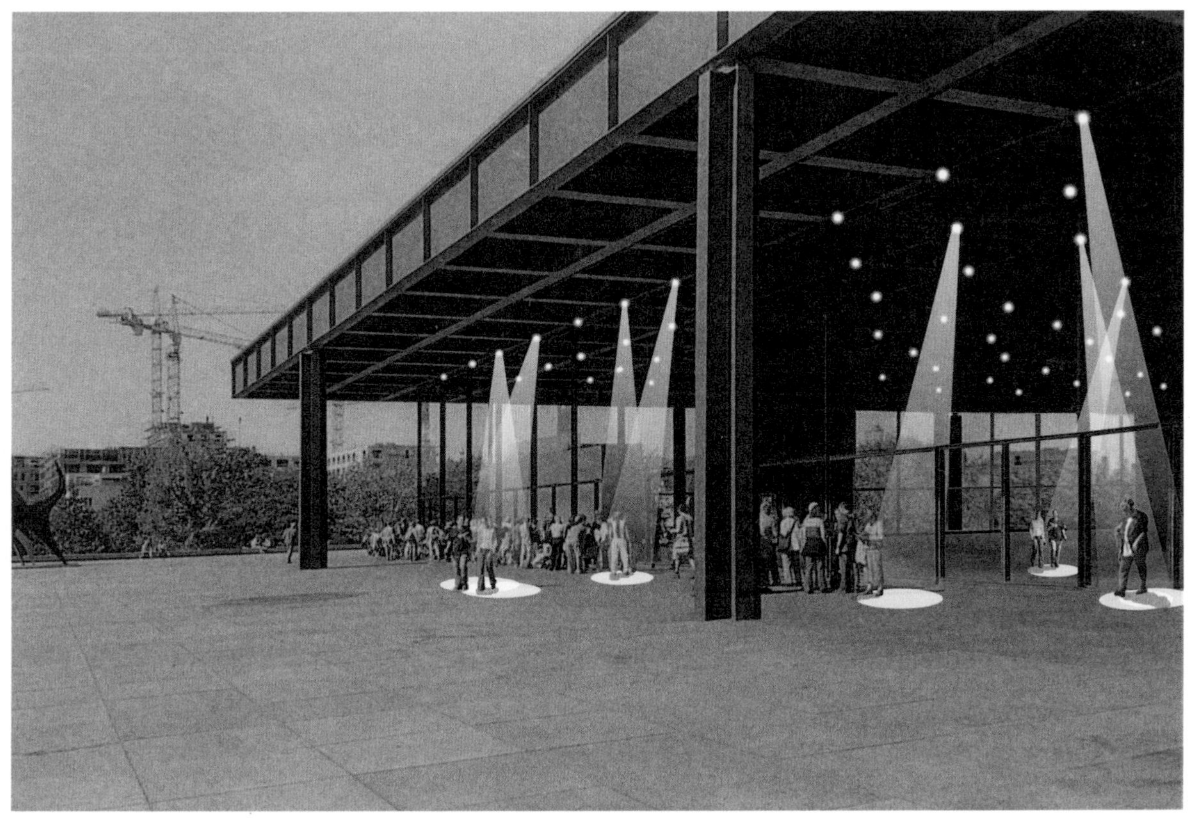

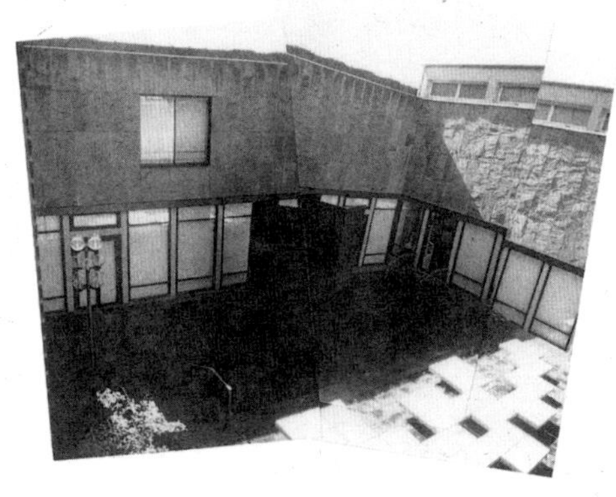

Projekt / Project	public preposition platform
Institution	Westfälisches Landesmuseum, Münster / DE
Ort / Place	Außenraum / Public space, Münster / DE
Technik / Technique	Bewegliches Sitzobjekt, Holz, Edelstahl / Movable object for seating, wood, stainless steel
Montage	Archiv / Archive Mischa Kuball, Düsseldorf / DE

Die Idee des nomadisierenden Objekts steht in direkter Verbindung mit der Architektur und der Ausstellungsgeschichte des Westfälischen Landesmuseums. Formal orientiert sich der Künstler an einer Licht- und Luftschachtabdeckung in den Lichthöfen der Institution. Das funktionale Element, das einer skulpturalen Aussage gleicht, wird mit einer spiegelnden Oberfläche versehen, aufgewertet und zur minimalistischen Skulptur erhoben. An ausgewählten Orten in Münster (z. B. am Schlossplatz, Domplatz, Aasee, Hauptbahnhof) nimmt es eine doppelte Funktion ein: die eines mobilen Sitzmöbels für Passanten und jene eines horizontalen Spiegels. Als Ausgangspunkt für das visuelle Erfassen der Umgebung lädt es zum Verweilen, zur Kontemplation oder zum Austausch ein. Den Umraum in sich aufnehmend, scheint es sich als Objekt nahezu aufzulösen. Verortung und Spiegelbild, Betrachterstandpunkt und Ausblick werden durch die verschiedenen Stationen stets aufs Neue festgelegt.

The idea of the nomadic object is directly connected to the architecture and the exhibition history of the Westphalian State Museum. The artist draws on an old light and ventilation shaft cover in the atriums of the institution. Furnished with a mirrored surface, the functional element that resembles a sculptural statement would be upgraded and elevated to minimalist sculpture. In selected sites in Münster (e.g., Schlossplatz, Domplatz, Aasee, main train station) it takes on a dual function: as mobile seating for passersby and that of a horizontal mirror. As a point of departure for the visual observation of the surroundings it invites one to linger, to contemplate, or to exchange. By blending into the periphery it appears to almost dissolve as an object. Location and mirror image, viewer's vantage point and outlook would be continually defined anew through the different stations.

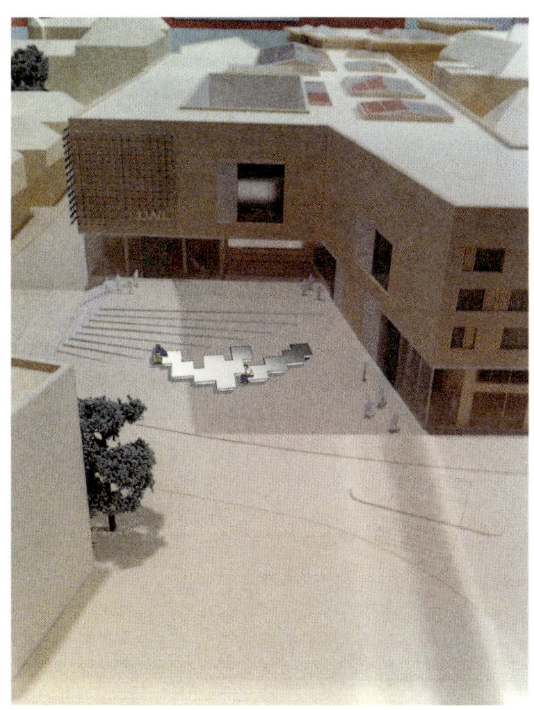

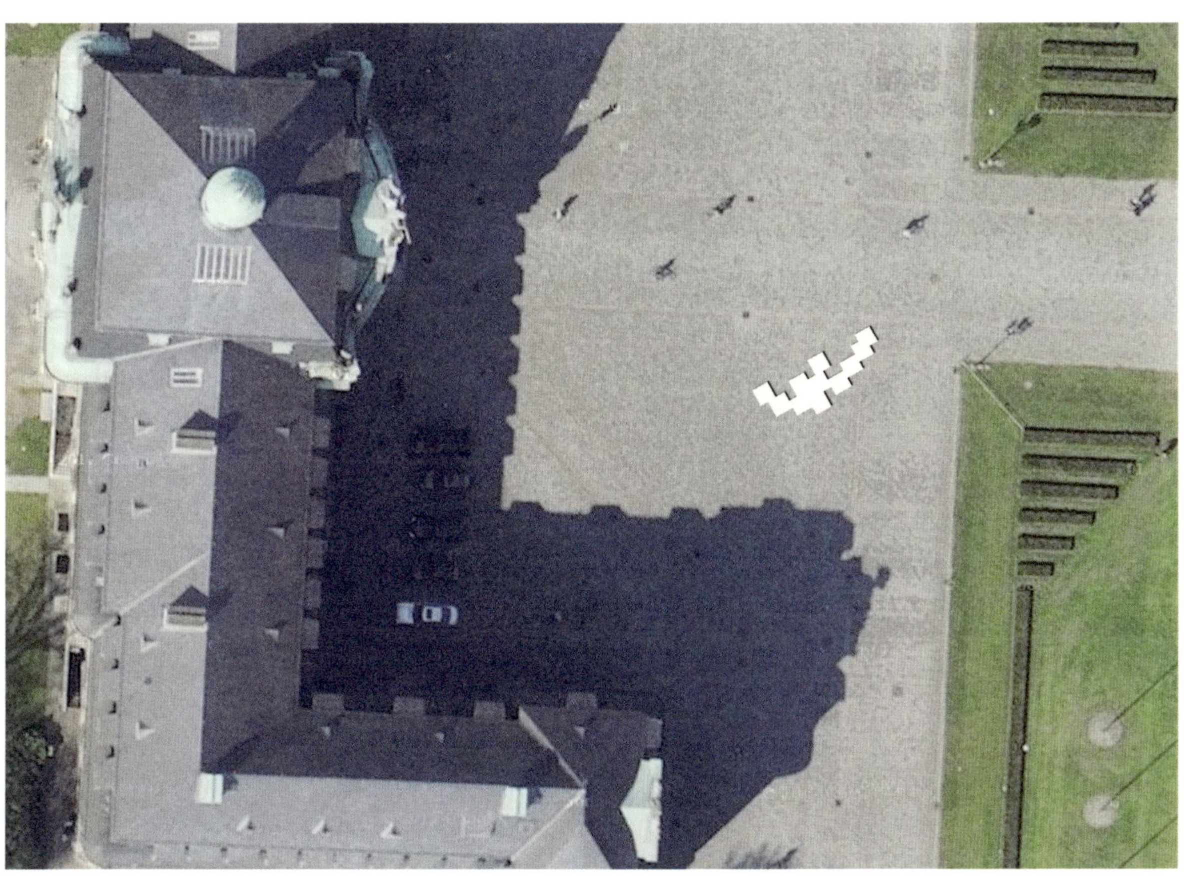

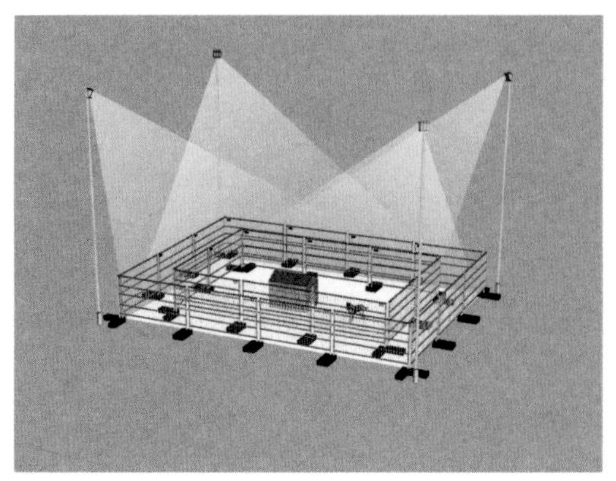

Projekt / Project	public preposition barking dog
Ort / Place	Haus des Volkes, Bukarest / People's House, Bucharest / RO
Technik / Technique	Absperrgitter, Spotlights, Hundehütte, 2 Hunde im Wechsel, Performance / Fences, spotlights, doghouse, 2 dogs in exchange, performance
Dank an / Thanks	Michaela Dedeoglu, Evelin Hust, Beate Köhler, Oana Lapadatu, Mihai Oroveanu
Montage	Archiv / Archive Mischa Kuball, Düsseldorf / DE

Bei keinem anderen Lebewesen ist das territoriale Verhalten so ausgeprägt wie bei dem Hund. Es beruht auf dem Instinkt, ein Revier in Besitz zu nehmen, zu markieren und zu verteidigen. Unmittelbar vor dem Parlamentspalast in Bukarest wird das angeleinte oder im Gehege gehaltene Tier zum appellativen Symbol eines verlorenen Terrains, für die Enteignung und die Aneignung von öffentlichem Raum zu diktatorischen Propagandazwecken des damaligen Staatspräsidenten Nicolae Ceauşescu. Im Zuge der Errichtung des Palastes 1984, zu dessen Gesamtkomplex auch weitläufige Plätze und Alleen gehörten, wurden in den 1970er Jahren rund 40.000 Wohnungen, zahlreiche Kirchen und Synagogen abgerissen und Teile der Altstadt zwangsgeräumt. Das Gelände des ehemaligen „Haus des Volkes" wird von dem sichtbar „domestizierten" Hund temporär eingenommen und damit symbolisch als Lebens- und Wohnraum der Menschen zurückgefordert.

For no other creature is territorial behavior so pronounced as it is for dogs. It is based on the instinct to take possession of a territory, to mark it and to defend it. Directly in front of the Palace of the Parliament in Bucharest the leashed or enclosed animal would be an appellative symbol of a lost terrain, of the seizure and appropriation of public space for dictatorial and propaganda purposes by the then president Nicolae Ceauşescu. In the process of constructing the palace in 1984, which included extensive plazas and boulevards, around 40,000 homes and countless churches and synagogues were torn down, and evictions were carried out in parts of the old city in the 1970s. The site of the former "People's House" would be temporarily occupied by the visibly "domesticated" dog, who thus symbolically reclaims the environment and living space of the citizens.

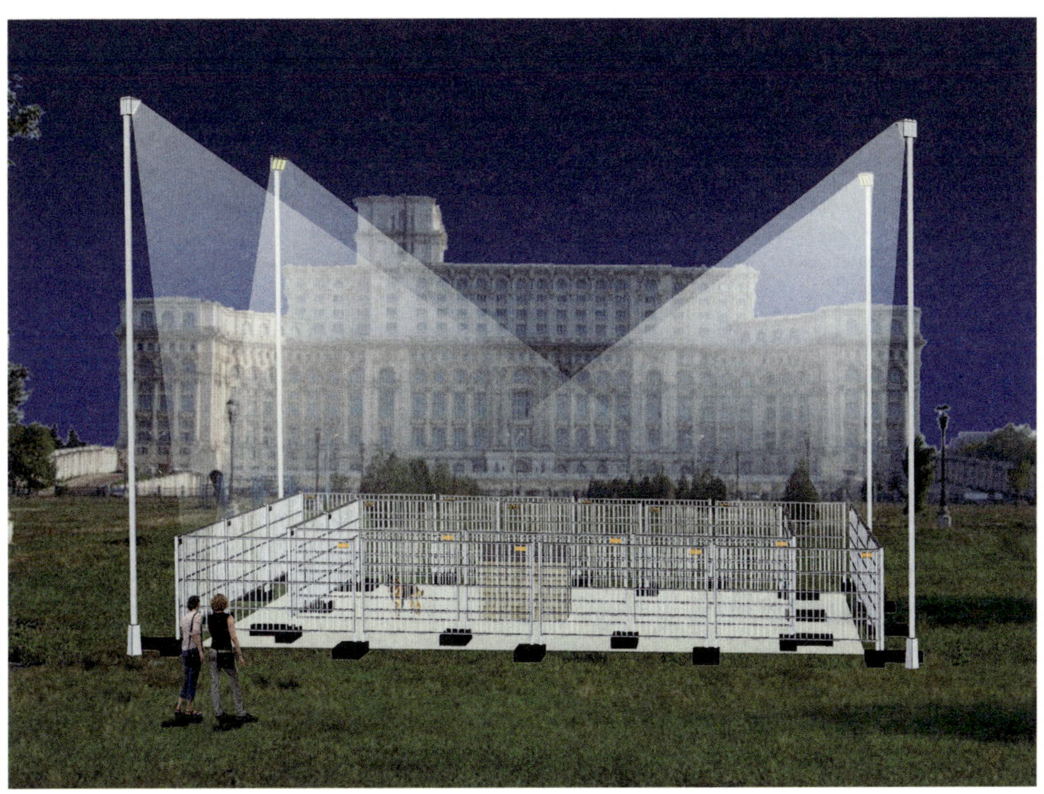

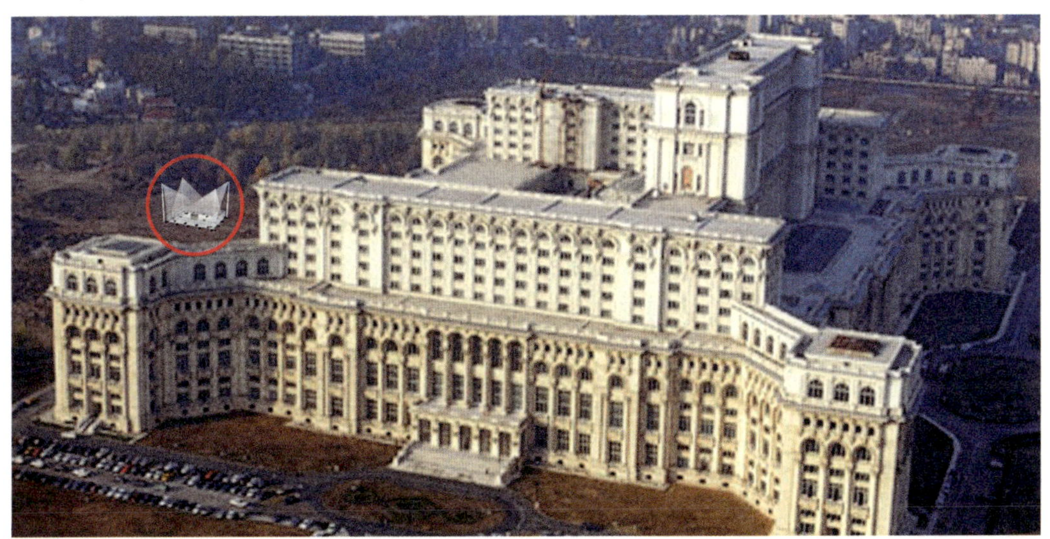

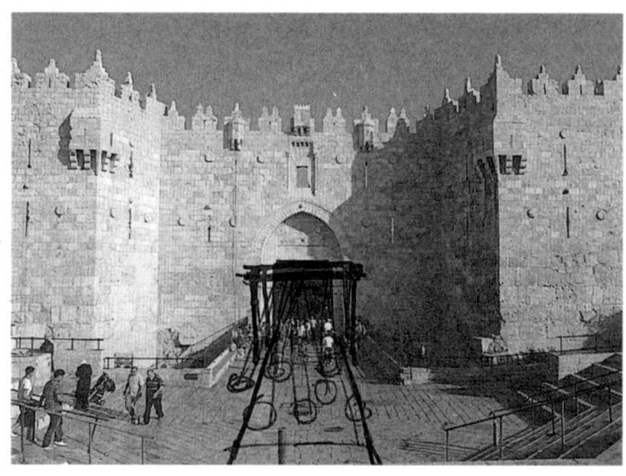

Projekt / Project	public preposition public entrance, Damascus Gate
Institution	Lights in Jerusalem / IL
Ort / Place	Damaskustor / Damascus Gate, Jerusalem / IL
Technik / Technique	Verfolgerscheinwerfer, Traverse, roter Teppich, DMX-Steuerung / Follow spot, traverse, red carpet, DMX controller
Montage	Archiv / Archive Mischa Kuball, Düsseldorf / DE

Das Damaskustor ist das größte Tor der ummauerten Altstadt von Jerusalem und führt sowohl in das muslimische als auch in das christliche Viertel. Es markiert eine Transit-Situation zwischen zwei Welten, ist Nadelöhr zwischen Altstadt und Neustadt, Ost- und West-Jerusalem, verbindet Antike und Moderne. Nirgendwo anders begegnen sich die israelische und palästinensische Gesellschaft so häufig und unmittelbar wie hier. Diese besondere Situation wird durch einen roten Teppich und sensorgesteuerte Lichtspots hervorgehoben. Das künstliche Licht nimmt an diesem geschichtsträchtigen, heiligen Ort eine besondere Rolle ein. Demokratisch beleuchtet es alle Passanten gleichermaßen, unabhängig von ihrem kulturellen und sozialen Hintergrund. Symbolisch oszilliert es zwischen religiösem und aufklärerischem Gedankengut, schafft eine Brücke zwischen den verschiedenen Kulturen, Wertesystemen und Weltanschauungen.

The Damascus Gate is the largest gate of the walled Old City of Jerusalem and leads to the Muslim as well as the Christian quarter. It marks a transit situation between two worlds, the eye of the needle between Old City and New City, between East and West Jerusalem, connecting the ancient with the modern. Nowhere else do the Israeli and Palestinian communities encounter one another as often and directly as they do here. This special situation is highlighted by a red carpet and sensor-controlled spotlights. The artificial light takes on a special role in this holy place steeped in history. It democratically illuminates all passersby equally, independent of their cultural and social backgrounds. Symbolically it oscillates between religious and educational ideas, creating a bridge between the diverse cultures, value systems, and world views.

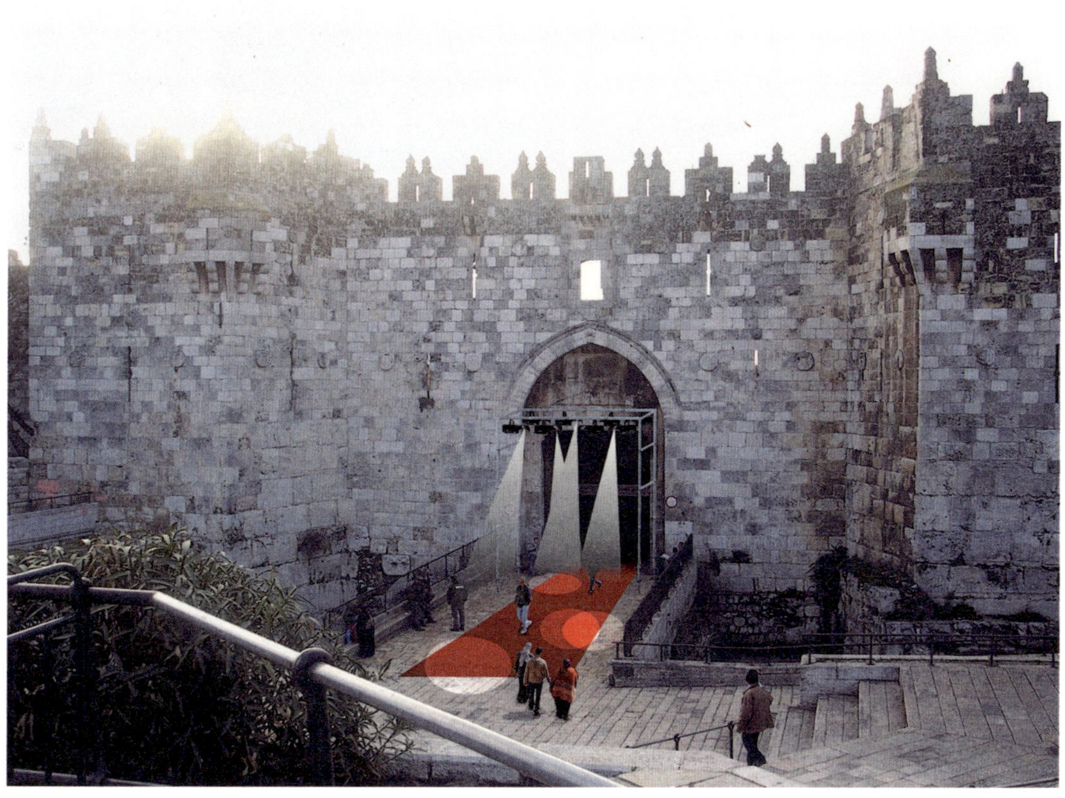

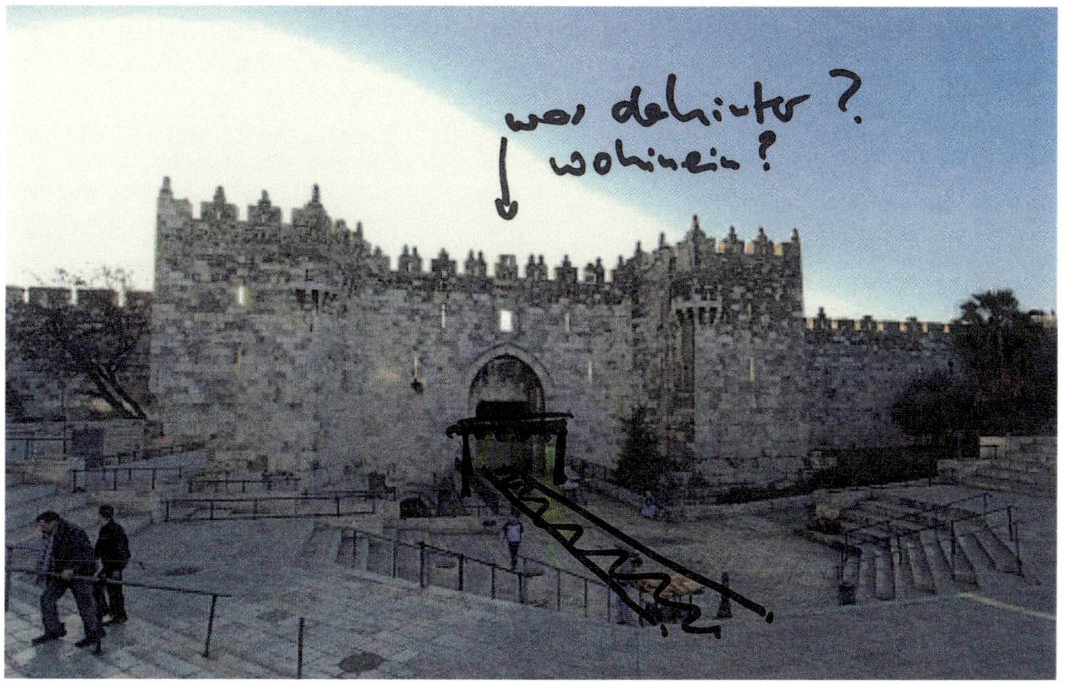
was dahinter ?
wohinein ?

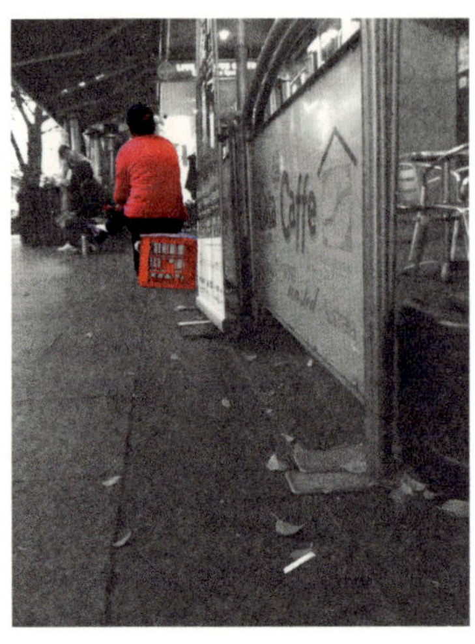

Projekt / Project	**public preposition public seats**
Ort / Place	**Chinatown, Sydney / AU**
Technik / Technique	**Aluminiumguss, GPS, Performance / Cast aluminium, GPS, performance**
Dank an / Thanks	**Blair French, Sonja Griegoschewski, Arpad Sölter**
Montage	**Archiv / Archive Mischa Kuball, Düsseldorf / DE**

Öffentliches Leben, unerwartete Begegnungen, Austausch und Interaktion kennzeichnen die traditionelle Vorstellung von der Straße als Bühne des Alltags. Inzwischen hat sich das Bild jedoch gewandelt, die Straße ist primär zum hektischen Verkehrsweg geworden und dient in erster Linie Konsum und Kommerz. Mit seiner Aktion schafft der Künstler wieder Möglichkeiten und Impulse zum Sitzen und Verweilen. 12 bis 15 in Aluminium gegossene Getränkekisten samt Kissen können von Passanten im Stadtteil Chinatown in Sydney als mobile Sitzmöbel aktiviert werden. Die provisorischen Hocker fordern ein für bestimmte Bevölkerungsgruppen typisches Sitzen unterhalb des Körperschwerpunkts ein und erschweren das Aufstehen. Mithilfe von GPS-Systemen wird die Lokalisierung der Sitze ebenso wie die Dokumentation ihrer Wanderschaften, Gruppierungen und Zerstreuungen bis hin zu ihrem endgültigen Verschwinden möglich. Geschichten und Mythen rund um ihre Destination entstehen und fordern wiederum das Gespräch darüber ein.

Public life, unexpected encounters, exchange and interaction characterize the traditional concept of the street as the stage of the everyday. This image has, however, changed today, and the street has become primarily a hectic traffic route, which serves consumption and commerce. With his action the artist creates new possibilities and stimuli to sit and linger. Passersby in Sydney's Chinatown would have the possibility to activate 12 to 15 beverage crates cast in aluminum and topped with cushions. The provisional stools call for the typical style of sitting of certain ethnic groups, below the body's center of gravity, and make standing up difficult. With the assistance of GPS systems it is possible to locate the seats as well as document their migrations, groupings and dispersals, even up to their ultimate disappearance. Stories and myths around their destination would result and in turn inspire discussion.

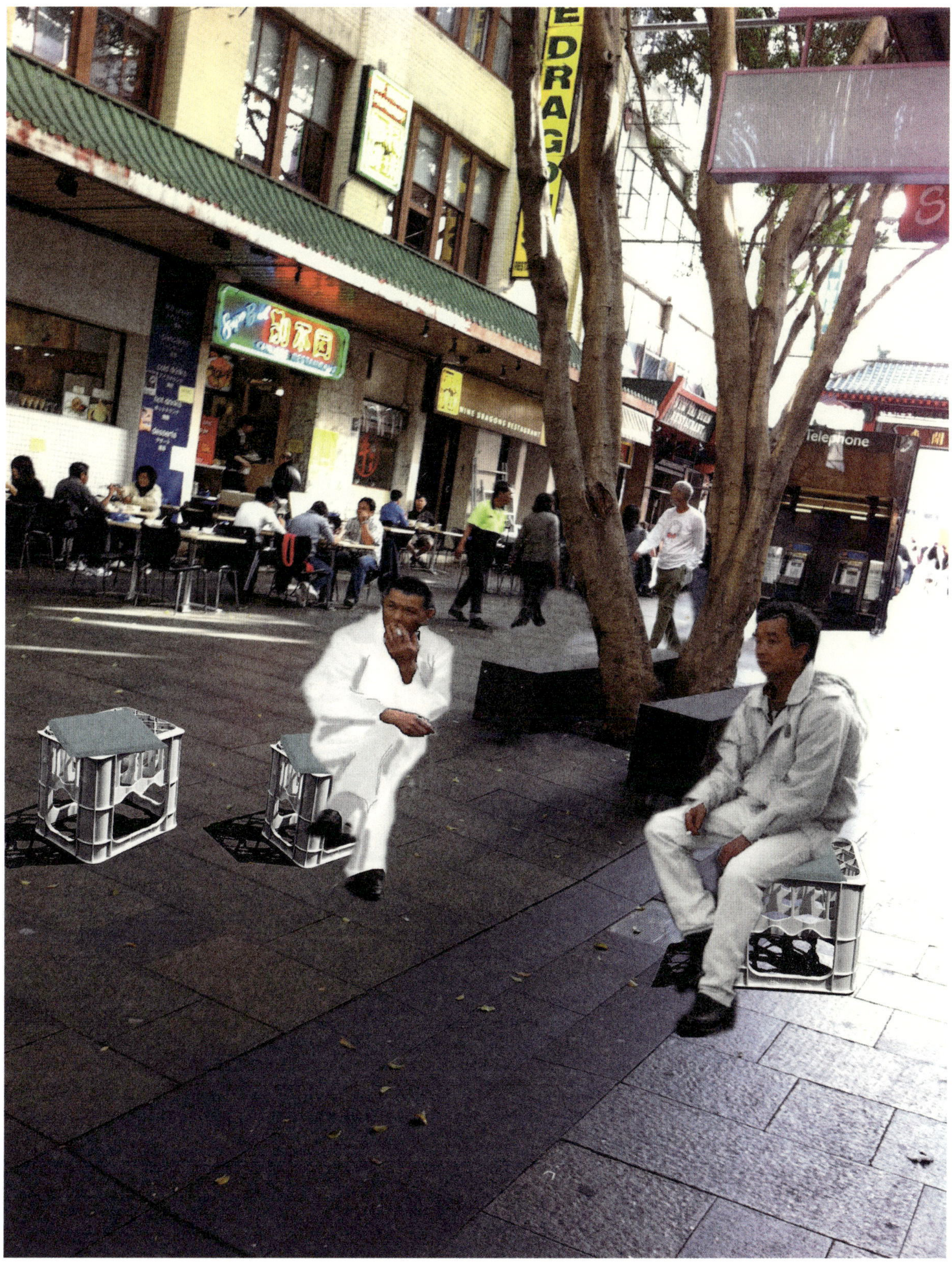
DRAGO
Telephone

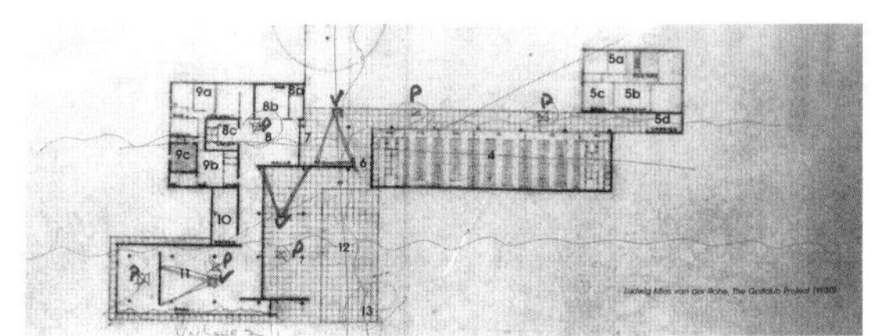

Projekt / Project	**public preposition mies Modell 1:1**
Jahr / Year	**2013**
Institution	**Mies van der Rohe in Krefeld e.V., MIES 1:1 Das Golfclub Projekt – Ein begehbares Architekturmodell / The Golfclub Project – A walkable architectural model, Krefeld / DE**
Ort / Place	**Krefeld / DE**
Kurator / Curator	**Christiane Lange**
Technik / Technique	**3 Videoprojektoren, 3 Medienplayer, 6 Diaprojektoren, je 81 Dias, 6 Drehteller, Sockel, Sound System / 3 video projectors, 3 media player, 6 slide projectors, each with 81 slides, 6 turntable bases, sound system**
Dank an / Thanks	**Erik Denneborg, Thomas Klein**
Montage	**Archiv / Archive Mischa Kuball, Düsseldorf / DE**

Krefeld ist mit dem Villenensemble Haus Lange und Haus Esters und dem Gebäudekomplex des heutigen Business Park stark geprägt von Ludwig Mies van der Rohe. Vor über achtzig Jahren entwarf der Architekt im Rahmen eines Wettbewerbs auch ein Clubhaus für den neu gegründeten Golfclub in Krefeld. Es wurde aufgrund der Weltwirtschaftskrise jedoch nie gebaut. 2013 verwirklichte das belgische Architekturbüro Robbrecht en Daem den Entwurf schließlich nach den Originalplänen als begehbares Architekturmodell im Maßstab 1:1. Mit einem vielfältigen Programm an Symposien, Vorträgen, Screenings, Workshops, Spaziergängen, Führungen, Performances etc. wird der Ausstellungsort zum lebendigen kulturellen Anziehungspunkt für verschiedene Zielgruppen. In Anlehnung an die Lehre und den Geist des Bauhauses wandern die geometrischen Grundformen, welche Johannes Itten nach für verschiedene Farben und Charaktere stehen, nunmehr als weiße Lichtprojektionen sowohl tagsüber als auch nachts über die Wände des Architekturmodells.

With the two villas Haus Lange and Haus Esters as well as with the building complex of the Business Park, Krefeld is greatly defined by Ludwig Mies van der Rohe. Over 80 years ago, during a competition, the architect also designed a clubhouse for the newly founded golf club in Krefeld. Due to the global economic crisis it was however never built. Following the original plans, the Belgian architecture firm of Robbrecht en Daem finally realized the design as an accessible architectural model in a 1:1 scale in 2013. With a varied program of symposia, lectures, screenings, workshops, walks, tours, performances, etc. the exhibition space will be a lively cultural attraction for different audiences. After the teachings and spirit of the Bauhaus, the basic geometric forms, which stand for the different colors and characters according to Johannes Itten, now wander over the walls of the architectural model as white light projections during the day as well as in the night.

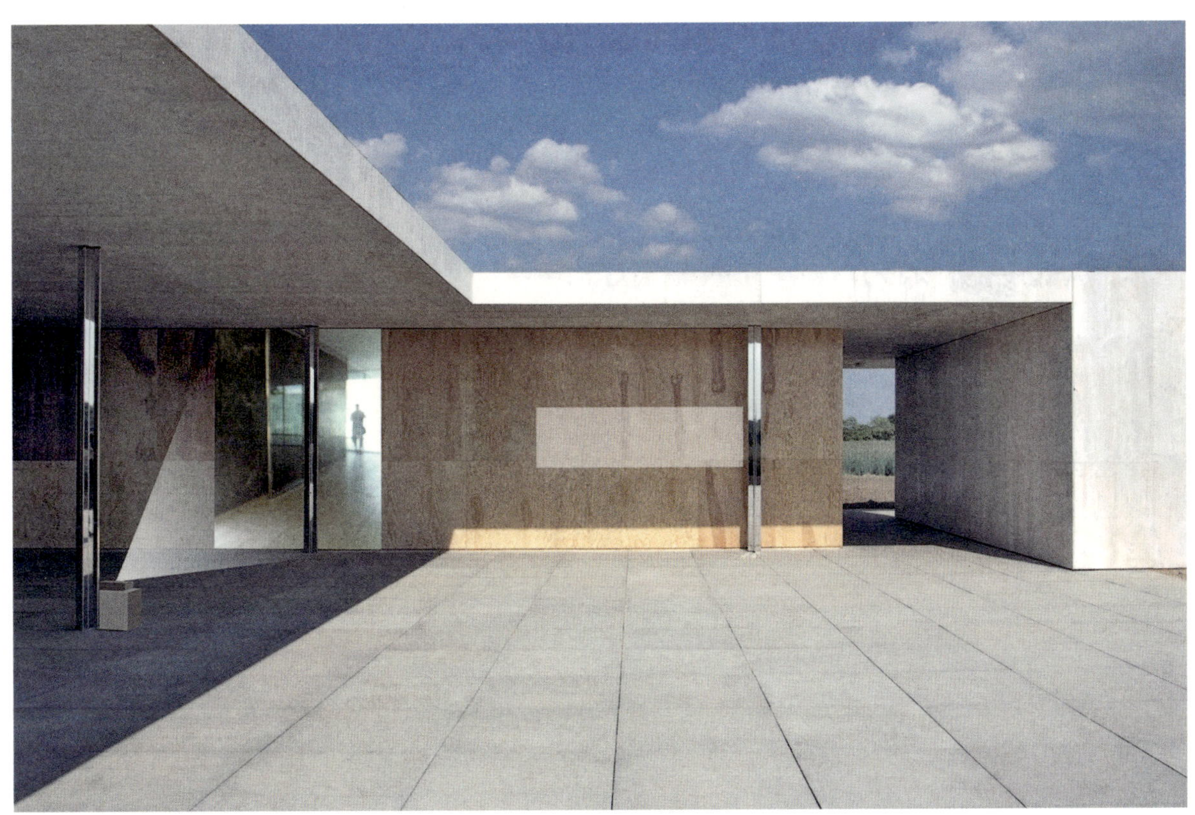

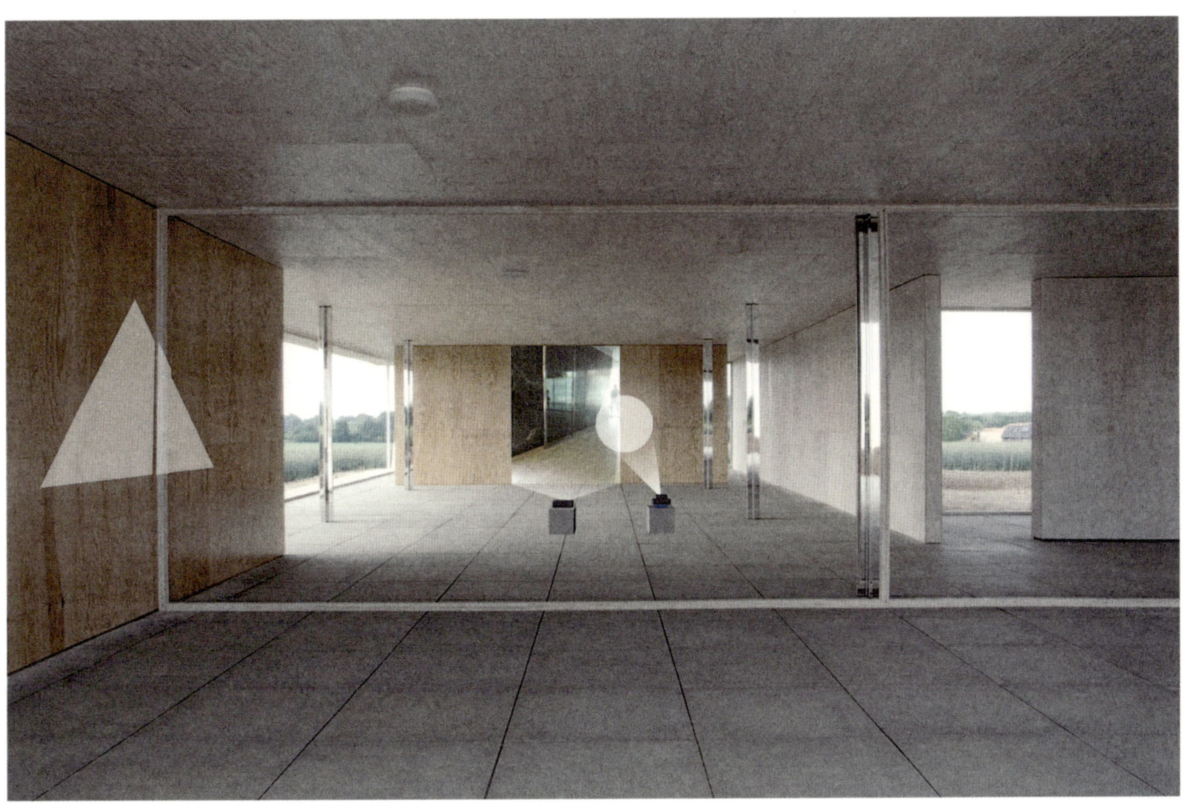

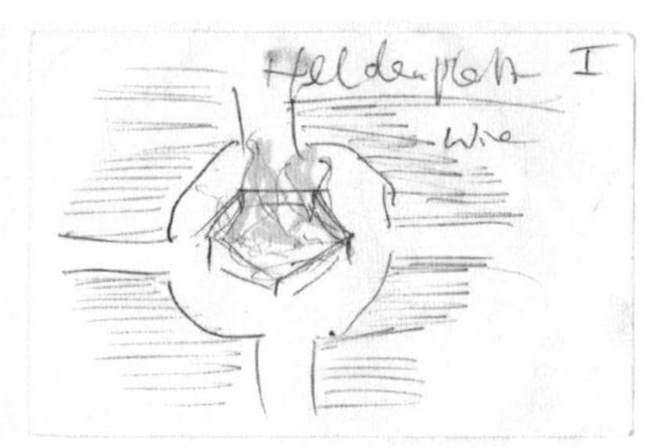

Projekt / Project	public preposition schwerer Nebel
Jahr / Year	2015
Institution	Vienna Biennale 2015: Ideas for Change / AT
Ort / Place	Heldenplatz, Wien / Vienna / AT
Kurator / Curator	Peter Weibel
Technik / Technique	Absperrgitter, Traversen, Nebelmaschinen, Scheinwerfer, weiße Plane / Fences, trusses, fog machines, lights, white tarpaulin
Dank an / Thanks	Jörg Wagner
Montage	Archiv / Archive Mischa Kuball, Düsseldorf / DE

Mitte des 19. Jahrhunderts konzipierte Kaiser Franz Joseph I. den Wiener Heldenplatz als „Krönung" des Kaiserforums und der Ringstraße. Der historische Vorplatz der Hofburg sollte zudem die habsburgischen Sammlungen verbinden und und liegt hinter dem Kunsthistorischen und dem Naturhistorischen Museum. Als symbolische Herrschaftsform unterstreicht ein temporär installiertes und zentral ausgerichtetes Fünfeck die absolutistische Struktur des Ortes und untergräbt sie im nächsten Moment. Das Pentagon, aus dem Licht und weißer Nebel steigen, scheint sich aufzulösen, die Skulptur auf Zeit bildet ein ephemeres Anti-Monument zu den Überformungen des Heldenplatzes. Traditionelle Blickachsen werden gestört; diffuser Nebel und helles Licht überlagern die militärische Glorifizierung der Dynastie in Form von zwei Reiterstandbildern und einer zentralistisch angelegten Architektur. Ein kathartischer Freiraum entsteht, der das idealisierte Heldentum der Vergangenheit auf kritische Distanz hält.

In the mid-19th century Kaiser Franz Joseph I conceived the Heldenplatz in Vienna as the crowning achievement of the Kaiserforum and the Ringstraße. The historic forecourt of the Hofburg should also connect to the Habsburg collections and lies behind the Kunsthistorisches Museum and the Naturhistorisches Museum. As a symbolic form of rule a temporarily installed and centrally oriented pentagon emphasizes the absolutist structure of the site and subverts it in the next moment. The pentagon, from which rises light and white fog, appears to disappear; in time the sculpture forms an ephemeral anti-monument to the transformation of the Heldenplatz. Traditional lines of sight are disrupted; a diffuse fog and bright light superpose the militaristic glorification of the dynasty—two equestrian statues and centrally laid out architecture. A cathartic free space arises which holds the idealized heroism of the past at a critical distance.

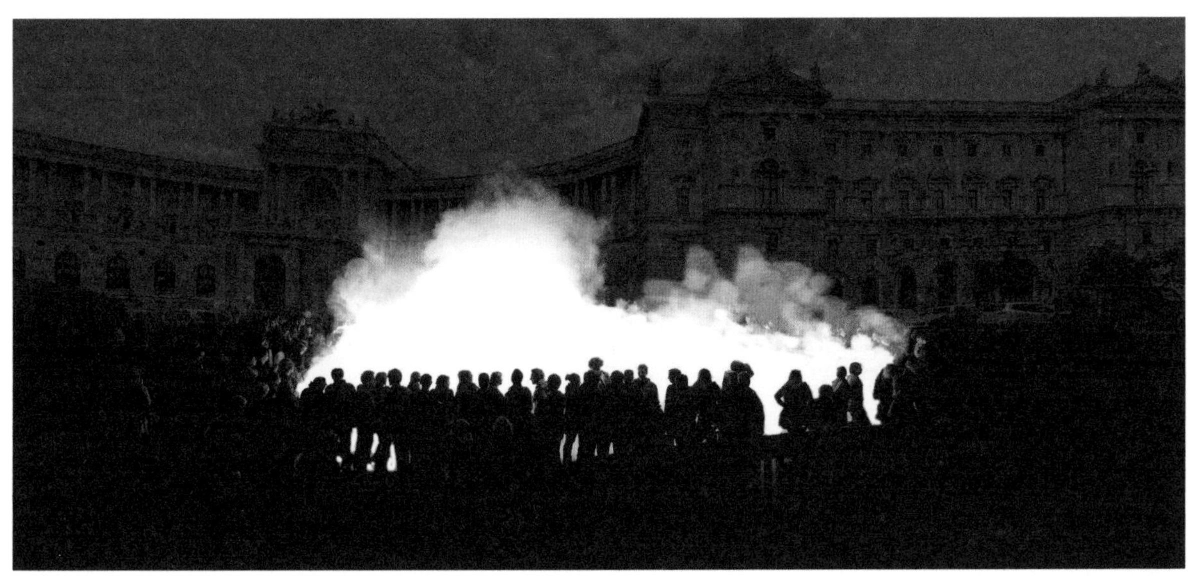

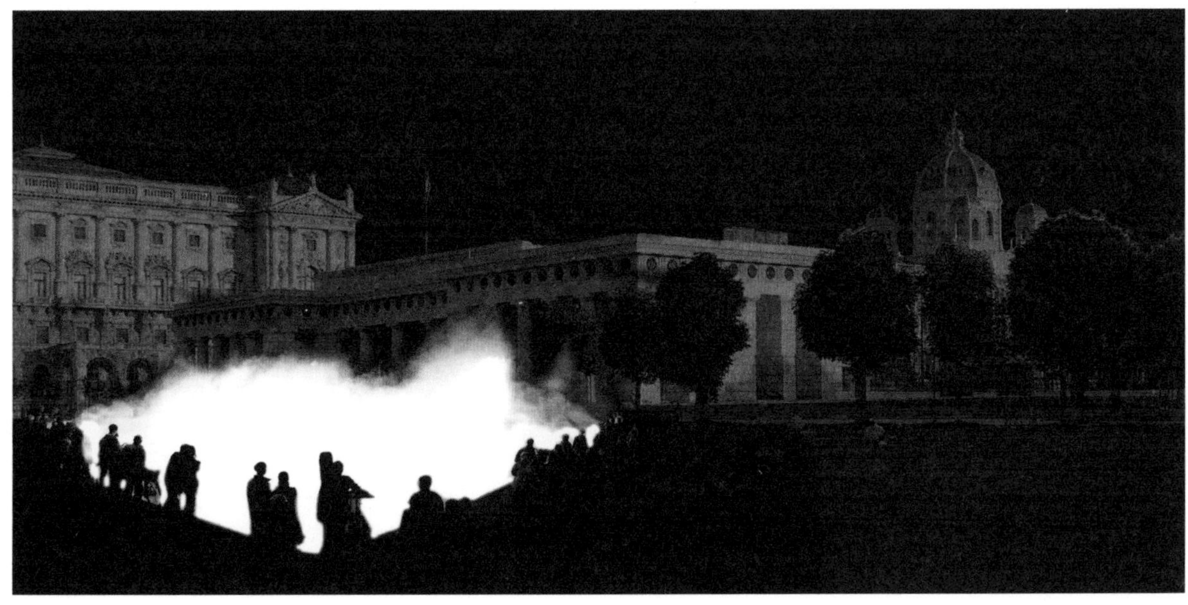

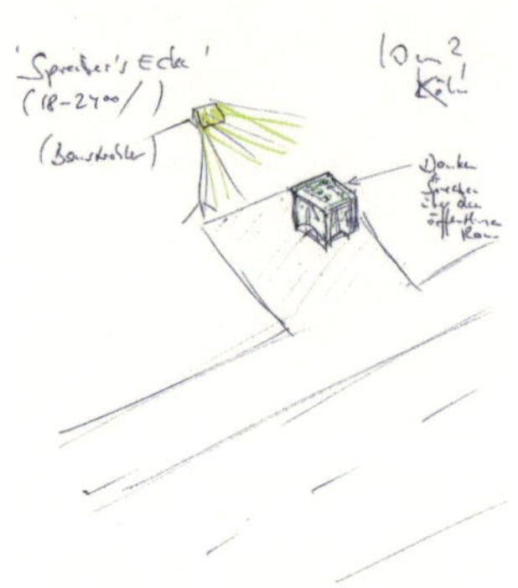

Projekt / Project	public preposition Sprechers Ecke
Jahr / Year	2015
Institution	10qm, Köln / Cologne / DE
Ort / Place	Florastraße, Ecke / corner Kuenstraße, Köln / Cologne / DE
Kurator / Curator	Stefanie Klingemann, Frank Bölter
Technik / Technique	Wasserkiste, Baustrahler, Open Call / Water box, construction site emitter, open call
Montage	Archiv / Archive Mischa Kuball, Düsseldorf / DE

Innerhalb der Ausstellungsreihe „10qm" im öffentlichen Raum von Köln-Nippes wird eine geteerte, 10 Quadratmeter große Fläche, deren ursprüngliche Funktion am Rande einer Grünanlage unklar ist, zum beleuchteten „Speakers' Corner". In einem Open Call können Beiträge zum Thema „Öffentlicher Raum / Kunst im öffentlichen Raum" eingereicht und während der Projektlaufzeit jeden Abend von 18 bis 24 Uhr vorgetragen werden. Besucher, die gezielt zu den Veranstaltungen kommen, und zufällige Passanten werden hier gleichermaßen angesprochen. Eine umgedrehte Getränkekiste dient den Referenten als provisorische Bühne, die als ephemere Spur des Abendprogramms verbleibt, wandert oder auch entwendet werden könnte. In Anlehnung an Marcel Broodthaers „Speakers' Corner" von 1972 und den gleichnamigen Ort der öffentlichen Rede in Londons Hydepark wird hier mit einfachsten Mitteln ein Platz für Diskurs und Austausch markiert und aktiviert. Reflektiert wird der öffentliche Raum damit auf zweierlei Ebenen – durch Sprache und durch Aktion.

Within the exhibition series "10qm" in the public space of Cologne-Nippes a paved 10-square-meter surface at the edge of a park, whose original function is unclear, becomes an illuminated "Speakers' Corner." In an open call contributions on the theme of "public space / art in public space" can be submitted and during the run of the project be presented every evening from 6 p.m. to midnight. Visitors who come specifically for the events and chance passersby are equally addressed. An upended beverage crate serves the speakers as a provisional platform, which could remain, wander off, or be stolen as an ephemeral trace of the evening program. In the style of Marcel Broodthaers's "Speakers' Corner" of 1972 and of the site of the same name in London's Hyde Park a place for discourse and exchange will be marked and activated with the simplest of means. Public space is thus reflected on two levels—through speech and through action.

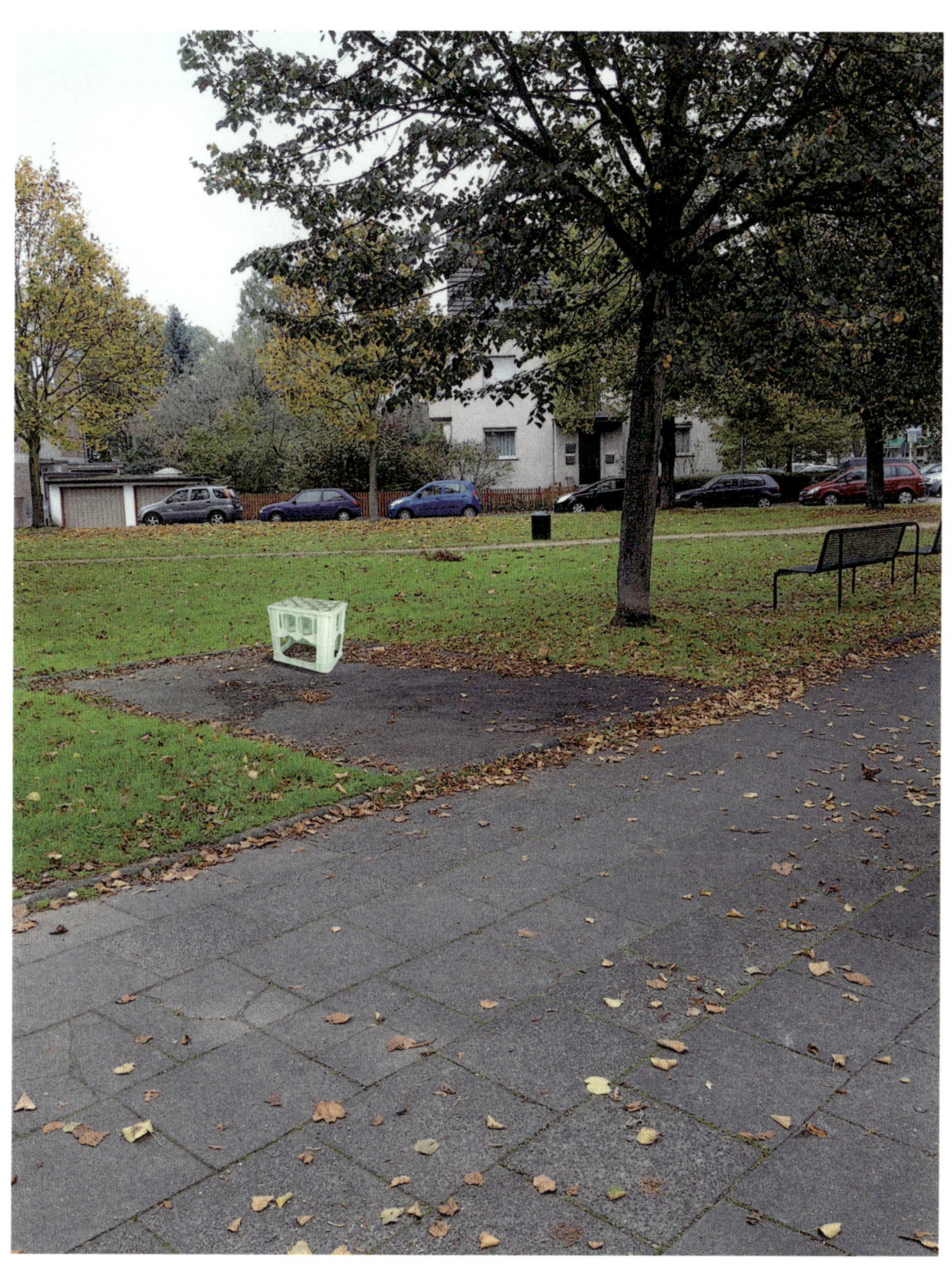

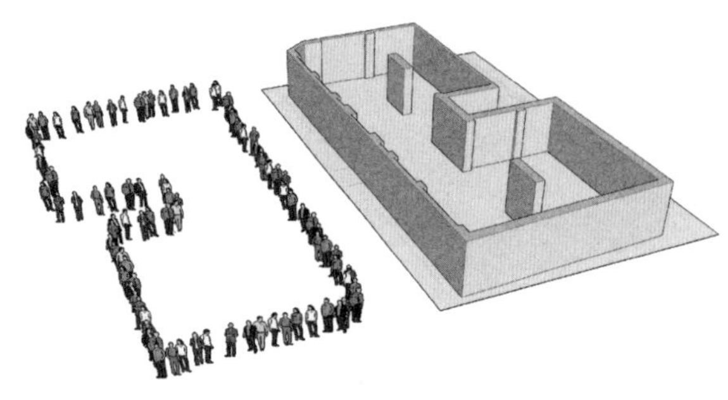

Projekt / Project	public preposition save the space
Jahr / Year	2015
Institution	Gradska Galerija, Bihać / BA
Ort / Place	Bihać / BA
Kurator / Curator	Jasmina Merz, Irfan Hošic
Technik / Technique	Performance mit 300 bis 400 Teilnehmern, Stoffbanner / Performance with 300 to 400 participants, cloth banners
Montage	Archiv / Archive Mischa Kuball, Düsseldorf / DE

Seit ihrer Gründung 1989 ist die Städtische Galerie Gradska Galerija in Bihać zum zentralen Ort des kulturellen Austauschs und kritischen Diskurses geworden. Sie trägt maßgeblich zur Identität der Stadt bei. Als Reaktion auf die Meldung, dass die Galerie ihre Räume im Zentrum der Stadt aufgeben soll, oszilliert die Aktion zwischen Performance, Demonstration und Hausbesetzung. Eine Menschenansammlung bildet an verschiedenen Orten des Stadtgeschehens die Form des Galerie-Grundrisses im Maßstab 1:1. Alle Beteiligten halten ein durchgehendes schwarzes Band mit der Aufschrift „Save the Space" bzw. „Uštedite Prostor". Der von Menschen nachgestellte Galerieraum macht die soziale Dimension der Auswirkungen, welche die Schließung mit sich bringt, noch einmal deutlich und transportiert den stillen Protest in den öffentlichen Raum. Im Rahmen eines Symposiums, zu dem Künstler und Intellektuelle aus dem In- und Ausland mit persönlichem Bezug zu Bihać eingeladen werden, wird der Stellenwert kultureller Institutionen in Bosnien und Herzegowina befragt und diskutiert.

Since its founding in 1989 the city gallery Gradska Galerija in Bihać has become a central place for cultural exchange and critical discourse. It contributes significantly to the identity of the city. As a reaction to the announcement that the gallery would give up its premises in the city center, the action oscillates between performance, demonstration, and house squatting. At different sites of the city a mass of people outlines the floor plan of the gallery in a 1:1 scale. All the participants hold a continuous black ribbon with the inscription "Save the Space" or "Uštedite Prostor." The floor plan of the gallery's space reconstructed by human bodies illustrates once more the social dimension of the consequences that the closure brings and transports the silent protest into public space. In the scope of a symposium, to which are invited the artist and intellectuals with a personal connection to Bihać from within the country and from elsewhere, the significance of cultural institutions in Bosnia and Herzegovina will be interrogated and discussed.

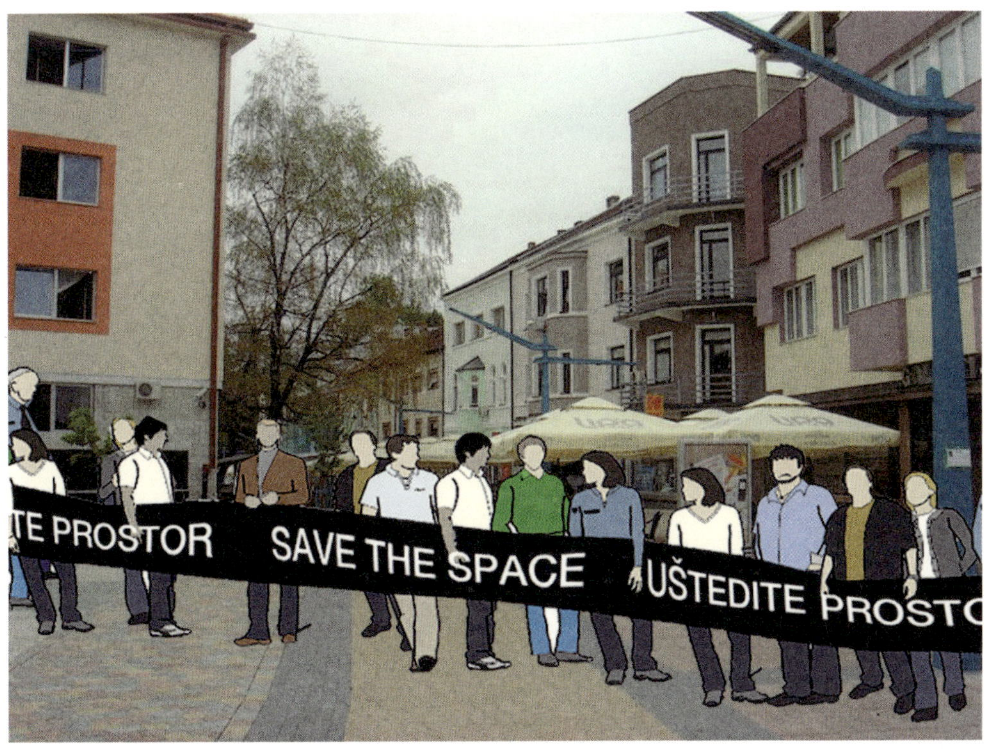
TE PROSTOR
SAVE THE SPACE
UŠTEDITE PROSTO

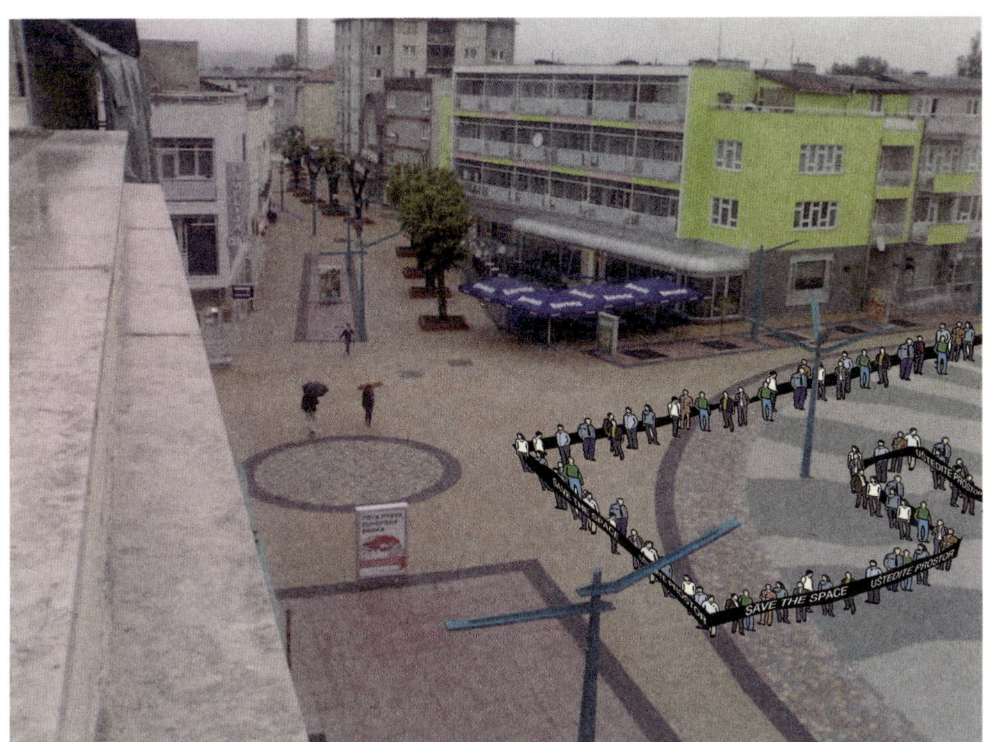

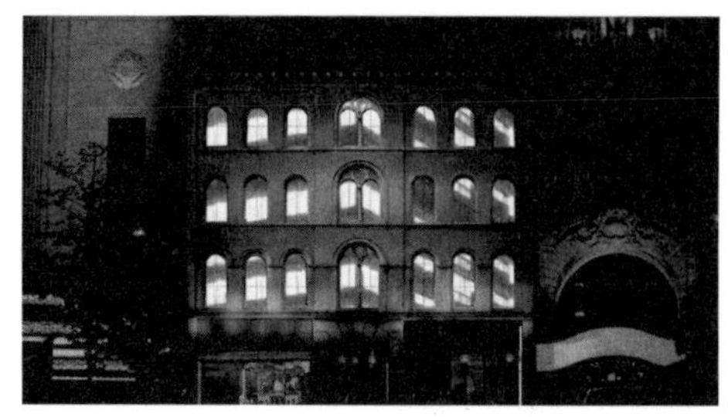

Projekt / Project	public preposition para
Jahr / Year	2016
Institution	Emerson College, Boston / MA / USA
Ort / Place	Paramount Center Building, Boston / MA / USA
Kurator / Curator	Joseph D. Ketner
Technik / Technique	LED Videowand, Projektor, DMX-Steuerung / LED video wall, projector, DMX controller
Dank an / Thanks	Annette Klein, Brooke Knight, James Manning, Christoph Mücher, Robert Sabal
Montage	Archiv / Archive Mischa Kuball, Düsseldorf / DE

Das Paramount Theater in Boston wurde 1932 als eines der ersten Tonfilm-Kinos in der Region eröffnet. Nach dessen Schließung 1976 entwickelte sich die Gegend zunehmend zum Rotlichtviertel, bis sich 2008 das Emerson College hier ansiedelte. Mit der Privatschule für Kunst und Kommunikation erfährt der Ort eine andauernde Neuformulierung, die Kuball als temporäre Lichtinstallation sichtbar werden lässt. In den Abendstunden beleuchten projizierte Fassadenelemente, die in großen Metropolen weltweit aufgenommen wurden, die Rundbogenfester des ehemaligen Kinos, das seit 2010 Sitz der Fakultät für Darstellende Künste ist. Die Lichtwerte der Bilder werden wiederum in einen Lichtkegel übersetzt, der die Fakultät mit einer Etage des gegenüberliegenden, noch leerstehenden Gebäudes verbindet und den Begriff der Gentrifizierung buchstäblich in ein positives Licht rückt. Mit der Manipulation des Paramount-Schriftzugs werden die Buchstaben PARA zu einer neuen Lesbarkeit gebracht. Die Umdeutung des Ortes wird damit nicht nur symbolisch visualisiert, sondern mit dem aus dem Griechischen kommenden Präfix (dt.: neben, anders) auch sprachlich verankert.

The Paramount Theater in Boston opened in 1932 and was one of the first sound film cinemas in the region. After its closure in 1976, the area developed increasingly into a red-light district, until Emerson College was established there in 2008. With the private school for art and communication the site experienced a lasting reformulation, which Kuball will make visible with a temporary light installation. In the evening hours projected façade elements that were recorded in large metropolises world wide illuminate the arched window of the former movie theater, which is the seat of the Faculty of Performing Arts since 2010. The exposure values of the images are in turn rendered in a beam of light which connects the faculty with a story of the empty building opposite and literally engages the concept of gentrification in a positive light. Through the manipulation of the Paramount sign the letters PARA are brought to a new legibility. The reinterpretation of the site is thus not just symbolically visualized, rather it is also linguistically anchored via the Greek prefix (next to, different).

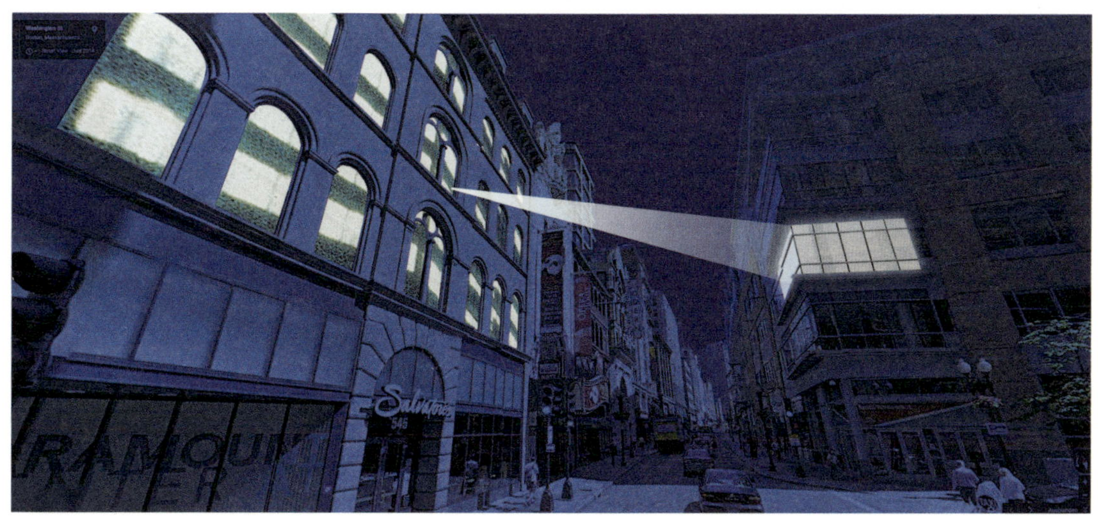
Salvatore's
545

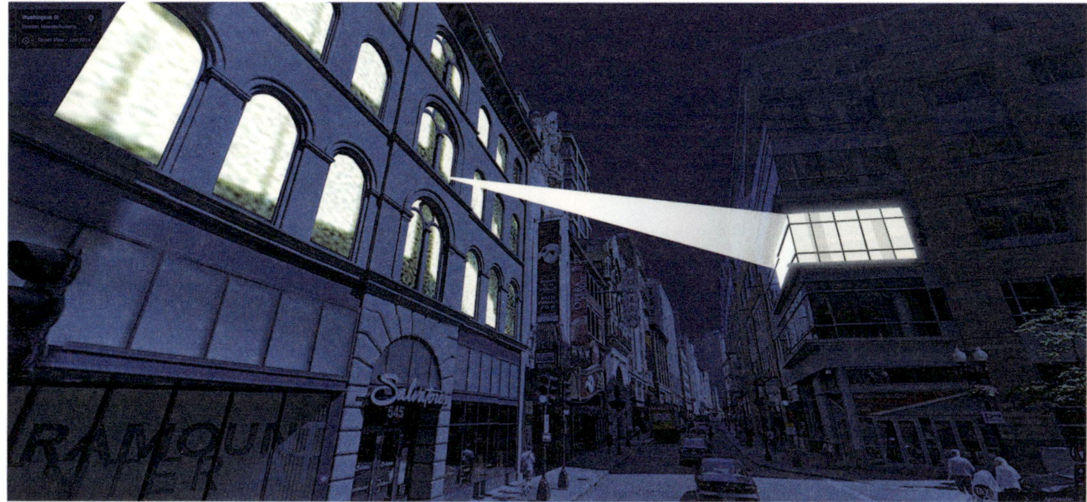
Salvatore's
545

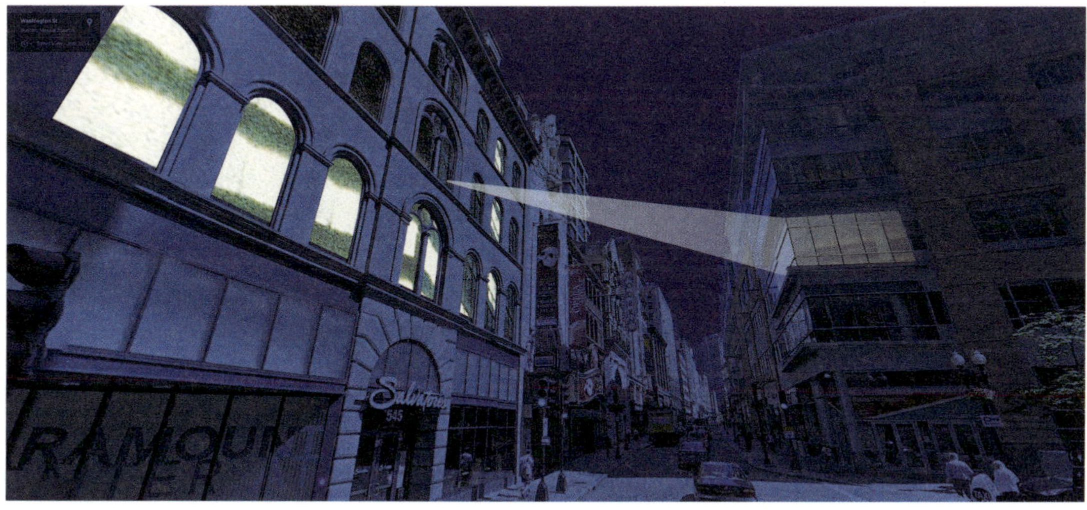
Salvatore's
545

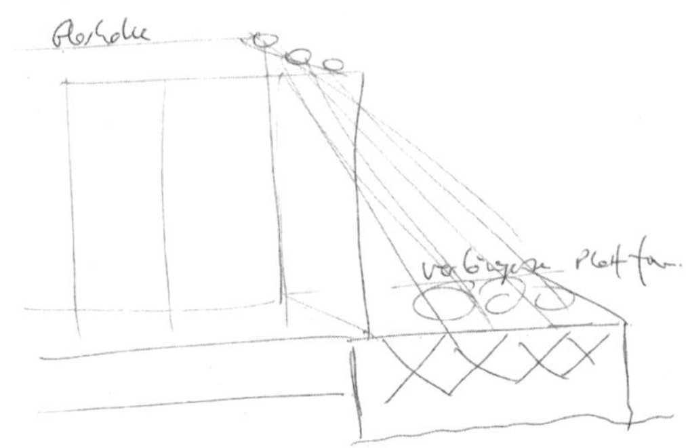

Projekt / Project	**public preposition public sculpture 21st (3 Szenen / Scenes)**
Institution	**Lehmbruck Museum, Duisburg / DE**
Ort / Place	**Immanuel-Kant-Park, Lehmbruck Museum, Duisburg / DE**
Kurator / Curator	**Söke Dinkla, Michael Krajewski**
Technik / Technique	**Tribühnenkonstruktion, Verfolgerscheinwerfer, Skulpturen der Sammlung des Museums, Sockel / Stage, follow spot, sculptures of the museum collection, plinth**
Montage	**Archiv / Archive Mischa Kuball, Düsseldorf / DE**

Das Lehmbruck Museum zeichnet sich durch eine einzigartige Sammlung internationaler moderner Skulptur aus, die in einer bedeutenden Architektur der Nachkriegszeit untergebracht ist. Das Projekt ist als interaktive Plattform in Konfrontation mit Exponaten der Museumssammlung angelegt. Auf der Terrasse vor der Glasfront des Ausstellungsraumes können die Besucher selbst zu lebenden Skulpturen werden und rufen so performative Konzepte der 1960er Jahre, etwa von Piero Manzoni oder Gilbert & George, ins Gedächtnis. Drei bis vier Sockel laden dazu ein, sich vor der Scheibe, die hier zur vermeintlichen Spiegelachse wird, analog zu ausgewählten Werken im Innenraum zu positionieren. Sensorengesteuerte Spots verfolgen und betonen den Moment der Bewegung und des Exponierens. Die Grenzen von institutionellem und öffentlichem Raum, von Rezeption und Partizipation verschwimmen. Eine neue Erfahrung in der Begegnung mit einem Kunstwerk wird möglich.

The Lehmbruck Museum is distinguished by its exceptional collection of international modern sculpture that is housed in an important architectural example from the postwar period. The project is created as an interactive platform in dialogue with exhibits from the museum's collection. On the terrace before the glass front of the exhibition space the visitors can become living sculptures and bring to mind such performative concepts of the sixties, like the works by Piero Manzoni or Gilbert & George. Three to four plinths invite one to position oneself, analogous to the selected works in the interior, in front of the glass pane that is supposedly a mirror axis. Sensor-controlled spotlights track and highlight the moment of the movement and the exposure. The boundaries of institutional and public space, of reception and participation become blurred. A new experience in the encounter with art is made possible.

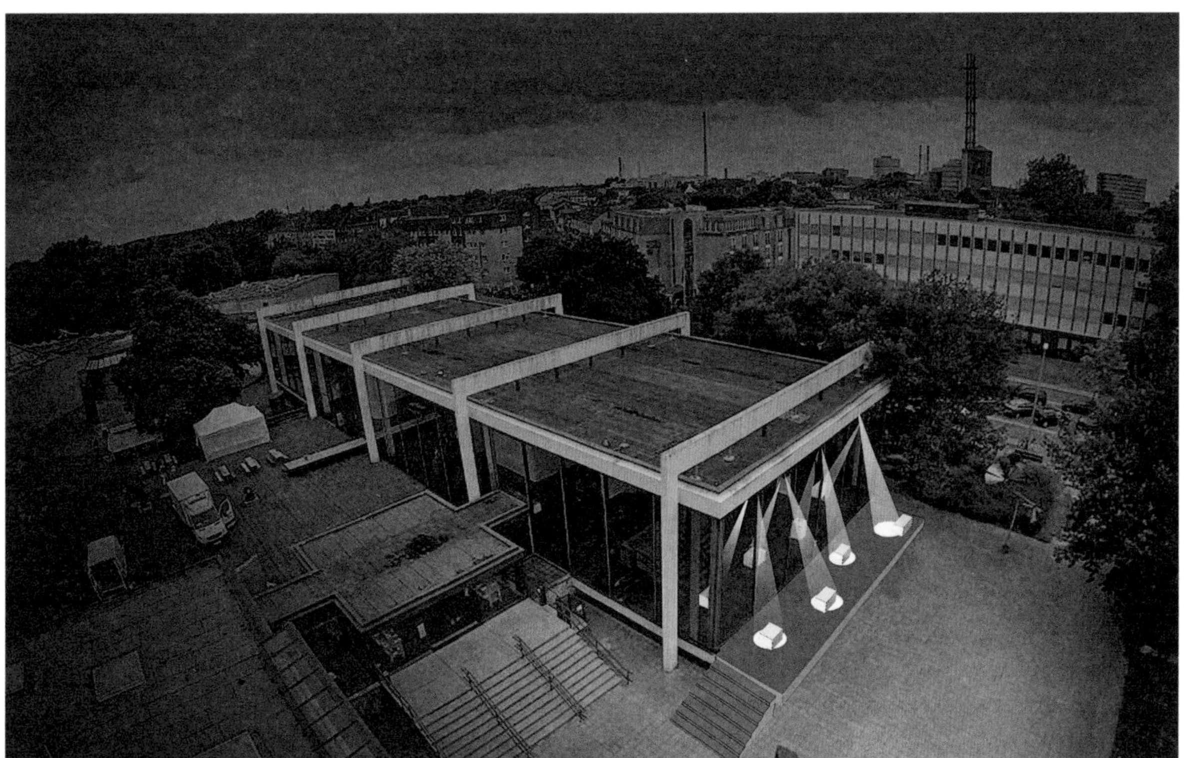

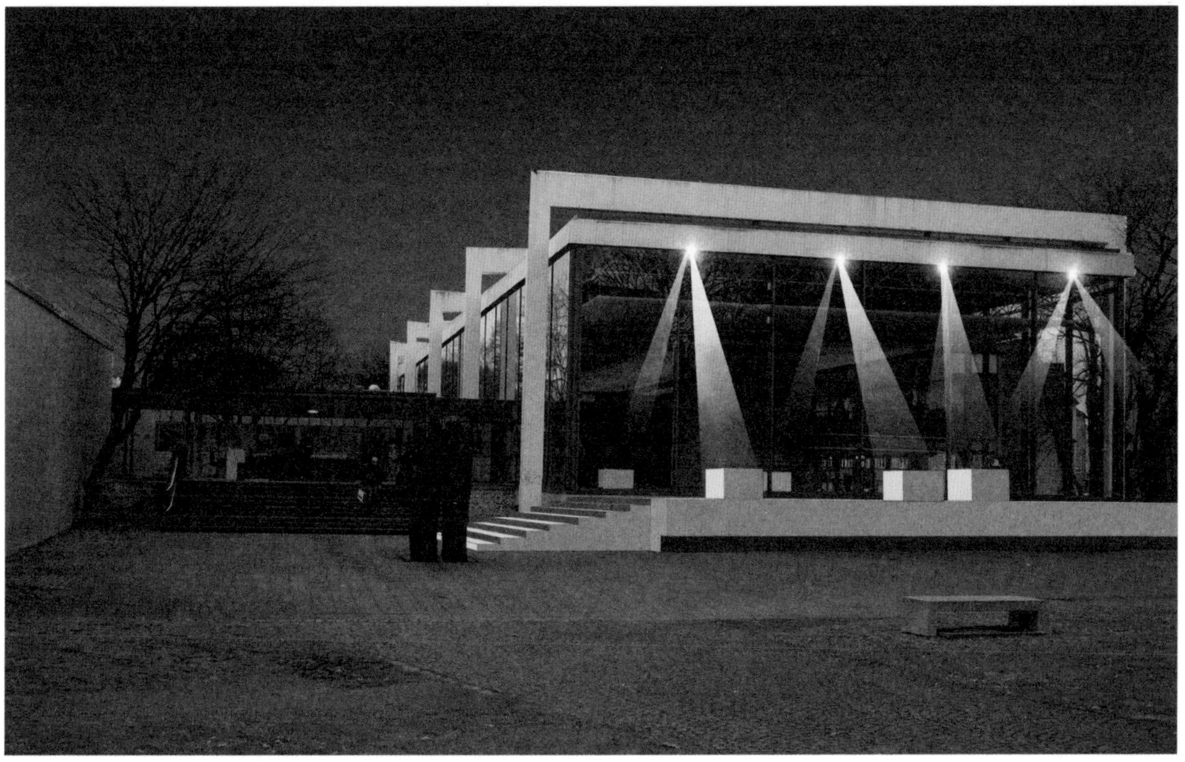

Öffentliche Beziehungen

Vanessa Joan Müller im Gespräch mit Mischa Kuball

Vanessa Joan Müller: Die Aufklärung ist eng mit der Metapher des Lichts verbunden, was im englischen Begriff „enligenment“ noch stärker zum Ausdruck kommt. Licht ermöglicht Sichtbarkeit und damit Erkenntnis, klärt die Verhältnisse und vertreibt das Irrationale. Licht als Medium der bildenden Kunst ist in diese historische Genealogie eingebunden, hinterfragt jedoch auch das Projekt Aufklärung in seinem Anspruch, alle Lebensbereiche vollständig zu durchleuchten. Inwieweit setzen sich die verschiedenen unter dem Titel „public preposition“ zusammengefassten Arbeiten zum urbanen Licht in Form von Straßenbeleuchtungen oder illuminierten Gebäuden mit dieser Ideengeschichte auseinander?

Mischa Kuball: Die Bedeutungsnähe von Licht und Aufklärung – oder besser aus dem Dunkel des Mittelalters ins Licht der Aufklärung – birgt eine tragische Verbindung, weil sie vorgaukelt, der „reine“ Lichtschein sei schon ausreichend, um am Modell und Prozess des „Projekts Aufklärung“ teilzuhaben. Tragisch kann auch sein, dass die Lichtmetaphorik eben genau auf diese vermeintliche Kausalität verkürzt wird. Mich hat eher interessiert, was sich aus diesem ersten Verhältnis an komplexeren Fragen erzeugen lässt – insoweit berührt dann eine Installation mit und an einem Hochhaus wie in Düsseldorf (1990) oder in Toronto (2010) Themen wie Urbanität, Arbeitswelt, Ökonomisierung von urbanen Räumen. In Christchurch (2012–2015) werden zum Beispiel 22 Straßenlaternen aus 22 Städten zu einem Symbol der internationalen Vernetzung nach zwei gravierenden Erdbeben auf der Südinsel Neuseelands. Das ändert natürlich nichts an der Katastrophe, erzeugt aber im Sinne einer symbolischen Vernetzung Teilhabe und Kenntnisnahme im öffentlichen Raum. Da kann die erste Assoziation von Licht und Aufklärung eine Brücke schlagen und Zugang für weitere Deutungsräume öffnen. Es geht dann auch nicht mehr so sehr um die Art der Straßenleuchte oder um die Form der Beleuchtung, sondern eher um den realen und symbolischen Kontext. „Blenden und Beleuchten“ können methodisch auch eine Verschiebung einleiten und nehmen somit dann auch Einfluss auf die Wahrnehmbarkeit einer Situation – eine Form der Basisarbeit für eine mögliche Klärung der Verhältnisse.

VJM: Licht wäre dann sowohl eine Metapher als auch das Material für eine Form der Sichtbarmachung, die bestimmte Aspekte in den Fokus rückt und andere, sonst vielleicht die Situation dominierende in den Schatten stellt. Ich habe das Gefühl, dass bei Deinen Arbeiten im Laufe der Zeit die Beschäftigung mit im weitesten Sinn politischen Fragestellungen stärker in den Vordergrund getreten ist. Liegt das auch daran, dass die Inszenierung des kommerzialisierten öffentlichen Raumes deutlich zugenommen hat? Dass wir einen anderen Blick entwickeln müssen für die dahinter liegenden Strategien?

MK: Ja, absolut, das empfinde und beobachte ich auch so. Als ich vor mehr als dreißig Jahren die ersten Installationen mit Diaprojektoren in Galerieräumen und am Bauhaus in Dessau 1992 im Außenraum an der historischen Fassade realisierte, habe ich mich mit der Kategorisierung als „Lichtkünstler" klaglos abgefunden. Das ist natürlich sehr naiv gewesen, weil ich meine Arbeiten auf das phänotypische Wirkungsfeld habe reduzieren und verkürzen lassen. Parallel aber hat sich der sogenannte „öffentliche Raum" weiter partikularisiert und ökonomisiert – plötzlich wurde Licht im Sinne von „Beleuchtung" Ausdruck von Prosperität und Wohlfühlszenario in der öffentlichen Wahrnehmung und hatte deutlich weniger Assoziationen zur „Aufklärung". Das hatte Konsequenzen – ich musste reihenweise Projekte ablehnen, wo ich deutlich absehbar keine Trennschärfe hätte hinbekommen können zwischen künstlerischen Handlungsfeldern und, grob gesagt, Stadtmarketing. Die Rolle der Kunst und des Künstlers wird harten Prüfungen unterzogen – wenn Du beispielsweise Strategien ansprichst, gibt es derzeit eine Reihe von Initiativen mit künstlerischen Positionen, die schlau verschleiern, wer hier welches Ziel und welche Absichten verfolgt. Dazu gehört auch das große ambivalente Feld „Kunst am Bau". Aber auch die ehrwürdige documenta hat da ihre Erfahrungen zu machen, was die Erweiterung der Kunstzone in Kassel angeht. Sehr überzeugend fand ich das „George Bataille Monument" von Thomas Hirschhorn 2002 und die komplexe Intervention von Pierre Huyghe in den Kasseler Auen 2012. Andere Modelle wie „Neue Auftraggeber", aus Frankreich kommend und international agierend, setzen auf andere Strategien der Verdichtung im Kontext der Partizipation: Ausgehend von den definierten Bedürfnissen am spezifischen Ort wird eine künstlerische Position in einen breiteren Diskurs eingebunden, und dann entsteht ein Prozess über das, was tatsächlich entstehen soll – das Werk steht also „hinten" an. Ich finde, es gehört zum Agieren dazu, sehr genau die parallelen Entwicklungen zu beobachten! Bei „catch as catch can" haben Lawrence Weiner und ich sehr eng mit der Bewohnern des Stadtteils Ebel in Bottrop gearbeitet. Sie wünschten sich nach dem stinkendem Klärbecken einen öffentlichen Park für alle Bürger – darauf haben wir mit unserer Idee und Konzeption dann reagiert – eben: nimm es wie es kommt!

VJM: Die Frage nach dem Auftraggeber ist interessant, da es in der Tat unterschiedliche Interessen sind, die Kunstprojekte im öffentlichen Raum initiieren – da zählt die Aufwertung vernachlässigter Areale durch subtil bis offen formulierte Gentrifizierungsbestrebungen durch den Einsatz von Kunst zu, aber auch der Wunsch nach einer kritischen Intervention, die auf Defizite im urbanen Raum hinweist. Wie schätzt du die Gefahr der Instrumentalisierung ein? Und wie groß ist dein Spielraum als Künstler, die oft auch verdeckten Intentionen ihrerseits kritisch zu thematisieren?

MK: Ganz deutlich fällt die Abgrenzung nicht immer aus – z. B. weil während des künstlerischen Prozesses sich auch die Rahmenbedingungen ändern können. Das kann einen Kontext verschieben – oder eben auch ein Projekt unmöglich machen. Eine Besonderheit, die sich methodisch als dienlich erwiesen hat, ist die Bereitschaft, relativ kurzfristig auf Anfragen von Initiativen zu reagieren, um einerseits sehr aktuell zu agieren und zum anderen eben auch reaktive Strukturen, die den Ablauf unterlaufen könnten, zu vermeiden. Anders als bei einer Beauftragung einer Skulptur im öffentlichen Raum kann eine Intervention viel offen lassen und sich somit einer „Instrumentalisierung" zumindest im Vorfeld deutlich entziehen. Leider steckt in diesen „Vorteilen" oft auch der Kern des Scheiterns – genau das kann eine Idee auch zu Fall bringen. Das hat auch Konsequenzen für die von dir angesprochenen Spielräume. Sie sind zum Teil so beengend, dass einige Ideen versuchen, in größeren Zusammenhängen „Unterschlupf" zu suchen, um überhaupt realisiert zu werden. Trotzdem glaube ich an die Möglichkeiten von verdeckten Interventionen – eventuell dann eben ohne Auftraggeber, ohne ein informiertes Publikum.

VJM: Die „public preposition"-Projekte entstehen für bestimmte Orte oder Situationen und greifen deren spezifische Geschichte oder historische Aufladung auf. Sie sind ortsspezifisch, aber auch kontextspezifisch. Zudem richten sich die neueren Arbeiten dieser Werkgruppe auch dezidiert an das lokale Publikum. Wie entstehen diese Projekte? Du wirst von einer Institution oder einem Kurator eingeladen, für eine Ausstellung oder zu einem bestimmten Anlass eine Arbeit zu entwickeln. Recherchierst du dann vor Ort? Oder gibt es bereits Ideen, die dann auf eine bestimmte Situation hin ausformuliert werden?

MK: Die Einladung zu einem Projekt ist oft unmittelbar gekoppelt mit einer ersten Recherche. Dabei spielt auch rein, inwieweit sich diese Recherche über die einladende Institution führen lässt. Erst nach dieser Phase entscheidet sich, ob es zu einer Intervention im Kontext von „public preposition" kommen sollte; auch die Zeiträume und Vorstellungen von temporär und eventuell dauerhaft sind zu bestimmen – alles bildet im Nachgang Konsequenzen aus. Es gibt auch die Initiative, für einen Ort eine Intervention vorzuschlagen, d. h. es gibt schon eine Recherche und ein Konzept, aber keinen Partner vor Ort. Es kommt auch vor, dass es bereits eine konkrete Vorstellung gibt, die dann durch die Analyse vor Ort komplett umgeworfen wird. Seit geraumer Zeit gibt es ja auch eine Art Überdrüssigkeit Projekten gegenüber, die sich als ortsspezifisch „labeln" lassen. Gerade seit 2009 haben sich Projekte entwickelt, die in ihrer Form der Konzeption und Umsetzung für mich komplett neu sind – z. B. für Marfa die „Performance Without Audience". Dabei wurde jede Performance 24 Stunden nach ihrer Durchführung angekündigt, d. h. der Betrachter war immer zu spät und es waren bestenfalls nur noch Spuren des Geschehenen zu sehen. Oder 2011 in Bern, wo ich mit 300 Schafen eine Prozession durch die Stadt initiiert und einen Theaterraum für 24 Stunden in einen öffentlichen Raum verwandelt habe. Diese beiden Projekte hatten einen anderen ersten Gedanken und haben sich vor Ort weiterentwickelt.

VJM: Ortsspezifik ist in der Tat eine schwierige Kategorie. Ich würde viele Deiner Projekte eher als kontextspezifisch beschreiben. „Ghosttram“ zum Beispiel, der Geisterzug, der nachts beleuchtet durch Kattowitz fuhr, löst in dieser Stadt ganz andere Konnotationen aus als er es etwa in Düsseldorf tun würde. Inwieweit fließen die Reaktion des Publikums – das sich ja in den meisten Fällen gar nicht im üblichen Sinn evaluieren lässt – in das Projekt mit ein? Die „performance with no audience“ ist sicher ein radikaler Fall, aber in Bern oder Kattowitz hatten die Projekte eine große Sichtbarkeit und irritierten vermutlich auch jene, die keine Kenntnis von den in diesen Fällen ebenfalls sehr performativen Projekten hatten.

MK: Die Gruppe der Ahnungslosen – d. h. die die durch Irritation erreicht werden – ist in Kattowitz und Bern ungleich größer als die der Kunstdorfgemeinschaft in Marfa. Dennoch scheint ja gerade beim unvorbereiteten Betrachter die Möglichkeit größer, eine andere Wirkungsform zu erzielen: Hier erlebt und sieht man etwas, was man aber erst zeitverschoben versteht – bei den „Performance Without Audience“ spiele ich ja mit dem Gefühl, zu spät am Ort des Geschehens zu sein, also etwas zu verpassen. Das ist natürlich ein anderer Blickwinkel auf die Rolle des Betrachters im Verhältnis zum Agierenden! Der Kunstkenner in Marfa weiß alles und bekommt alles mit; die unwissenden Bürger in Bern und die Wartenden an den Haltestellen in Kattowitz sind überrascht von der Situation. In den beiden Projekten spielt der Kontext eine deutlich größere Rolle als der Ort – ich merke aber, wenn ich darüber nachdenke, wie schwierig mir die Trennung fällt.

VJM: Nach einem Begriffsboom in den 1980er und 1990er Jahren scheint das Konzept der Öffentlichkeit zunehmend kritisch beleuchtet zu werden. Das Interesse an der Aufrechterhaltung der bürgerlichen öffentlichen Sphäre und ihrer Institutionen wie dem Museum und dem Ausstellungsraum geht derzeit deutlich zurück. Im Kunstfeld hat sich parallel dazu die Adressierung von Teilöffentlichkeiten / Communities intensiviert. Welche Rolle spielt das für ein Konzept wie das von „public preposition“ bzw. welcher Begriff des Öffentlichen spielt dabei eine Rolle für Dich?

MK: Diese inhaltliche und kritische Betrachtung eines Konzeptes von Öffentlichkeit und Teilöffentlichkeiten wird in meinen Projekten grundsätzlich mitgedacht. In Projekten wie „les fleurs du mal (Blumen für Marl)", seit 2014 am Rathaus der Stadt Marl – dort ist auch das Museum verortet –, geht es ja genau darum, alle möglichen Kulminationsmuster aufzufahren: Rathaus, Betonarchitektur der 1960er-Utopien, Skulpturenmuseum, öffentlicher Platz, Stadtverschönerung, privat vs öffentlich anhand der Texte von Charles Baudelaire, Partizipation, VHS DIY-Angebote, um nur einige Aspekte zu benennen. Das macht ja schon deutlich, wie partikulär sich Öffentlichkeit in einem solchen Projekt repräsentiert. Das heißt aber auch, dass ich nicht mit einem festen Begriff des „Öffentlichen" arbeite, sondern mit (Teil-)Öffentlichkeiten, die sich möglicherweise auch erst in einem Projekt als solche herausbilden. Dabei kann das Museum, die Institution auch eine initiative Rolle übernehmen und ein Projekt anstoßen.

VJM: Öffentlichkeit impliziert in diesem Fall auch ein Angebot zur Partizipation – die Arbeit funktioniert nur, wenn sich Menschen von ihr angesprochen fühlen und auf das Konzept einlassen. Und sie ist interessanterweise an einem Ort platziert, der das eine Konzept der Öffentlichkeit repräsentiert, nämlich die staatlich-verwaltungstechnische Öffentlichkeit, und gleichzeitig die Zivilgesellschaft adressiert und damit die andere Form von Öffentlichkeit. Auch wenn es vielleicht banal klingen mag: Entstehen Deine Arbeiten eher ausgehend von Orten oder ausgehend von den Menschen, die diese Orte frequentieren?

MK: Das ist eine diffizile Frage, weil es sich nicht immer so klar aufteilt. Gerade das Feld der Partizipation erlebe ich in Projektverläufen in einem steten Wandel. In den ersten Phasen der Recherche sind es Gespräche mit den Leuten vor Ort, dann die Orte selbst und ihre Hintergrundgeschichten. Bei der Präsentation von Idee und Konzept sind es eventuell wieder andere Gruppen, die angesprochen sind. Bei der Umsetzung kann es sich – wie z.B. bei der „public stage" in Halle (2000) und Sofia (2013) – um sehr vielfältige Akteure handeln. Ohne ihr Handeln existiert ja nur eine leere Bühne, mit Licht, das starr die Szene beleuchtet, unabhängig ob etwas oder eben nichts passiert. Das alles hat auch einen direkten Einfluss auf die Ebene der Reflexion. Es wird schnell komplex und etwas unüberschaubar, deshalb ist es gut, wenn es eine kuratorische „Instanz" gibt, die den Prozess und die Performance begleitet und beobachtet. Am Ende sind es aber die Menschen, die den jeweiligen Ort frequentieren, die die Arbeit „umsetzen".

VJM: Ohne Publikum würde „public preposition“ eigentlich gar nicht funktionieren. Nicht etwa, weil das Publikum in irgendeiner Form mit dem Werk interagieren oder auf es reagieren muss, sondern weil es ganz einfach jenen Resonanzraum bildet, der dann – um den Titel eines der Projekte aufzugreifen – eine Arena in eine Agora verwandelt, also in einen Ort des Zusammentreffens und des Austauschs. Viele der „public preposition“-Projekte haben temporären Charakter, die (noch) nicht realisierten Projekte hingegen sind häufig solche, die auf eine dauerhafte urbane Präsenz abzielen. Wie siehst Du das Verhältnis zwischen zeitlich begrenzter Intervention und klar im Stadtraum verortetem Werk? Und welche Auswirkungen hat das auf das Publikum im oben skizzierten Sinne?

MK: Eigentlich meine ich erst einmal ein unbestimmbares Publikum, das ich nicht kenne – manchmal bildet es sich erst vor am Ort. Du hast die Idee von „arena/agora“ in Bochum im Rahmen der Ruhrtriennale angesprochen – ein Projekt im Außenraum auf einem umgewidmeten Industrieareal. Am Abend war diese Installation der Ort, wo sich Theaterbesucher gegenseitig beobachten konnten, wo fast bühnenhafte Momente entstanden. In der Nacht erreichte sie ein anderes Publikum, fast könnte man sagen eine „Gegenöffentlichkeit“, die an dieser Form der Hochkultur nicht teilhat. Viele Jugendliche haben diese tribünenartige Treppe für allerlei Kunststücke gebraucht, aber überraschend für den Kurator Heiner Goebbels und sein Team: Es gab keinen Vandalismus, trotz der Abgeschiedenheit! In meinem Verständnis ist eben nicht ein Publikum, eine Öffentlichkeit angesprochen, sondern alle möglichen und denkbaren Öffentlichkeiten. So verstehe ich die Agora: nicht als einen privilegierten Ort, sondern als einen demokratischen, offenen, zugänglichen Ort – eine Arena für alle. Hier spielte der temporäre Zeitraum eine wichtige Rolle für die Beobachtbarkeit der Nutzungen. Bei „MetaLicht“ in Wuppertal mit der Bergischen Universität war schnell klar, dass sich die Ideen zu einer anderen Verknüpfung von Stadtraum und Universitätsraum nicht auf eine zeitlich begrenzte Intervention werden beschränken lassen – da bleibt die Idee dazu dauerhaft in ihrer Installation – aber stetig wechselnd in den Erscheinungsbildern und in ihren Wirkungsmöglichkeiten. Hier ist die Adressierung deutlich die Stadtbevölkerung. Auch eine Intention seitens der Universität und ihres Rektors Lambert Koch wurde formuliert. Doch damit verbunden war keine Einflussnahme auf die Idee des Projektes, allerdings eine klare Vorstellung über den Prozess, wie die Installation im Stadtraum von Wuppertal vermittelt werden soll. Heute wird sie fast schon freundschaftlich die „Akropolis von Wuppertal“ genannt – manchmal tut eben „Volkes Mund Wahrheit kund“.
Ich würde Dich aber gerne ansprechen auf Dein Verständnis von Orten für die Kunst. Was für eine Position nimmt zum Beispiel die European Kunsthalle ein – ist sie ein Ort für die Kunst oder schafft in diesem Fall die Kunst einen Ort?

VJM: Die European Kunsthalle hat sich eigentlich immer als „performative" Institution verstanden, das heißt als Institution, die immer dann in Erscheinung tritt, wenn sie eines ihrer Projekte realisiert, die aber keinen eigenen Ort hat und deshalb jenseits der traditionellen institutionellen Parameter agiert. Damit geht sie indirekt bei ihren Ausstellungen und Projekten auch der Frage nach, was heutige Orte zeitgenössischer Kunst sein könnten, wo die Kunst jenseits stabiler räumlicher Szenarien ihr Publikum finden könnte etc. Interessanterweise spielt die Autonomie des Kunstwerks in der zeitgenössischen künstlerischen Praxis gar keine so große Rolle mehr. Die institutionellen Ausstellungsräume folgen vielfach jedoch noch immer den gleichen Anforderungsprofilen wie in der Nachkriegsmoderne. Kunst kann deshalb ein Testszenario schaffen, was wo möglich ist und welche anderen Räume erschlossen werden könnten. Das institutionelle Format kann aber auch einen strategischen Rahmen liefern, der an einem eigentlich etablierten Ort neue Fragen stellt. Wenn die European Kunsthalle ein Kunstprojekt wäre, würde sie eigentlich gar nicht schlecht in das Konzept „public preposition" passen! Ein wichtiger Aspekt ist auch die relative Unabhängigkeit, die ein nicht zu unterschätzender Faktor ist. Kuratoren müssen bei ihrem Dialog mit der Kunst und mit Künstlern mittlerweile zahlreiche externe Faktoren – von der kommunalen Politik über bestimmte Publikumssegmente bis hin zu an sie delegierte Aufgaben wie schulische Bildung und Integration – berücksichtigen, die das eigentliche Werk manchmal in den Hintergrund zu drängen scheinen. Das Problem mit dem Auftraggeber gibt es also auch durchaus hier. Gerade deshalb vermisse ich manchmal die Komplizenschaft zwischen Kunst und Kurator. Es sollte ja nicht so sein, dass jemand etwas in Auftrag gibt, die ersten Weichen stellt und dann dem Künstler die komplette Verantwortung übereignet.

MK: Bei der ersten Idee zu „public stage" in Halle (2000) und auch bei der zweiten Version in Sofia (2013) beziehe ich mich auf einen politischen Wandel im Sprechen und Handeln einer demokratischen und zivilen Öffentlichkeit – nach zwölf Jahren Naziterror und vierzig Jahren kommunistischer Diktatur –, aber auch auf die kunsthistorisch bedeutende Performance „SILENCE" von Marcel Broodthaers 1972 im Hyde Park am Speakers' Corner. Dabei wurden an einem Nachmittag wortlos Texttafeln mit den Wörtern „Silence", „The mind of William Blake" und „Visit Tate Gallery" von Broodthaers hochgehalten.

VJM: Die 1970er Jahre waren letztlich doch eine ziemlich andere Zeit, in der man noch von der Idee des öffentlichen Raumes überzeugt war und ihn entsprechend zur öffentlichen Artikulation nutzte. Was mir an Broodthaers immer sehr gefallen hat, ist seine Verschränkung von Politik und Poetik im Sinne einer Kunst, die sehr dezidiert Stellung bezieht zu Fragen der Funktion der Kunst in der Gesellschaft, diese Fragen aber immer im Medium der Kunst formuliert. Seine Interventionen – ein Wort, das er vermutlich gehasst hätte – sind sehr subtil, gerade deshalb aber wirkmächtig. Die radikale Infragestellung des Gegebenen sieht man ihnen auf den ersten Blick gar nicht an. Gleichzeitig sind es aber auch Werke, denen die Reaktion des Publikums relativ egal war, weil das Publikum nicht als adressierter Akteur mitgedacht ist, sondern eigentlich ganz klassisch als Betrachter. Für das Happening war eher Broodthaers' späterer Antagonist Beuys zuständig ... Das hat auch mit einer grundsätzlich anderen Vorstellung davon zu tun, welche Rolle der Kunst in Bezug auf die Veränderung von Gesellschaft zukommt bzw. ob sie diese Rolle überhaupt übernehmen soll. Politisch ist Broodthaers immer in Bezug auf die Institutionen der Kunst und ihre Funktion als Repräsentationssystem zu sehen.

MK: Mit „public stage" dachte ich ja ein Werkzeug zu entwickeln, das den Status quo von Öffentlichkeit beobachtbar machen kann. Mir wurden aber auch deutlich Grenzen aufgezeigt – z. B. bei der Idee der Publikation zu „public stage". Unsere Konzeption sah vor, für jeden der 14 Tage der öffentlichen Bühne eine Doppelseite zur Verfügung zu stellen, um stattgefundene Aktionen wie in einem Album in schwarz-weiß zu dokumentieren. Das Museum Moritzburg in Halle/Saale lehnte es ab, für „schwarze Seiten" – von den Tagen, an denen kein Material vorlag – zu bezahlen. Wir haben auf Konzepttreue bestanden, weil unser Eindruck war, dass die „schwarzen Seiten" eben dokumentierte „Nicht-Aktivität" bedeuten und deswegen so gezeigt werden sollten.

VJM: Finde ich überzeugend. Zumal auf einer öffentlichen Bühne immer etwas stattfindet, ob nun Spektakuläres oder Alltägliches. Schwarze Seiten für das nicht dokumentierte Geschehen sind doch ein perfekter Ausdruck dafür, dass Öffentlichkeit auch immer einen Freiraum für die Imagination impliziert und sich zwischen Kontrolle und Anonymität abspielt – als Beziehungsgeflecht aus Bedürfnissen, Interessenslagen und Verhaltensweisen auch jenseits des offensichtlich Artikulierten.

Public Relationships

A Conversation between Vanessa Joan Müller and Mischa Kuball

Vanessa Joan Müller: The Enlightenment is closely connected to the metaphor of light, which makes visibility possible and consequently knowledge, brings clarity to things and drives away the irrational. Light as a medium in the fine arts is contained in this historical genealogy, but in its aim to thoroughly illuminate all arexas of life, it also calls the Enlightenment project into question. The various different works grouped together under the title "public preposition" address urban light in the form of street lighting and illuminated buildings; to what extent do they explore this intellectual history?

Mischa Kuball: The proximity in meaning between light and enlightenment—from the darkness of the Middle Ages to the light of the Enlightenment—harbors a tragic link, because it leads people to believe that the "pure" shine of light suffices to take part in the model and process of the "Enlightenment project." What can also be tragic is that the light metaphor becomes reduced to precisely this alleged causality. I was far more interested in the questions of greater complexity that can be generated from this initial relationship—to what extent an installation on and with a high-rise building, as in Düsseldorf (1990) or Toronto (2010) touches upon themes such as urbanity, the working world, the economization of urban spaces. In Christchurch (2012–2015), for example, 22 streetlights from 22 cities become a symbol of international networking following the two powerful earthquakes on the southern island of New Zealand. Of course, this alters nothing about the catastrophe, but it generates participation and recognition in public space in the sense of a symbolic network. Here, the immediate association between light and enlightenment can create a bridge and provide access to additional spheres of interpretation. It's not so much a question of the type of streetlight or the form of the lighting, but of the actual symbolic context. Methodically, "blinding and lighting" could also introduce a shift and exert influence on the way a situation is perceived—a form of groundwork for a potential clarification of things.

VJM: Light would then be both a metaphor and material for a form of visualization that shifts certain aspects into focus and pushes others that might otherwise dominate the situation into the shadows. I have a feeling that in your work, in the course of time, your involvement with political questions in the widest sense of the word has moved far more to the foreground. Is this due to the fact that the orchestration of commercialized public space is on the rise? That we have to develop another eye for the strategies behind this?

MK: Yes, absolutely, I've experienced this to be the case. When more than thirty years ago I did my first installations with slide projections in gallery spaces and then, in 1992, outside the Bauhaus in Dessau on its historical façade, I accepted the "light artist" label without complaint. It was very naïve, of course, because I allowed my works to be reduced to a single phenotypical field. Parallel to this, however, the so-called "public sphere" became increasingly particularized and commercialized—suddenly, in the public perception, light became an expression of prosperity, a feel-good scenario in the sense of "lighting" and with far fewer associations to "enlightenment." This carried consequences—I had to turn down a whole slew of projects where it was clear that I wouldn't be able to clearly separate between artistic fields of activity and city marketing, to phrase it bluntly. The role of art and the artist is put to harsh tests—if you look at strategy, for instance, there are a whole number of initiatives with artistic positions that cleverly conceal who's pursuing what goal and with what intentions. This also goes for the huge ambivalent field of "art in public space." But even the venerable documenta had its experiences in terms of the expansion of the art zone in Kassel. I found Thomas Hirschhorn's "George Bataille Monument" of 2002 very convincing, as well as Pierre Huyghe's complex intervention at the Kasseler Auen in 2012. Other models, such as the France-based, internationally active "Neue Auftraggeber," employ different strategies of compression in terms of participation: beginning with needs defined for a specific location, an artistic position is embedded in a larger discourse and then a process begins concerning what is actually supposed to be made—and so the work comes at the "end" of the line. In my opinion, part of this is to look very carefully at the parallel developments! In "catch as catch can," Lawrence Weiner and I worked together very closely with the residents of the Ebel district in Bottrop. After the stinking clarifying basin, they wanted a public park for everyone—and we reacted to this with our idea and concept—so, I say take it as it comes!

VJM: The question of who is commissioning the work is interesting, because there are indeed different interests initiating art projects in public space. Among these are the enhancement in value of neglected areas through subtle or openly formulated gentrification ambitions that implement art, as well as a desire for critical intervention that points to deficits in urban space. What do you think of the dangers of being instrumentalized? And how much leeway do you have as an artist to critically address these intentions, which are often hidden?

MK: It's not always easy to differentiate—conditions can change during the artistic process, and then the context can shift or make a project impossible. One thing that's proven useful is to be ready to react on relatively short notice to invitations on the part of initiatives, on the one hand to remain current, and on the other to resist reactive structures that could undermine the process. In contrast to the commissioning of a sculpture in public space, an intervention can leave quite a lot open and thus clearly resist "instrumentalization," at least ahead of the fact. Unfortunately, the seeds of failure often lie in these "advantages"—and this is precisely what can make an idea fail. This also has consequences for the leeway you were talking about, which can be so limited that some ideas try to find "refuge" in larger contexts in order to be realized at all. Despite this, I believe in the possibilities of hidden interventions—even without someone commissioning them, and without an informed public.

VJM: The "public preposition" projects are made for certain locations or situations and pick up on their specific history or historical content. They are site-specific, but also context-specific. Additionally, the more recent works in this series are deliberately aimed at a local audience. How do these projects come about? Let's say you're invited by an institution or a curator to develop a work for an exhibition or a particular occasion. Do you do your research on site? Or do you already have ideas that you then formulate for a certain situation?

MK: An invitation to do a project is often directly linked to preliminary research. Connected to this is the extent to which this research can be carried out through the institution issuing the invitation. It's only after this phase that I decide whether or not it will lead to an intervention in the context of a "public preposition." The time frame and ideas concerning temporary and possibly permanent also have to be determined—everything has consequences. And then there's the initiative of proposing an intervention for a place, in other words, the research and concept exist, but no local partner. And it sometimes happens that a concrete idea exists that is then completely changed after analyzing the location. A kind of fatigue has set in concerning projects "labeled" site-specific. I've been developing projects since 2009 that are completely new for me in the form of their conception and realization—for instance the "Performance Without Audience" for Marfa. Each performance was announced 24 hours after it took place, meaning that the viewer always arrived too late, and at the very most saw a few traces left over from the event. Or in 2011 in Bern, where I initiated a procession with 300 sheep through the city and for 24 hours transformed a theater space into a public space. These two projects began with a different idea and then continued to develop on site.

VJM: Site-specificity is indeed a difficult category. I'd tend to describe many of your projects as context-specific. "Ghosttram," for instance, the lit-up ghost train that traveled at nighttime through Katowice, evokes entirely different connotations than it would, say, in Düsseldorf. To what extent does the public's reaction—which in most cases can't really be evaluated in the ordinary sense—enter into the work? The "Performance Without Audience", is a radical case, of course, but in Bern or Katowice, these highly performative proects enjoyed a large visibility and presumably un-settled people who knew nothing about them.

MK: The group of people who were clueless—in other words, who can be reached through surprise—is incomparably larger in Katowice and Bern than in the art village community in Marfa. And particularly with the unprepared viewer, the possibility seems much larger for attaining another kind of effect: you see and experience something that you only understand after a certain delay—with the "Performance Without Audience", I play with the feeling of arriving at a place too late, of missing something. Of course, that's another perspective on the role of the viewer in relationship to the actor! People familiar with art in Marfa know everything and hear about everything, whereas the unknowing passersby in Bern and people waiting on tram stops in Katowice are surprised by the situation. In both projects, the context plays a considerably larger role than the location—but when I think about it, I notice how hard it is for me to make the distinction.

VJM: After a boom in concepts in the 1980s and 1990s, the idea of the public seems to have come under increasing critical scrutiny. Interest in maintaining accessible public spaces and their institutions, such as the museum and gallery space, has diminished noticeably. Parallel to this, in the field of art, an appeal to a partial public and to communities has grown stronger. What role does this play for a concept such as "public preposition," and what idea of the public is important to you?

MK: I incorporate this thematic and critical observation of a concept of public and partial public into my projects. In works such as "les fleurs du mal (flowers for Marl)" (since 2014) at the Rathaus Marl—that's also where the museum is—it's about precisely that, serving up all sorts of culmination patterns: city hall, cement architecture of the 1960s utopias, sculpture museum, public square, urban renewal, private vs. public through the texts of Charles Baudelaire, participation, VHS DIY offers, to name only a few aspects. This already makes it clear how specifically a project such as this presents itself in the public. But it also means that I don't work with one fixed idea of the "public," but rather with (partial) publics that might also possibly arise out of a project itself. The museum or institution can also take the initiative and call a project to life.

VJM: In this case, "public" also implies an offer for participation—the piece only works when people feel spoken to and become involved in the concept. Interestingly, it's situated in a location that represents one concept of public, namely the state / administrative public, and that also addresses civilian society and thus the other form of public. And even if the question might sound banal: do your works tend to proceed from locations, or from the people who visit these locations?

MK: That's a difficult question, because there is not always a clear separation ... In the course of a project, I see the field of participation in a state of constant change. The first phase of research consists of conversations with people on site; then come the places themselves and their background histories. When it comes to the presentation of an idea and its concept, it might be other groups that are addressed. Making the work can entail many different actors, for instance with "public stage" in Halle (2000) and Sofia (2013). Without their participation, only an empty stage exists, with light that illuminates the scene in a fixed manner, regardless of whether anything at all happens. All this has a direct influence on the level of reflection. It quickly becomes complex and somewhat incalculable, and that's why it's good when there's a curatorial "authority" that accompanies and observes the process and performance. In the end, though, it's the people visiting the respective place that "create" the work.

VJM: Without a public, "public preposition" wouldn't work at all. Not because the public has to interact with the work in some form or react to it, but because it simply forms the kind of resonant space that turns an arena into an agora, to play upon the title of one of the projects—into a place where people come together and share things. Many of the "public preposition" projects have a temporary character, while on the other hand the not yet realized projects are often those that aim for a lasting urban presence. How do you see the relationship between temporally limited intervention and a work that is clearly located in the city space? And what effects does this have on the public in the sense sketched out above?

MK: Actually, first of all I'm referring to an indeterminate public that I don't know—sometimes it only comes together on site. You mentioned the idea of "arena / agora" in Bochum in the framework of the Ruhrtriennale—a project in outdoor space on a repurposed industrial lot. In the evening, this installation was the place where theatergoers could observe each other, where almost stage-like moments took place. At nighttime it reached another audience, one could almost say an "anti-public" that doesn't participate in high culture in this form. A lot of young people used this tribune-like staircase for all kinds of stunts, but what was surprising for curator Heiner Goebbels and his team was that there was no vandalism, despite how remote the work was! To my mind, though, it's not one single public, one single audience that's addressed, but all kinds of

audiences. That's how I understand the agora: not as a privileged location, but as a democratic, open, accessible place—an arena for everybody. The temporary time frame played an important role for observing the ways in which it was used. With "MetaLicht" in Wuppertal in conjunction with the Bergische Universität, it quickly became clear that our ideas about another way to link city space and university space wouldn't allow themselves to be limited to a temporally circumscribed intervention—the idea behind this lives on in the installation—but in a constant change in visual forms and their possibilities of effect. The target group here is clearly the city populace, but there was also an intention on the part of the university and its rector Lambert Koch. This was not connected to any kind of influence on the actual idea of the project, but to a clear notion about the process of how the installation in the city space of Wuppertal could be communicated. Today, it's almost affectionately called the "Acropolis von Wuppertal."
I'd like to ask you about how you see locations for art. For example, what position does the European Kunsthalle assume—is it a place for art, or does the art create the place in this case?

VJM: The European Kunsthalle always regarded itself as a "performative" institution, in other words, as an institution that materializes when it realizes one of its projects, but that has no place of its own and for this reason is active outside the traditional institutional parameters. Thus, in its exhibitions and projects it indirectly poses the question of what places for contemporary art can be today, where art can find its audience beyond stable spatial situations, etc. Interestingly, the autonomy of a work of art in contemporary artistic practice no longer plays such a huge role. In many respects, however, the institutional exhibition spaces follow the same profile of requirements as in post-war modernism. For this reason, art can create a test scenario of what is possible where and what other spaces can be included. But the institutional format can also provide a strategic framework that poses questions at an established location. If the European Kunsthalle were an art project, it would fit the concept of "public preposition" fairly well! An important aspect also is the relative independence, a factor that should not be underestimated. In their dialogue with art and with artists, curators have to take numerous external factors into consideration—from communal politics regarding certain public sectors to the tasks delegated to them, such as education and integration, things that sometimes seem to push the actual work into the background. Thus the problem with the commissioning agency already exists here. That's why I sometimes miss the collaboration between art and curator. It should be that someone commissions something and establishes the first parameters and then gives the complete responsibility over to the artist.

MK: In the first idea for "public stage" in Halle (2000) and also for the second version in Sofia (2013) I refer to a political transformation in speaking and acting in a democratic civilian society—after twelve years of Nazi terror and forty years of communist dictator-ship—but also to the art historically important performance "SILENCE" by Marcel Broodthaers (1972) in Hyde Park at Speakers Corner. Broodthaers silently held up signs one afternoon with the words "Silence," "The mind of William Blake," and "Visit Tate Gallery."

VJM: The 1970s were a very different time; people were still convinced by the idea of public space and used it correspondingly in public articulations. What I always liked about Broodthaers was his conjoining of politics and poetics in the sense of art that take a clear position on questions of art's function in society, but he always formulated these questions in the medium of art. His interventions—a word he probably would have hated—are very subtle, but for this reason very powerful. At first glance, one doesn't notice the radical questioning of the given. At the same time, these are works for which the audience's reaction was fairly unimportant, because the public isn't conceptually incorporated as something directly addressed, but as a viewer in a fairly classical sense. Broodthaers's later antagonist Beuys was responsible for the happening … that had to do with an entirely different idea about the role of art in relation to the change in society or whether it should take on this role at all. In political terms, Broodthaers should always be seen in relation to art's institutions and their function as representation systems.

MK: With "public stage" I was thinking about developing a tool for observing the status quo of the public sphere. But I quickly ran into clear limitations, for instance, with the idea for the publication of "public stage." Our concept entailed making a double-page spread available for each of the 14 days of the public stage in order to document the actions that took place there, like in an album. The Museum Moritzburg in Halle/Saale refused to pay for "black pages"—the days for which we had no material. We insisted on adhering to the concept, because we believed that the "black pages" stood for documented "non-activity" and for this reason had to be shown in this way.

VJM: I find this convincing, especially because something always happens on a public stage, whether it's spectacular or everyday in nature. Black pages for the non-documented happenings are a perfect expression for the way the public sphere always implies a degree of free space for the imagination and takes place between control and anonymity—as a web of relationships between needs, various interests, and behaviors beyond what's obviously articulated.

Projekte / Interventionen
Projects / Interventions

2015–1977

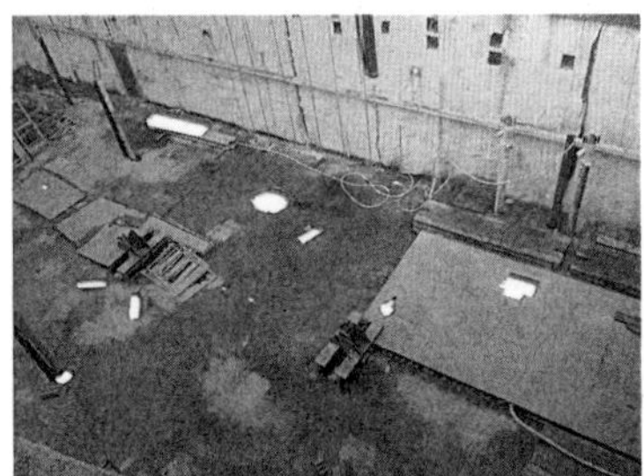

**Köln / Cologne, 2013–2015
„Nullify / Nietenblatt“**

In Zusammenarbeit mit der Initiative „ArchivKomplex“ entstand in einem Zeitraum von zwei Jahren eine lose Reihe von Kooperationen, die sich mit dem Einsturz des Kölner Stadtarchivs im März 2010 und dessen Folgen auseinandersetzten. Die Projekte, künstlerischen Interventionen, Ausstellungen und Veranstaltungen wurden an diversen Orten in Köln u. a. mit Studierenden der Kunsthochschule für Medien (KHM) in Köln realisiert. Im Herbst 2014 entstand in Kooperation mit dem Künstlerkollektiv KJUBH ein „Nietenblatt“, das die bauliche Situation der Einsturzstelle zeigt.

Over a time period of two years a loose series of collaborations arose in cooperation with the ArchivKomplex initiative, which deal with the collapse of the Cologne Historical Archive in March 2010 and its consequences. The projects, artistic interventions, exhibitions, and events were realized in diverse locations in Cologne with, among others, students at the Academy of Media Arts (KHM) in Cologne. In fall 2014 in collaboration with the artist collective KJUBH a "Nietenblatt," a special artist's edition, resulted which shows the structural circumstances of the site of the collapse.

**Köln / Cologne, 2013
„KMB – Kunst- und Museumsbibliothek / Art and Museum Library“
Rathausplatz**

Seit 2012 gibt es konkrete Proteste gegen die mögliche Schließung der Kunst- und Museumsbibliothek (KMB) in Köln und gegen eine dezentrale Unterbringung der Bücher. Begleitet wurden die Gegenstimmen von organisierten öffentlichen Demonstrationen, z. B. am Rathausplatz im Sommer 2013. Jeder der Befürworter des Erhalts sollte sein Anliegen hier mit einem roten Buch öffentlich kenntlich machen. Als „menschliche Schwelle“ legte sich Mischa Kuball für eine Stunde schweigend vor den Eingang des Rathauses.

Since 2012 there have been substantial protests against the possible closure of the Art and Museum Library in Cologne and against the decentralized housing of the books. The voices of protest were accompanied by organized public demonstrations, for example at Rathausplatz in summer 2013. With red books as their symbol, proponents of the preservation of the library publicly showed their support for the cause. As a "human threshold" Mischa Kuball lay silently for an hour in front of the entrance to the city hall.

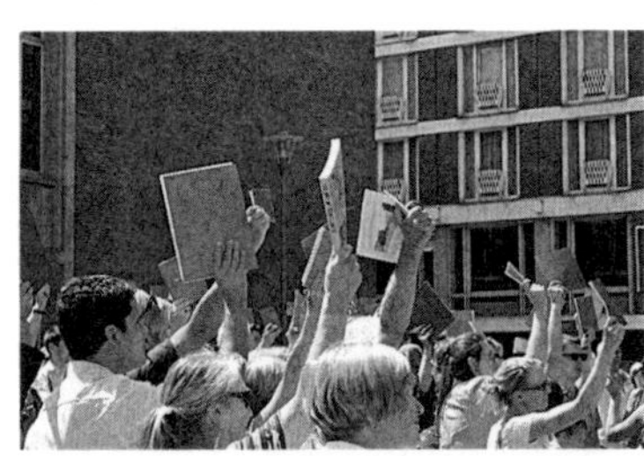

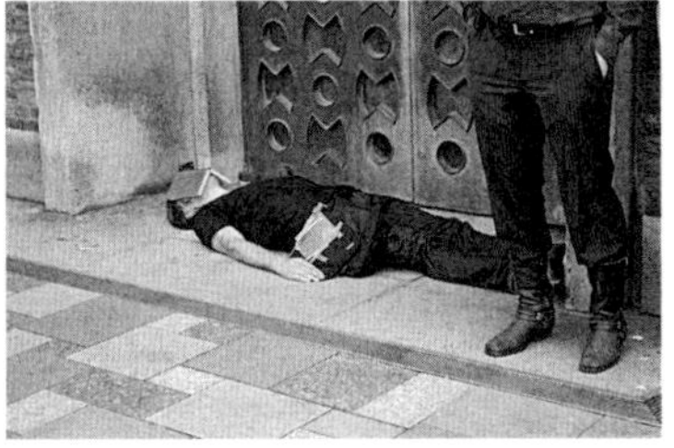

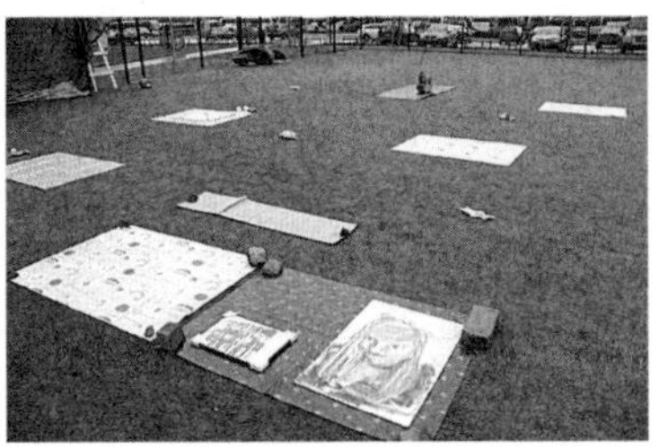

**Helsinki, 2011
„Occupy Helsinki“,
mit Studierenden der Kunstakademie Helsinki / with students from the Helsinki Academy of Fine Arts**

Mit Studierenden der Kunstakademie Helsinki entstand ein Workshop, der sich insbesondere mit der Frage nach politischer Einflussnahme aus der Perspektive der Künstler beschäftigte. Nach kurzer Zeit entstand in kritischer Annäherung ein Kontakt zu den Globalisierungsgegnern „Occupy Helsinki“, die vor einem Verlagshaus in der Innenstadt campierten. Gemeinsam wurde schließlich eine Versteigerung von Kunstwerken der Studierenden unter freiem Himmel an einer Sportplatzumzäunung organisiert. Der Erlös kam zu 100 % „Occupy Helsinki“ zugute. Einzelne Kunststudenten blieben auch nach Abschluss des Workshops in der Bewegung aktiv.

A workshop developed with students from the Helsinki Academy of Fine Arts specifically dealt with the question of political influence from the artist's perspective. In a critical convergence contact was soon made with globalization opponents "Occupy Helsinki," who were camped in front of a publishing house in the inner city. An auction of the students' artworks was collaboratively organized, taking place outdoors in an enclosed sports field. One hundred percent of the proceeds went to "Occupy Helsinki." Several art students remained active in the movement after the workshop ended.

Metz, 2010
„entrée public",
Centre Pompidou-Metz

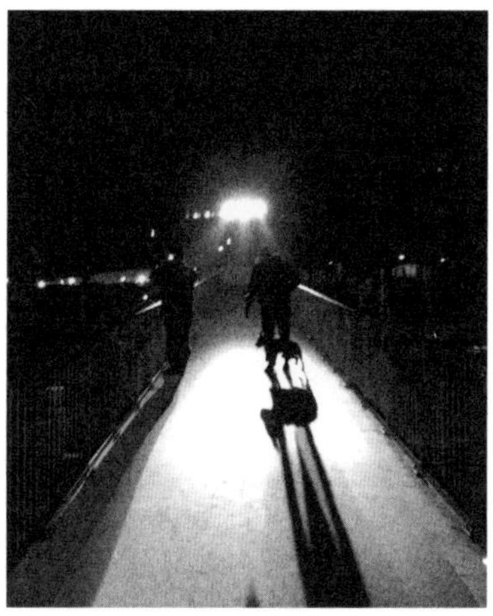

Im Rahmen eines kulturellen „Franchising"-Projekts wurde in Metz ein ehemaliges römisches Amphitheater in Bahnhofsnähe zum neuen „Ableger" des Centre Pompidou in Paris. Im Zuge der Eröffnungsprojekte, u. a. der Ausstellung „Chefs d'œuvre?" mit 700 Meisterwerken der Pariser Kollektion, sollten auch temporäre Arbeiten im Stadtraum mit Bezug zum Centre Pompidou-Metz (CPM) realisiert werden. Mischa Kuball errichtete eine 150 Meter lange Rampe, die den Bahnhof und das CPM in Form einer VIP-Situation für jedermann mit rotem Teppich und Lichtspots verband und inszenierte.

As part of a cultural "franchising project," a former Roman amphitheater in Metz near the train station became a new "branch" of the Centre Pompidou in Paris. In preparation of the inauguration projects, including among others the exhibition "Chefs d'œuvre?" with 700 masterworks out of the Paris collection, temporary works in urban space related to the Centre Pompidou-Metz (CPM) were to be realized. Mischa Kuball installed a 150-meter-long ramp which connected the train station and the CPM staging a VIP section open to everyone with a red carpet and spotlights.

Köln / Cologne, 2010
„Kolumba_shift",
Kolumba

Das Kölner Diözesanmuseum Kolumba tritt mit seiner einzigartigen Architektur von Peter Zumthor, die Alt- und Neubau verbindet, und mit thematischen Wechselausstellungen an die Öffentlichkeit. Raum 10 des Museums ist monografischen Projekten vorbehalten. Zum Jahreswechsel wurde in Anlehnung an das Fenster im Raum ein 7 x 7 Meter großes weißes Lichtfeld langsam in Bewegung versetzt und so die Beziehung zwischen Architektur, Institution und Stadt an der Außenfassade sichtbar gemacht.

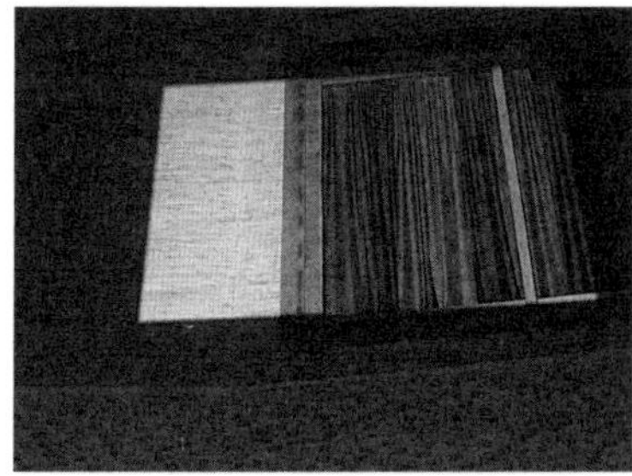

The public reach of the Cologne Diocesan Museum, Kolumba, is shaped by its unique architecture by Peter Zumthor, which connects old and new construction, and through thematic temporary exhibitions. Room 10 of the museum is reserved for monographic projects. At the new year a 7 by 7 meter white field of light modeled after the window in the space slowly shifted across the external façade, thus making visible the relationship between architecture, institution, and city.

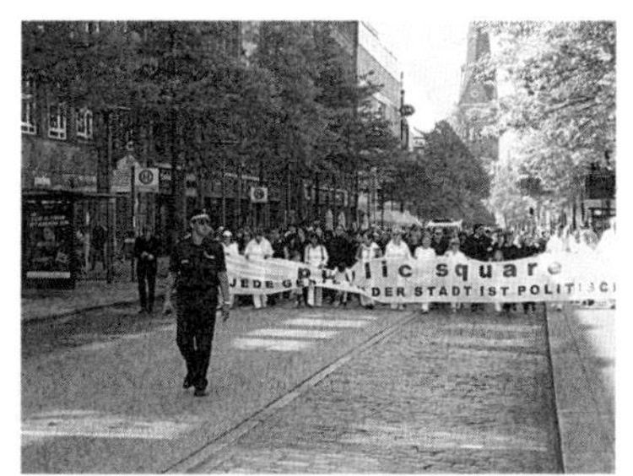

Hamburg, 2007
„public square",
Kunsthalle Hamburg

Im Rahmen einer Ausstellung zu Kasimir Malewitsch und Gegenwartskünstlern in der Kunsthalle Hamburg regte Mischa Kuball eine öffentliche Kundgebung im Sinne der politischen Maxime des Konstruktivismus der 1910er / 1920er Jahre an. Vor dem Hintergrund, dass jeder deutsche Staatsbürger das Recht hat, eine von der örtlichen Polizei begleitete und gesicherte Demonstration zu organisieren, versammelte Kuball ca. 450 Menschen vor der Kunsthalle, die schwarz oder weiß gekleidet als „Schwarzes Quadrat auf weißem Grund" 75 Minuten lang durch die Hamburger Innenstadt zogen. Jeder Teilnehmer erhielt eine projektbezogene Edition.

As part of an exhibition on Kazimir Malevich and contemporary artists in the Kunsthalle Hamburg, Mischa Kuball mobilized a public rally according to the political maxim of Constructivism of the 1910s and '20s. Against the background that every German citizen has the right to organize a demonstration escorted and protected by the police, Kuball assembled about 450 people in front of the Kunsthalle, clothed in black or white to continue for 75 minutes through the inner city of Hamburg as a "black square on a white ground." Each participant received a project-related edition.

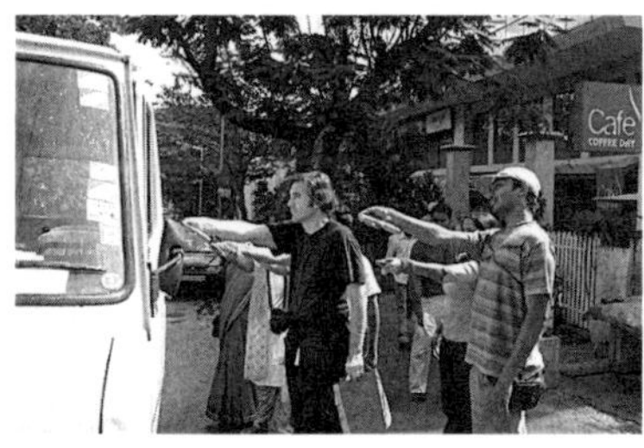

Bangalore, 2006
„public workshop“,
Goethe-Institut,
öffentlicher Raum / public space

Auf Einladung des Goethe-Instituts Max Mueller Bawan Bangalore entwickelte Kuball einen Workshop, um mit performativen Interventionen die Möglichkeiten des öffentlichen Raumes in Bangalore zu erkunden. In einem Zeitraum von vier Tagen inszenierte er mit 12 bis 15 Teilnehmern „urbane Szenen“ im Straßenverkehr, die den Verkehrsfluss manchmal lahmlegten, oder er band zufällige Straßenszenen mit in die Aktionen ein. Zudem wurden themenbezogene Vorlesungen an der Kunstakademie von Bangalore gehalten.

On the invitation of the Goethe-Institut Max Mueller Bhavan Bangalore, Kuball developed a workshop to explore the possibilities of the public spaces of Bangalore through performative interventions. In a period of four days he staged "urban scenes" in street traffic with 12 to 15 participants, which sometimes jammed traffic or he integrated random street scenes into the action. Readings on related themes were also held at the Art Academy in Bangalore.

Banja Luka, 2006
„public workshop“, PROTOK,
öffentlicher Raum / public space

Auf Einladung der Künstlerinitiative PROTOK entstand im Zeitraum von sieben Tagen eine Reihe von spontanen, im Alltag verhafteten Aktionen im öffentlichen Raum von Banja Luka in Bosnien-Herzegowina. Schweigsames, öffentliches Lesen von Literatur aus privatem Bestand oder ad hoc Schachturniere wurden begleitet von einer losen Reihe von Vorträgen und Diskussionen, u. a. mit Dunja Blasewicz und Zoran Erić. Zwei leere Stühle repräsentierten die Abwesenheit zweier albanischer Teilnehmer, die keine Visa erhalten hatten und an der Grenze zwischen Albanien und Montenegro tagelang festgehalten wurden.

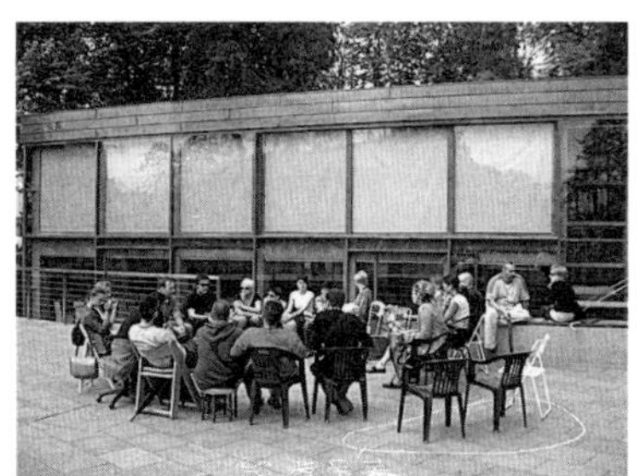

Invited by the artist initiative PROTOK a series of spontaneous actions rooted in the everyday were created in public space in Banja Luka in Bosnia and Herzegovina. Silent public reading of literature from personal collections or ad hoc chess matches were accompanied by a loose series of lectures and discussions, among others, with Dunja Blasewicz and Zoran Erić. Two empty chairs represented the absence of two Albanian participants who could not obtain visas and were detained for days at the border between Albania and Montenegro.

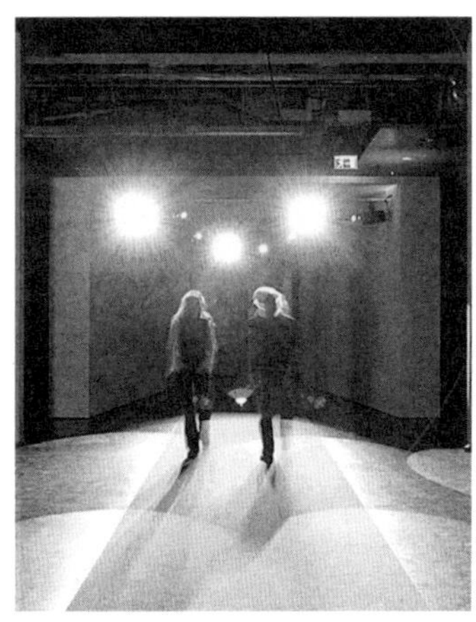

Karlsruhe, 2005
„public entrance“,
ZKM Karlsruhe

Das ZKM | Museum für Neue Kunst und das ZKM | Medienmuseum richteten in Karlsruhe eine der umfassendsten Ausstellungen zur Lichtkunst aus. Kuball entwickelte für den Eingang zur Ausstellung einer Lichtinszenierung, deren Wirkung zwischen Anlockung und Blendung oszillierte. Die Besucher wurden auf einem 150 Meter langen roten Teppich schon vor der Ausstellungshalle mit dem Medium Licht unmittelbar konfrontiert. Beim

Verlassen der Ausstellung hingegen warfen ihre Körper lange Schatten.

The ZKM | Museum for Contemporary Art and the ZKM | Media Museum organized an extensive exhibition of light art in Karlsruhe. Kuball developed a light show for the entrance of the exhibition with an effect that oscillated between visually appealing and blinding to the viewer. Visitors directly encountered the medium of light on the 150-meter-long red carpet as they approached the exhibition hall. When leaving the exhibition, however, their bodies cast long shadows.

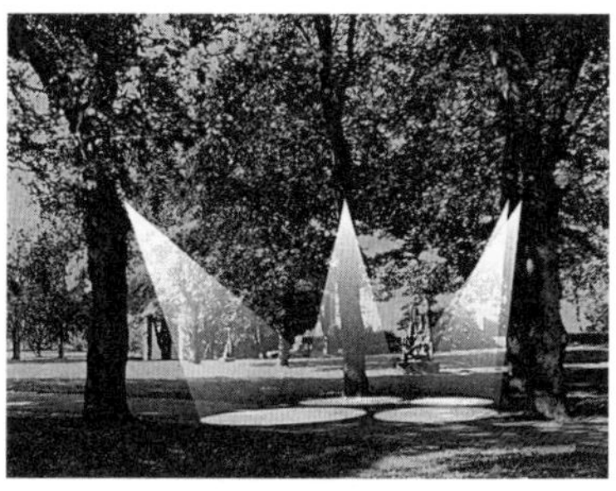

Duisburg, 2004
„KantParkStage“,
Lehmbruck Museum,
Immanuel-Kant-Park

Zwischen den Bäumen im Duisburger Kantpark realisierten die Künstler Kunsu Shim, Gerhard Stäbler und Mischa Kuball eine multimediale, interaktive Installation, die als temporäre nächtliche Bühne genutzt werden konnte. Vier sensorgesteuerte Scheinwerfer richteten sich, von Geräuschen „angelockt“, auf die Passanten, die diese verursachten, und leuchteten sie kurzzeitig und überraschend an. Die Kooperation fand in Zusammenarbeit mit dem Lehmbruck Museum in Duisburg statt.

Among the trees in the Kantpark in Duisburg the artists Kunsu Shim, Gerhard Stäbler, and Mischa Kuball realized an interactive multimedia installation that could be used as a temporary stage at night. Attracted by the sounds made by passersby, four sensor-controlled spotlights were directed towards them, illuminating them for a moment and taking them by surprise. The collaboration took place in cooperation with the Lehmbruck Museum in in Duisburg.

Kopenhagen / Copenhagen, 2001
„public katharsis“,
öffentlicher Raum / public space

Kopenhagen war im Jahr 2001 Hauptstadt der EU-Präsidentschaft und stand somit im Fokus für die Gespräche der Europäischen Union um ihre sogenannte Osterweiterung. Eine öffentliche beleuchtete Rampe verband den Bürgersteig auf kurze Zeit mit dem Eingang des königlichen Palastes und hob die Schwelle zwischen den beiden „Öffentlichkeiten“ demokratisch auf.

Copenhagen was the capital of the EU presidency in 2001 and was thus central to the discussions of the European Union and its so-called eastern expansion. A public illuminated ramp connected the sidewalk with the entrance to the royal palace for a short time and democratically lifted up the barrier between these two "publics."

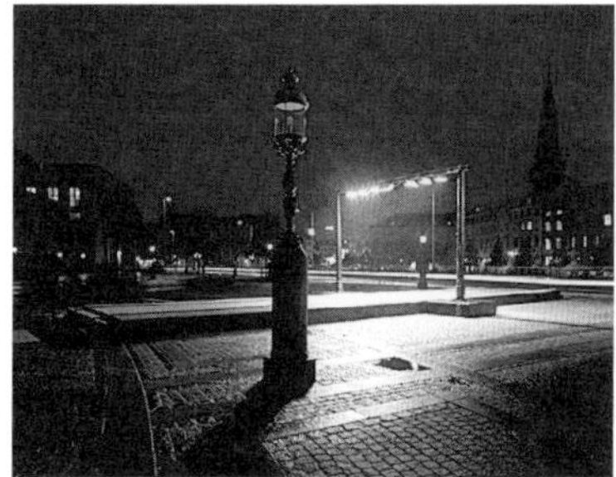

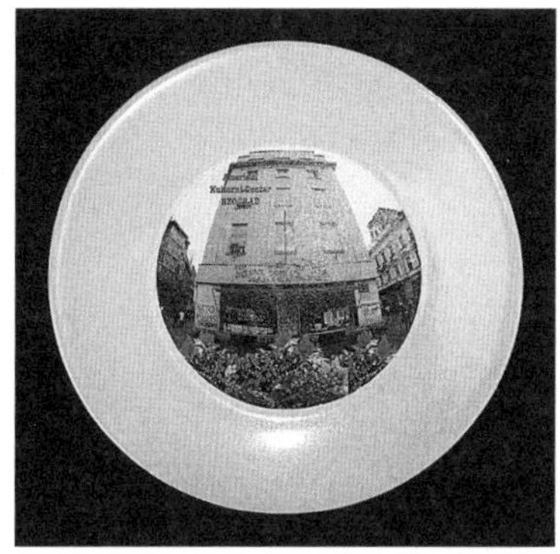

Belgrad / Belgrade, 2001
„Souvenir for Belgrade /
Dysfunctional Places /
Displaced Functionalities“,
öffentlicher Raum / public space

Antiamerikanische und antikapitalistische Graffitis vermischen sich am Gebäude des ehemaligen amerikanischen Kulturzentrums in Belgrad mit den Spuren des Balkankrieges 1992/93. In diese Situation der Ambiguität setzte Kuball eine Intervention von fünf Minuten. 200 Souvenirteller (mit einem serbo-kroatischen Flugblatt) wurden an Passanten verteilt. Sie waren in Anlehnung an Kunststoffteller, die ursprünglich mit amerikanischen Comic-Ikonen dekoriert waren, in Belgrad gefertigt worden.

Anti-American and anti-capitalistic graffiti mingle on the building of the former American Cultural Center in Belgrade with the traces of the Balkan War of 1992/93. In this ambiguous situation Kuball placed a five-minute intervention. Two-hundred souvenir plates (with a Serbo-Croat leaflet) were distributed to passersby. They were manufactured in Belgrade in the style of plastic plates that were originally decorated with American comic icons.

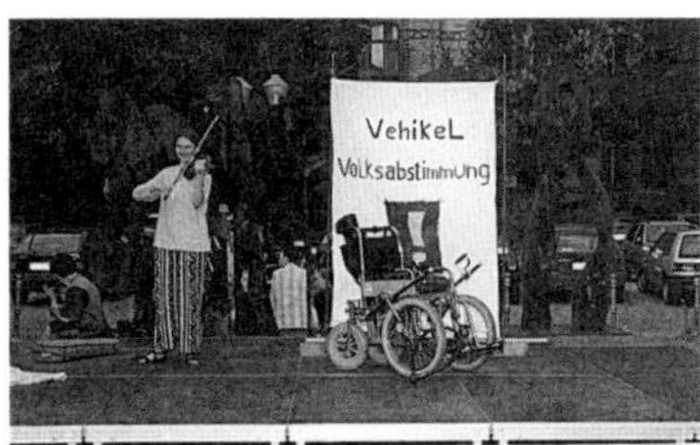

www.publicstage.d

Halle / Saale, 2000
„public stage", Staatliche Galerie Moritzburg, öffentlicher Raum / public space

Auf die Einladung hin, das burgartige Museumsgebäude zum Stadtbild hin zu öffnen, reagierte der Künstler mit einer öffentlichen Bühne vor dem Museum, die 14 Tage lang für jedermann zugänglich und „bespielbar" war. Alle Aktivitäten wurden dokumentiert und in einer kleinen Broschüre zusammengefasst. Eine Webcam übertrug das Geschehen ins Internet. Momente des Zeigens und Selbstdarstellens wurden Aspekte eines Werkverständnisses auf Zeit.

Invited to open up the castle-like museum building out to the cityscape, the artist responded with a public stage in front of the museum that was accessible and "performable" to everyone for 14 days. All activities were documented and summarized in a small brochure. A webcam broadcast the happenings on the Internet. Moments from the shows and self-representations were ephemeral aspects of an understanding of the work.

Lüneburg, 2000
„urban context" mit Studierenden und Lehrenden der Universität Lüneburg, öffentlicher Raum / public space with students and teaching staff of Lüneburg University

Weitestgehend unbemerkt verläuft ein ehemaliger Gauleitungsbunker unter einer Bundesstraße in Lüneburg. Die Idee von Studierenden der angewandten Kulturwissenschaften, eine Intervention im Bunker zu realisieren, wurde vom Bürgermeister abgelehnt, da dieser eine Negativpropaganda für die Stadt befürchtete. Fünf Jahre später, nach zahlreichen Gesprächen und Recherchen zu Bunkertypologien und weiteren Lüneburger Monumenten im Kontext der Weltkriege, wurde der Grundriss des Gauleitungsbunker alternativ mit Lichtspuren auf der Straße nachgezeichnet.

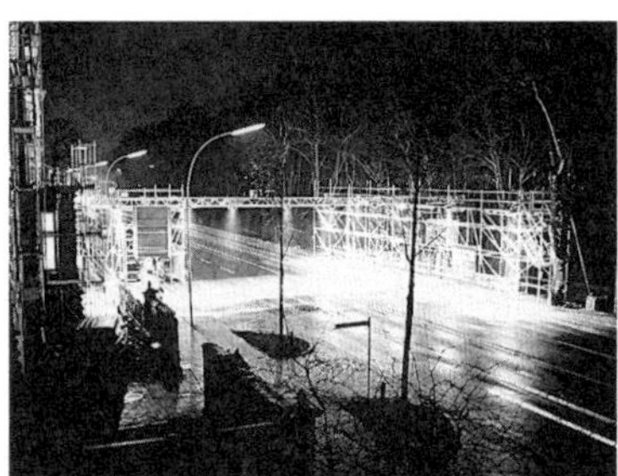

A former Gauleitung bunker runs largely unnoticed under a main road in Lüneburg. The applied cultural studies students' idea to realize an intervention in the bunker was rejected by the mayor, as he feared negative propaganda for the city. Five years later, after numerous discussions and research into bunker typology and other monuments in Lüneburg in the context of the world war, as an alternative the floor plan of the Gauleitung bunker was traced with light on the street.

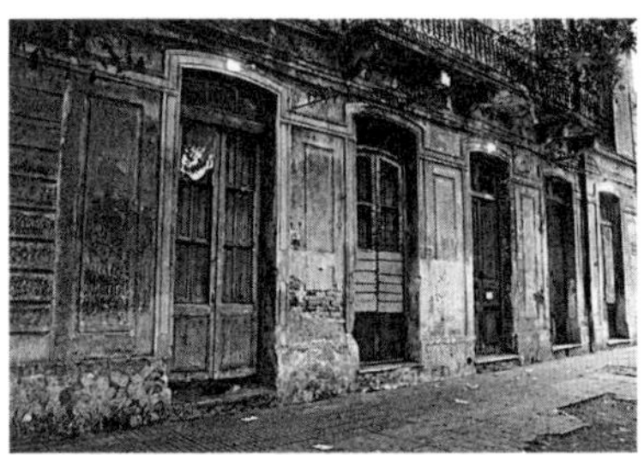

Montevideo, 1999
„greenlight' rua Democracia", öffentlicher Raum / public space

Grüne Lichter markierten die verlassenen Häuser (casas abandonadas) in Montevideo in einem der größten Bauprojekte Südamerikas, das in den 1920er Jahren von dem argentinischen Architekten Emilio Reus realisiert worden war. Ziel der temporären Lichtinstallationen und einer umfangreichen archivarischen Arbeit war es, auf die sich verändernden Strukturen der jüdischen Immigration einzugehen und sie im Rahmen einer künstlerischen Forschung sichtbar werden zu lassen. Soziale Spannungsfelder, die Bereiche wie Drogenhandel und Prostitution einschlossen, wurden mit berücksichtigt.

Green lights marked the abandoned houses (casas abandonadas) in Montevideo in one of the largest construction projects in South America, realized by Argentinean architect Emilio Reus in the 1920s. The goal of the temporary light installation and an extensive archival work was to take on the changing structures of Jewish immigration, giving it visibility in the scope of an artistic research project. Social conflict areas, including fields like drug trade and prostitution, were taken into consideration.

Chemnitz, 1998
„Karl-Marx-Kopf, Ostung“,
öffentlicher Raum / public space

Als Wahrzeichen von Karl-Marx-Stadt, dem heutigen Chemnitz, diente die monumentale Bronzeplastik Karl-Marx-Kopf an Festtagen der DDR als Kulisse für sämtliche Veranstaltungen. Vor dem ehemaligen Rat des Bezirkes und heutigen Wohnkomplex im Stadtzentrum sollte die zweitgrößte Porträtbüste der Welt in östliche Richtung gedreht werden, um so das formale und politische Verhältnis zwischen Architektur und Denkmal neu zu markieren und zur Diskussion zu stellen.

As the symbol of Karl-Marx-Stadt, today Chemnitz, the monumental bronze sculpture of Karl Marx's head served as a backdrop for all events on GDR holidays. Standing in front of the former county council and current residential complex in the city center, the second largest portrait bust in the world would be rotated to face east. Thus highlighting anew the formal and political relationship between architecture and monument and to put this theme up for discussion.

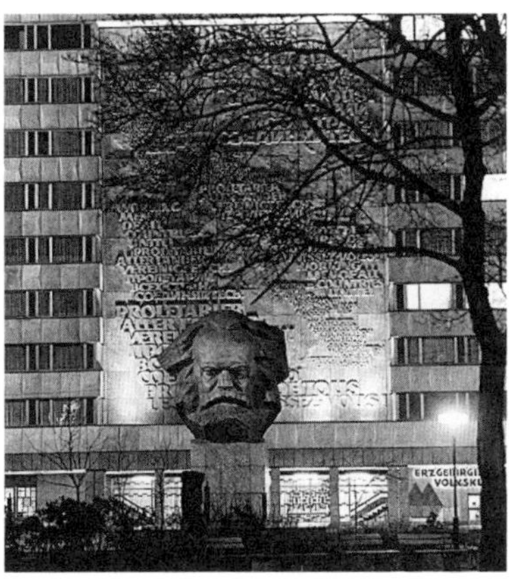

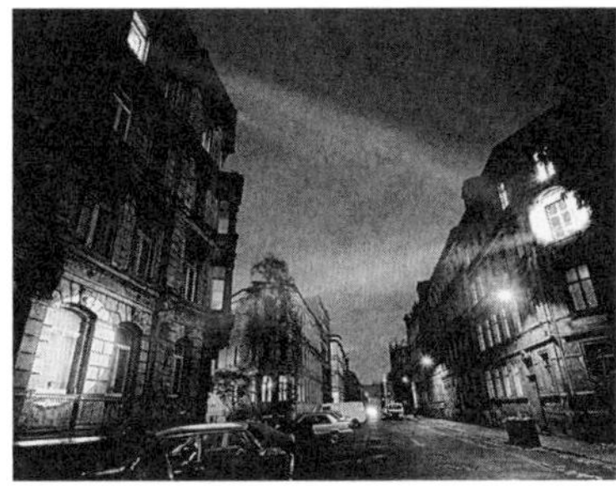

Leipzig, 1994
„Peep-out“, Galerie für Zeitgenössische Kunst,
öffentlicher Raum / public space

Die Galerie für zeitgenössische Kunst initiierte 1994 ein Projekt, das sich mit Fragen nach Leerstand von Wohnraum in Leipzig beschäftigte. Kurzfristige Kollaborationen sollten dieses urbane Thema unübersehbar im Stadtraum verankern. Im Laufe der Zusammenarbeit entdeckte Kuball eine weitere leer stehende Wohnung, die er unmittelbar in seine Konzeption mit einbezog. Innerhalb weniger Wochen wurde die Wohnung aus Angst vor möglichen Hausbesetzern schließlich an Studenten vermietet.

In 1994, the Galerie für Zeitgenössische Kunst initiated a project in 1994 that dealt with questions about the housing vacancy in Leipzig. Short-term collaborations were to anchor this urban theme conspicuously in urban space. Over the course of the collaboration Kuball discovered another empty home that he directly factored into his concept. Inside of a few weeks the apartment was ultimately rented to students out of fear of possible squatters.

Stommeln, Pulheim, 1994
„refraction house“,
Synagoge / Synagogue Stommeln

Unter dem Titel „Projekt Synagoge Stommeln“ wird seit 1991 jährlich ein Künstler eingeladen, für die kleine Landsynagoge, welche die Pogrome von 1938 überdauert hat, ein Projekt zu entwickeln. Mit Kuballs Eingriff wurde die Synagoge zum ersten Mal während der gesamten Ausstellungsdauer vom 27. Februar bis 14. April 1994 verschlossen und für die Öffentlichkeit unzugänglich gemacht. Stattdessen wurden die Besucher von starken Scheinwerfern, welche aus der Synagoge heraus die umliegenden Gebäude der Nachbarn beleuchteten, geblendet.

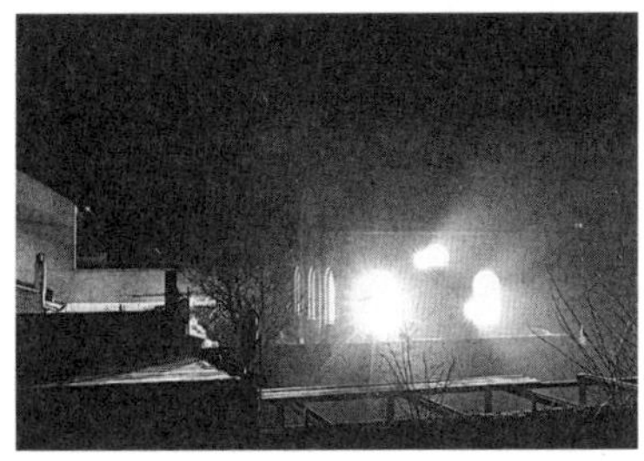

Each year since 1991 under the title "Project Synagogue Stommeln" an artist is invited to develop a project for the small synagogue which survived the pogroms of 1938. With Kuball's intervention the synagogue was closed for the first time during the run of the exhibition from February 27 to April 14, 1994, and was made inaccessible to the public. Instead the visitors were dazzled by strong floodlights shining out from inside the synagogue which illuminated the neighboring buildings.

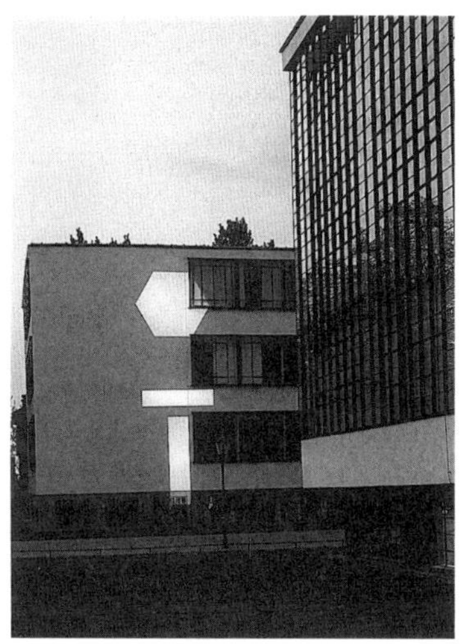

Dessau, 1992
„Lichtbrücke / Bauhaus-Block / Light Bridge“, Bauhaus

Nach vier Jahren der Planung realisierte Kuball in den Treppenhäusern, Zwischenräumen und an der Außenfassade des Bauhaus in Dessau eine dynamische Dreifachprojektion von Diapositiven mit geometrischen Formen. Das Gebäude selbst wurde 24 Stunden durchgehend geöffnet und begehbar gemacht. Es war die erste öffentliche künstlerische Intervention im Bauhaus nach seiner Schließung 1933 durch die NSDAP und positionierte die Institution deutlich in ihrem öffentlichen Umraum.

After four years of planning Kuball realized a dynamic three-part projection of transparencies of geometric forms in the stairwells, in-between spaces, and on the exterior façade of the Bauhaus in Dessau. The building itself was open 24 hours and made accessible to the public. It was the first public artistic intervention in the Bauhaus after its closure in 1933 by the NSDAP and positioned the institution clearly in its public surroundings.

Düsseldorf, 1990
„Megazeichen“, Mannesmann-Hochhaus

Eine Reise nach New York 1982 gab den Impuls, das 23-stöckige Mannesmann Verwaltungshochhaus von Paul Schneider von Esleben, das in den 1950er Jahren in Düsseldorf errichtet wurde, zur nächtlichen Skulptur werden zu lassen. Die fast 700 Mitarbeiter wurden an bestimmten Abenden gebeten, das Bürolicht entweder ein- oder auszuschalten. So entstanden alleine durch die „Orchestrierung“ des vorhandenen Lichts zwischen dem 3. Oktober und dem 13. November 1990 insgesamt sechs nächtliche Zeichen, welche die erste temporäre, skulpturale Intervention des Künstlers im urbanen Raum bildeten.

A trip to New York in 1982 was the catalyst for creating a nocturnal sculpture out of the 23-story Mannesmann administrative high-rise building designed by Paul Schneider from Esleben and erected in Düsseldorf in the 1950s. The almost 700 employees were asked on a particular evening to either leave on or turn off their office light. Through this "orchestration" of existing lights, a total of six configurations resulted between October 3 and November 13, 1990. This project formed the first temporary sculptural intervention in urban space by the artist.

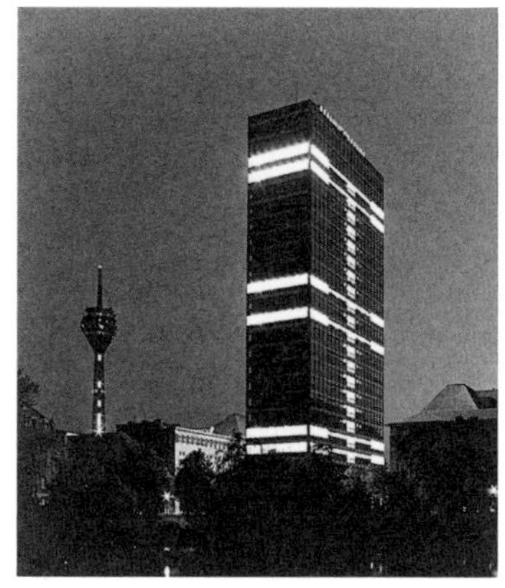

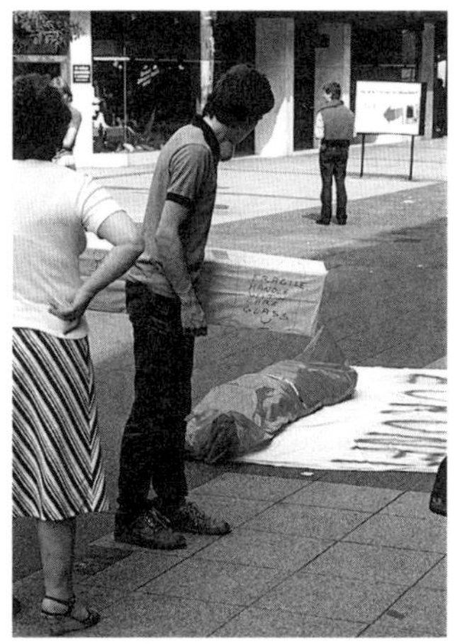

Düsseldorf, 1977
„no future“, öffentlicher Raum / public space

Ausgehend von dem Song „Into the Light“ von Peter Gabriel entstand Kuballs erste öffentliche, durch wenige Fotografien dokumentierte Performance relativ spontan in einer Düsseldorfer Fußgängerzone. In einem Sondermüllsack bewegte er sich von einem Parkplatz zu den Geschäften hin. Dort lag er ca. zwei Stunden auf einem mit einem Grafitti versehenen Betttuch, während Passanten ungläubig gegen den regungslosen Sack traten.

With the song "Into the Light" by Peter Gabriel as a starting point, Kuball's first public performance came about rather spontaneously in a pedestrian zone in Düsseldorf, and was documented through just a few photographs. Inside of a hazardous waste bag he moved from a parking lot towards the busy shopping area. There he lay for about two hours on a graffitied bedsheet while passersby kicked the motionless bag in disbelief.

Bibliografie
Bibliography

2015

MetaLicht, Mischa Kuball, hrsg. von/ed. by Lambert T. Koch, Bergische Universität Wuppertal, Wuppertal 2015

Mischa Kuball: playtime/domestic version/Paris, hrsg. von/ed. by Laurent Mueller, galerie laurent mueller, Ausst.-Kat./exh. cat. galerie laurent mueller Paris, Paris 2015

Mischa Kuball: broca remix/think tank, hrsg. von/ed. by Valentin Rothmaler, St. Petri Kuratorium, Ausst.-Kat./exh. cat. St. Petri Kuratorium Lübeck, Wismar 2015

2014

New Pott: neue Heimat im Revier, hrsg. von/ed. by Söke Dinkla, Stiftung Wilhelm Lehmbruck Museum, Ausst.-Kat./exh. cat. Wilhelm Lehmbruck Museum Duisburg, Duisburg 2014

Mischa Kuball: dunkle Kammer, hrsg. von/ed. by Anna Emmerling, THE VIEW – Contemporary Art Space, Ausst.-Kat./exh. cat. THE VIEW – Contemporary Art Space Salenstein, Salenstein 2014

2012

Platon's Mirror – And the Actuality of the Cave Allegory, Inspired by Projections of Mischa Kuball/Platons Spiegel – und die Aktualität des Höhlengleichnisses, angeregt durch Projektionen von Mischa Kuball, hrsg. von/ed. by Andreas Beitin, Leonhard Emmerling, Blair French, Köln/Cologne 2012

2011

New Pott: Neue Heimat im Revier, hrsg. von/ed. by Mischa Kuball, Harald Welzer, Zürich/Zurich 2011

KolumbaShift, Mischa Kuball, hrsg. von/ed. by Stefan Kraus, Kolumba, Ausst.-Kat./exh. cat. Kolumba, Köln/Cologne 2011

2010

Mischa Kuball, public alphabet, hrsg. von/ed. by Dirk Krämer, Klaus Maas, Museum DKM, Galerie DKM, Stiftung DKM, Ausst.-Kat./exh. cat. Museum DKM, Galerie DKM, Stiftung DKM Duisburg, Duisburg 2010

2008

Mischa Kuball, Re:Mix/broca II (Letters/Numbers), hrsg. von/ed. by Melentie Pandilovski, Experimental Art Foundation, Ausst.-Kat./exh. cat. Experimental Art Foundation Adelaide, Adelaide 2008

Rauhfaser//Kunst – Wände im Wandel, hrsg. von/ed. by Johannes Stahl, Wuppertal 2008

Privát fény a Ráday utcában/Privates Licht in der Rádayutca. Eine gemeinsame Ausstellung von Mischa Kuball, dem Goethe-Institut Budapest und den Bewohnern der Straße, hrsg. von/ed. by Gabriele Gauler, Ausst.-Kat/exh. cat. Goethe-Institut Budapest, Budapest 2008

Rita Kersting, „Kunst als produktive Störung. Ein Gespräch mit Thorsten Nolting und Mischa Kuball", in: *Shelter, Tagesstätte für wohnungslose Menschen*, hrsg. von/ed. by Diakonie in Düsseldorf – Gemeindedienst der evangelischen Kirchengemeinden e.V., Düsseldorf, S./pp. 4–11, 2008

2007

Mischa Kuball ... in progress, Projekte/Projects 1980–2007, hrsg. von/ed. by Florian Matzner, Ostfildern-Ruit 2007

2006

Mischa Kuball, Zwei Abendräume für Köln, hrsg. von/ed. by Friedhelm Mennekes, Ausst.-Kat./exh. cat. Sankt Peter/Sankt Cäcilien Köln, Köln/Cologne 2006

kuball@sino, hrsg. von/ed. by Ingo Hillen, Matthias Hocke, Ausst.-Kat./exh. cat. sino AG Düsseldorf, Düsseldorf 2006

Mischa Kuball, public blend, hrsg. von/ed. by Rüdiger Belter, Ausst.-Kat./exh. cat. Kunstraum München, München/Munich 2006

2005

Flash Planet 2005, Mischa Kuball, hrsg. von/ed. by Ihor Holubizky, Institute of Modern Art Brisbane, Ausst.-Kat./exh. cat. Institute of Modern Art Brisbane, Brisbane 2005

FlashBoxOldenburg – Mischa Kuball. hrsg. von/ed. by Corinna Otto, Oldenburger Kunstverein, Edith-Ruß-Haus für Medienkunst, Ausst.-Kat./exh. cat. Oldenburger Kunstverein/Edith-Ruß-Haus für Medienkunst Oldenburg, Oldenburg 2005

2004

Mischa Kuball: Utopie/Black Square 2001 ff., hrsg. von/ed. by Kai-Uwe Hemken, Monika Steinhauser, Ausst.-Kat./exh. cat. Kunstsammlung der Ruhr-Universität Bochum, Frankfurt am Main 2004

2003

Mischa Kuball, Stadt durch Glas (Moskau/Düsseldorf/Moskau)/City through glass. (Moscow-Düsseldorf-Moscow), hrsg. von/ed. by Pia Müller-Tamm, K20 Kunstsammlung Nordrhein-Westfalen, Ausst.-Kat./exh. cat. K20 Kunstsammlung Nordrhein-Westfalen Düsseldorf, Düsseldorf 2003

2002

Ein Fenster Ein Prozess, wo sind sie geblieben? Kunstprojekt 2000/2001, hrsg. von/ed. Hella Henckel-Bruckhaus, Ausst.-Kat./exh. cat. Johanneskirche Stadtkirche Düsseldorf, Düsseldorf 2002

2001

Mischa Kuball: „public stage": project documentation Moritzburg Halle/Saale, Germany 2000/2001, hrsg. von/ed. by Cornelia Wieg, Staatliche Galerie Moritzburg Halle, Landeskunstmuseum Sachsen-Anhalt, Ausst.-Kat./exh. cat. Staatliche Galerie Moritzburg Halle/Saale, Köln/Cologne 2001

Mischa Kuball: ein fenster – Eine Dokumentation, hrsg. von/ed. by Thorsten Nolting, Ausst.-Kat./exh. cat. Johanneskirche Stadtkirche Düsseldorf, Köln/Cologne 2001

2000

Mischa Kuball, SIX-PACK-SIX: ein Installationsprojekt des Museum Folkwang für den RWE-Turm, Essen, hrsg. von/ed. by Ute Eskildsen, RWE AG, Museum Folkwang, Ausst.-Kat./exh. cat. Museum Folkwang, RWE-AG Essen, Essen 2000

Mischa Kuball – urban context, hrsg. von/ed. by Hartmut Dähnhardt, Ruth Schulenburg, Ausst.-Kat./exh. cat. Bunker Lüneburg, Kunstinitiative e.V. Lüneburg, Hannover/Hanover 2000

Mischa Kuball: Schleudertrauma/slings of memory, hrsg. von/ed. by Peter Friese, Kunstverein Ruhr e.V., Ausst.-Kat./exh. cat. Kunstverein Ruhr e.V. Essen, Essen 2000

1999

Mischa Kuball – greenlight: Jüdische Einwanderung in Uruguay, Straße der Demokratie, hrsg. von/ed. by Hans-Georg Thönges, Goethe-Institut Montevideo, Ausst.-Kat./exh. cat. Goethe-Institut Montevideo, Montevideo 1999

Sieh' durch meine Augen/Stadt durch Glas: Installation Klinikum Krefeld, Neurochirurgische Klinik & Gamma Knife Zentrum, hrsg. von/ed. by Frank Ulrich, Gerhard A. Horstman, Ausst.-Kat./exh. cat. Neurochirurgische Klinik Krefeld, Düsseldorf 1999

Mischa Kuball: Sprach Platz Sprache, hrsg. von/ed. by Bernd Kauffmann, Ulrich Krempel, Ausst.-Kat./exh. cat. Weimar Kulturstadt Europas, Ostfildern-Ruit 1999

Mischa Kuball, Project Rooms, hrsg. von/ed. by Michael Petry, Museum of Installation, Ausst.-Kat./exh. cat. Museum of Installation, London 1999

1998

Karl-Marx-Kopf. Chemnitz, hrsg. von/ed. by Wolfgang Heinen, Ulrich Krempel, Mischa Kuball, Johannes Stahl, Düsseldorf 1998

Mischa Kuball – Private Light/Public Light, hrsg. von/ed. by Karin Stempel, Ausst.-Kat./exh. cat. 24. São Paulo Biennale, Ostfildern-Ruit 1998

Mischa Kuball, tower of power, hrsg. von/ed. by Manfred Middendorff, Ausst.-Kat./exh. cat. Herrenhäuser Turm, Sprengel Museum Hannover, Hannover/Hanover 1998

1997

Mischa Kuball: SIX-PACK-SIX, hrsg. von/ed. by Reiner Speck, Gerhard Theewen, Köln/Cologne 1997

project rooms: Mischa Kuball, hrsg. von/ed. by Gérard A. Goodrow, Köln/Cologne 1997

fragen/perguntar/asking. Material/Immaterial, hrsg. von/ed. by Mischa Kuball, Karin Stempel, Ausst.-Kat./exh. cat. Casa das Rosas São Paulo, Düsseldorf 1997

1996

Mischa Kuball, World-Rorschach/Rorschach-World, hrsg. von/ed. by Katharina Winnekes, Ausst.-Kat./exh. cat. Diözesan-Museum Köln, Köln/Cologne 1996

Mischa Kuball: Moderne, rundum/Vienna Version, hrsg. von/ed. by Christa Mittermayer, Bernhard Fellner, Ausst.-Kat./exh. cat. Museum moderner Kunst Stiftung Ludwig/Palais Lichtenstein, Wien/Vienna 1996

1995

Mischa Kuball: PROJEKTION/REFLEKTION, hrsg. von/ed. by Mariana Hanstein, Kurt Danch, Ausst.-Kat./exh. cat. Kunst-Station Sankt Peter Köln, Köln/Cologne 1995

Mischa Kuball, Rotierenderlichtraumhorizont, in: *Deutzer Brücke/Deutzer Bridge*, hrsg. von/ed. by Petra Stilper, Die Wanderhalle e.V., Ausst.-Kat./exh. cat. Die Wandelhalle e.V., Forum für Kunst Köln, Köln/Cologne 1995

1994

No-Place, Mischa Kuball (eine Intervention) im Sprengel Museum Hannover, hrsg. von / ed. by Ulrich Krempel, Sprengel Museum Hannover, Ausst.-Kat. / exh. cat. Sprengel Museum Hannover, Düsseldorf 1994

Mischa Kuball 1994, hrsg. von / ed. by, Martin Bochynek, Raimund Stecker, Ausst.-Kat. / exh. cat. Kunstverein für die Rheinlande und Westfalen, Düsseldorf 1994

Mischa Kuball: refraction house, hrsg. von / ed. by Gerhard Dornseifer, Angelika Schallenberg, Stadt Pulheim, Ausst.-Kat. / exh. cat. Synagoge Stommeln Pulheim, Köln / Cologne 1994

1993

Olaf Nicolai, *„Postraum von Mischa Kuball"*, in: *Die Gabe: Eine Sammlung*, hrsg. von/ed. by Olaf Nicolai, Edition 931 Leipzig, Leipzig 1993

Mischa Kuball, Double Standard, hrsg. von / ed. by Edna van Duyn, Ausst.-Kat. / exh. cat. De Appel Foundation Amsterdam, Amsterdam 1993

1992

Bauhaus-Block: Mischa Kuball, hrsg. von / ed. by Lutz Schöbe, Ausst.-Kat. / exh. cat. Bauhaus Dessau, Stuttgart 1992

World Fall, hrsg. von / ed. by Tobey Crockett, Mischa Kuball, Ausst.-Kat. / exh. cat. Haus Wittgenstein Wien, Bensheim 1992

1991

B(l)aupause – Mischa Kuball, hrsg. von / ed. by Karin Stempel, Städtisches Museum Mülheim an der Ruhr, Ausst.-Kat. / exh. cat. Städtisches Museum Mülheim an der Ruhr, Mühlheim an der Ruhr 1991

Welt/Fall – World/Fall: eine Annäherung, hrsg. von / ed. by Mischa Kuball, Ausst.-Kat. / exh. cat. Haus Wittgenstein Wien, Mönchengladbach 1991

1990

Megazeichen – Mischa Kuball, hrsg. von / ed. by Mischa Kuball, Ulrich Krempel, Düsseldorf 1990

Kabinett/Cabinet, hrsg. von / ed. by Wolfgang Heinen, Ausst.-Kat. /exh. cat. Nassauischer Kunstverein Wiesbaden, Chelouche Center of Art Tel-Aviv, Josef-Haubrich-Kunsthalle Köln. Düsseldorf 1990

Die Rede / The Speech, hrsg. von / ed. by Dieter Bartetzko, Düsseldorf 1990

1989

Deutsches Haus Würzburg 1989 – Deutsches Haus (sozialer Wohnungsbau) Deutscher Pavillon, Mediendrama, hrsg. von / ed. by Britta Buhlmann, Städtische Galerie Würzburg, Ausst.-Kat. / exh. cat. Städtische Galerie Würzburg, Würzburg 1989

1988

Mischa Kuball, Körper, hrsg. von / ed. by Rupprecht Schröder, Galerie Schröder, Ausst.-Kat. / exh. cat. Galerie Schröder Mönchengladbach, Mönchengladbach 1988

Mischa Kuball, Projektion–Installation, hrsg. von / ed. by Lucy Schauer, Neuer Berliner Kunstverein, Ausst.-Kat. / exh. cat. Neuer Berliner Kunstverein Berlin, Berlin 1988

1987

Mischa Kuball – Installation 1987, hrsg. von / ed. by Ulrich Krempel, Städtische Galerie im Museum Folkwang, Ausst.-Kat. / exh. cat. Museum Folkwang, Essen / Tibor de Nagy, New York, Essen 1987

1984

Mischa T. Kuball – (Keller) Galerie Düsseldorf, hrsg. von / ed. by Stephan von Wiese, Kulturamt Stadt Düsseldorf, Düsseldorf 1984

Autorenbiografien
Authors' Biographies

Zoran Erić ist Kunsthistoriker, Dozent und Chefkurator am Museum of Contemporary Art in Belgrad. Er hat an der Bauhaus-Universität Weimar promoviert. Seine Forschungsgebiete umfassen Treffpunkte in der Stadtgeografie, räumlich-kulturelle Diskurse und Theorien radikaler Demokratie.

Zoran Erić is an art historian, lecturer, and Chief Curator at the Museum of Contemporary Art, Belgrade. He holds a Ph.D. from Bauhaus-Universität Weimar. His research fields include the meeting points of urban geography, spatio-cultural discourse, and theory of radical democracy.

Blair French ist Curatorial and Digital Director des Museum of Contemporary Art Australia. Er war kuratorischer Leiter der 6. und Kurator der 7. SCAPE Public Art Christchurch Biennale.

Blair French is Director, Curatorial and Digital at the Museum of Contemporary Art Australia. He was curatorial convenor for the 6th and curator of the 7th SCAPE Public Art Christchurch Biennial.

Vanessa Joan Müller ist Kunsthistorikerin und Kuratorin. Sie arbeitet als Dramaturgin bei der Kunsthalle Wien und leitet das Projekt European Kunsthalle.

Vanessa Joan Müller is an art historian and curator. She works as a dramaturge at the Kunsthalle Vienna and leads the European Kunsthalle project.

Barbara Steiner ist Kuratorin, Autorin und Herausgeberin. Gegenwärtig hat sie eine zweijährige Vertretungsprofessur für Kulturen des Kuratorischen an der Hochschule für Grafik und Buchkunst in Leipzig inne.

Barbara Steiner is a curator, author, and editor. She currently holds a two year visiting professorship in Cultures of Curation at the Hochschule für Grafik und Buchkunst in Leipzig, Germany.

Dank
Thanks

Mischa Kuball dankt allen Unterstützern von „public preposition“/Mischa Kuball would like to thank all supporters of „public preposition“:

Maria Adamski, Maximilian Ahr, Michael Aitken, Tsvetelina Aleksieva, Werner Arndt, Frauke Arnold, Sonja Bahr, Pat Barrow, Rudolf Bartsch, Malte Bartsch, Fritz Behrens, Daniela Berglehn, Daniel Birnbaum, Andras Blazsek, Bob Blyth, Frank Bölter, Kerstin Bongartz, Christian Boros, Robert Böse, Dieter Brehm, Stephanie Brown, Johannes Bunsch, Michelle Callingham, Flora Carlhoff, Tina Carstens, Jack Chaney, Angeliki Charistou, Jimmy Chen, Matei Chihaia, Mark Christensen, Inka Christmann, Phil Clearwater, Anna Colthart, Pauline Cotter, Tony Cragg, Lukas Crepaz, Paige Cuthbert, Kurt Dahlke, Lianne Dalziel, Thomas Decker, Mihaela Dedeoglu, Erik Denneborg, Janine Dietz, Söke Dinkla, Stefanie Dobberke, David East, Karleen Edwards, Georg Elben, Leonhard Emmerling, Geoff English, Zoran Erić, Christian Esch, Anastasia Farrakhova, Andreas Feicht, Sebastian Fenk, Gabriele Figge, Dirk Fortmann, Silvia Frechen, Blair French, Sebastian Freytag, Claudia Friedrich, Rainer Friedrich, Michael Fulton, Stephanie Funk, Rob Garrett, Darryn George, Samuel Gfeller, Elisabeth Sarah Gluckstein, Heiner Goebbels, Karin Goodfellow, Jamie Gough, Cleo Gouslou, Neil "Grumpy" Graham, Sonja Griegoschewski, Uta Grosenick, Hans-Heinrich Grosse-Brockhoff, Martin Hadlee, Birgit Haneklaus, Michael Hanssler, Jenny Harper, Matthias Haschke, Hanns Hatt, Wolfgang Heinen, Quin Henderson, Michael Hennessy, Chris Hill, Irfan Hošić, Nina Hülsmeier, Lucy Hunter, Evelin Hust, Umbereen Inayet, Katja Indorf, Lore Jackstädt, Joachim Jäger, Gregor Jansen, Sebastian Jarych, Iwona Jarzbska, René Jeuckens, Yani Johanson, Tim Johnson, Ben Johnston, Ali Jones, Axel Jütz, Sarah Kaes, Łukasz Kałbasiak, Aris Kalogiros, Marc Kanzler, Rolf Kanzler, Nathaniel Kennedy, Joseph D. Ketner, Roland Kischkel, Udo Kittelmann, Thomas Klein, Annette Klein, Ingrid Klenner, Stefanie Klingemann, Brooke Knight, Lambert T Koch, Barbara Koenches, Beate Köhler, Svetoslav Kokalov, Marcus Körber, Vanja Koubadinska, Michael Krajewski, Sabine Krüger, Michèle Kuball, Frederik Kugler, Angela Kühnen, Christiane Lange, Kurt Langer, Oana Lapadatu, Klaus-Peter Lauche, Stella Lavva, Yolande Lawrence, Jane Leighs, Gisela Lerch, Glen Livingstone, Franca Lohmann, Paul Lonsdale, Isabel Lott, Peter Lukas-Nuelle, Kathrin Luz, Peter Michael Lynen, Shirley Madill, Philipp Maiburg, Jo Mair, Caitlin Maisley, Sara Malabar, Valerian Maly, Raf Manji, James Manning, Olja Mateeva, Florian Matzner, Jenny May, Deborah McCormick, Sue McFarlane, Jürgen Meier, Roxanne Melliza, Jasmina Merz, Heinrich Mies, Jörg Mittelsten Scheid, Martina Möller, Kate Montgomery, Christoph Mücher, Horst Mühlberger, Vanessa Joan Müller, Stephan Muschick, Ann Marie Nafziger, Friederike Naumann-Steckner, Dorothea Neweling, Hugh Nicholson, Matthias Nocke, Ulrich Noetzlin, Eva Noll, Markus Nyffeler, Barbara Nyffeler, Martin Obermayr, Zbigniew Olszewski, Mihai Oroveanu, Stefano Orti, Jari Ortwig, Zofia Oslislo-Piekarska, Peter Panes, Eirini Papakonstantinou, Jane Parfitt, Rainer Pennekamp, Susanne Pfleger, Karol Piekarski, Marietta Piekenbrock, Arnold Pietruschka, Kai-Uwe Pirweck, Krzysztof Polak, Esther Polito, Robert Preece, Linda Kathrin Rademacher, Irene Rasch-Erb, Dieter Reeps, Martin Reulecke, Janet Röder, Patrick Rose, Ulrike Rosenfeld, Rolf-Peter Rosenthal, Robert Sabal, Tim Scandrett, Christina Schabert, Ute Schäfer, Leonie Schäfer, André Schallenberg, Michael Scheffel, Johanna Scheider, Ruth Schiffer, Ulrike Schlate, Heinz Schmersal, Uwe Schneidewind, Dieter Scholz, Marit Schulz, Susanne Schuran, Susanne Schwalm, Jennifer Schwiderowski, Bettina Senff, Tony Sewell, Ray Sidon, Ursula Sinnreich, Katarzyna Sokołowska, Arpad Sölter, Bernd Spiekermann, Reinhard Spieler, Marcin Sroka, Waldemar Staszek, Maja Stefanova, Barbara Steiner, Allan Stephenson, Dame Adrienne Stewart, Marianne Stockebrand, Ingrid Stoppa-Sehlbach, Reiner Strecker, Nicole Strecker, Lara Strongman, Carmen Strzelecki, Mateusz Szega, Dieter Szewczyk, Norbert Szyperski, Takako Tanabe, Simon Taylor, Daniel Teusner, Angelo Toma, Ulrich Trottenberg, Joachim Treusch, Markus Trier, Maria Tsantsanoglou, Andrew Turner, Udo van Meeteren, Elena Vasilieva, Peter Vaupel, Henrik von Boxberg, Maren Wagner, Jörg Wagner, Wolfgang Walczak, Anna Warchoł, Michael Weber, Rolf Weber, Peter Weibel, Melanie Weidemüller, Reto Weiler, Rob Weiner, Enzio Wetzel, Sandy Whelan, Tillmann Wiegand, Elizabeth Wilson, Stephan Wolters, Elaine Wong, Anthony Wright, Regina Wyrwoll, Piotr Zaczkowski, Chrysa Zarkali, Lina Zehelein, Marek Zieliski, Christian Zumschilde, Peter Zumstein

Bildnachweis
Photo Credits

Wenn nicht anders angegeben / Unless mentioned otherweise: Archiv Mischa Kuball, Düsseldorf, VG Bild-Kunst, Bonn 2015

Wir haben uns nach bestem Wissen und Gewissen bemüht, alle Rechteinhaber ausfindig zu machen und zu kontaktieren. Sollten dennoch Inhaber von Autorenrechten oder Verwertungsrechten übergangen worden sein, so bitten wir diese darum, das Atelier Mischa Kuball zu kontaktieren. / To the best of our knowledge and belief, we have made an effort to locate and contact all rights holders. In the event that we have overlooked certain holders of author's rights or exploitation rights, we request that they contact Atelier Mischa Kuball.

S./p. 54 o.r. / t.r: The Chinati Foundation Archives, Marfa; S./pp. 57, 58, 59: Maylynn Quan, Toronto; S./pp. 61, 62 o.r./t.r., u.l./b.l., u.r./b.r., 63: Dalila Ingold, Bern; S./pp. 65, 66 o./t.: Wilhelm Heimermann, Wolfsburg; S./pp. 69, 70 o./t: Achim Kukulies, Düsseldorf; S./p. 70 u./b.: Janine Dietz, Wuppertal; S./p. 71: Norbert Ausfeld, Pulheim; S./pp. 72/73: Sebastian Jarych, Wuppertal; S./pp. 75, 77, 78/79: Krzysztof Szewczyk, Katowice; S./pp. 81, 82 l.: Rainer Schlautmann, Oberhausen; S./pp. 82 r., 83: Achim Kukulies, Düsseldorf; S./p. 85, 86, 87: Streamer.bg, Goethe-Institut, Sofia; S./p. 89: Scape/ Susan Zhu, Christchurch; S./pp. 90 l., 92 o.l./t.l./u./b., 93 o.l./t.l.: SCAPE Public Art, Christchurch; S./p. 93 u.r./b.r.: Yumi Nakajima, Sendai; S./p. 96 l.: Antje Kapust, Bochum; S./pp. 98/99: Achim Kukulies, Düsseldorf; S./p. 102 u.l./b.l.: Punctum/ Alexander Schmidt, Leipzig; S./p. 102 r.: Isabel Lott, Berlin; S./p. 102 o.l./t.l.: Punctum/Wolfgang Zeyen, Leipzig; S./p. 103 o.l./t.l.: Maurice Kaufmann, Düsseldorf; S./p. 103 o.r./t.r.: Caroline Sternberg, München/ Munich; S./p. 103 u.l./b.l. Sprengel Museum/Benedikt Werner, Hannover/Hanover; S./pp. 105, 106 o.r./t.r./u.l./b.l. + r.: Dimitris Mermigas/Yiannis Simos, Thessaloniki; S./p. 106 o.l./t.l.: Carl Friedrich Schröer, Düsseldorf; S./pp. 107 o.l./t.l. + r., 108/109: Dimitris Mermigas/Yiannis Simos, Thessaloniki; S./p. 162 r.: Urska Srsen, Helsinki; S./p. 163 m./c.: Stefan Krauss, Köln/Cologne; S./p. 163 r.: Kunsthalle Hamburg/Alexandra Pioch, Hamburg; S./p. 164 l.: Goethe-Institut, Bangalore; S./p. 164 m./c.: Zoran Erić, Belgrad/Belgrade; S./p. 164 r.: ZKM/MNK/ Franz Wamhof, Karlsruhe; S./p. 165 l.: start.design/ Ralph Kensmann, Essen; S./p. 165 m./c.: Bent Ryberg, Kopenhagen/ Copenhagen; S./p. 166 l.: Reinhard Hentze, Halle; S./p. 166 m./c.: Kwan Ho Yuh-Zwingmann, Hannover/ Hanover; S./p. 166 l.: Oskar Bonilla, Montevideo; S./p. 167 m./c.: Punctum/Hans Christian Schink, Leipzig; S./p. 167 r.: Hubertus Birkner, Köln/Cologne; S./p. 168 l.: Kelly Kellerhoff, Berlin; S./p. 168 m.: Ulrich Schiller, Düsseldorf; S./p. 168 r.: Michael Arnold, Düsseldorf

r. = rechts/right;
l. = links/left;
m. = mittig/c. = center;
o. = oben/t. = top;
u. = unten/b. = bottom

Förderer
Sponsors

„public preposition“ wurde großzügig gefördert von / was generously sponsored by

GERDA HENKEL STIFTUNG

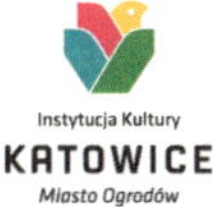

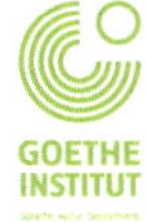

JUGEND IN DER GALERIE

RUHRTRIIIENNALE
Festival of the Arts

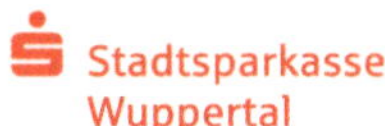

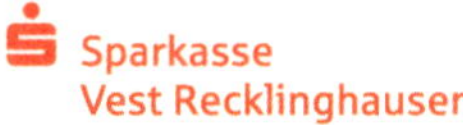

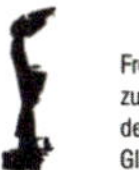

Freundeskreis Habakuk
zur Förderung
des Skulpturenmuseums
Glaskasten Marl

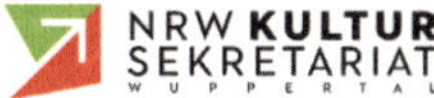

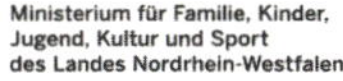

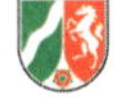

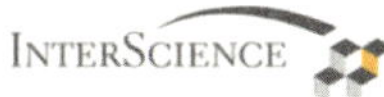

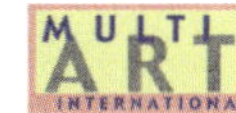

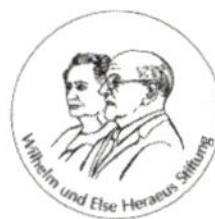

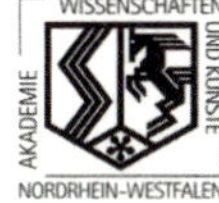

Udo van Meeteren, Düsseldorf

Szyperski Stiftung für Kultur und Wissenschaft, Sylt

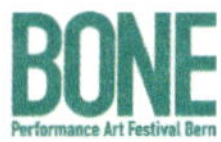

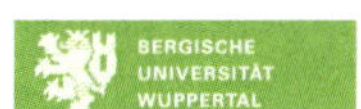

Impressum
Imprint

Herausgeber / Editor
Vanessa Joan Müller

Redaktion / Editing
Inka Christmann

Redaktionsassistenz / Editing Assistance
Claudia Friedrich

Bildredaktion / Image Editing
Inka Christmann, Sebastian Freytag

Texte / Texts
Zoran Erić
Blair French
Vanessa Joan Müller
Barbara Steiner

Projektbeschreibungen / Project Descriptions
Jari Ortwig

Übersetzungen / Translations
Yasemin Dinzer (S. / pp. 20–28),
Thea Miklowski (S. / pp. 7–8, Projektbeschreibungen / Project Descriptions EN),
Katja Naumann (S. / pp. 110–115),
Andrea Scrima (S. / pp. 16–19, 42–45, 153–159)

Lektorat / Copy Editing
DISTANZ Verlag

Grafik / Design
Studio Carmen Strzelecki, Köln / Cologne

Bildbearbeitung / Image Editing
Heinrich Miess, Köln / Cologne

Produktionsmanagement / Production Management
DISTANZ Verlag, Sonja Bahr

Gesamtherstellung / Production
DZA Druckerei zu Altenburg GmbH

Vertrieb / Distribution
Gestalten, Berlin
www.gestalten.com
sales@gestalten.com

ISBN 978-3-95476-114-2
Printed in Germany

Erschienen im / Published by
DISTANZ Verlag
www.distanz.de